Walter Künneth

Fundamente des Glaubens

Biblische Lehre im Horizont des Zeitgeistes

THEOLOGISCHER VERLAG ROLF BROCKHAUS
WUPPERTAL

Bücher, die dieses Zeichen tragen, wollen die Botschaft von Jesus Christus in unserer Zeit glaubhaft bezeugen.

Das ABCteam-Programm umfaßt in seiner Hauptreihe:

A = aktuelle Themen
B = Berichte, Erzählungen, Lebensbilder
C = Christsein heute

Als Sonderreihen erscheinen Jugendbücher (J), Werkbücher (W), Glauben und Denken (G + D).

Außerdem gibt es Geschenkbücher in besonderer Ausstattung.

ABCteam-Bücher erscheinen in folgenden Verlagen:
Aussaat Verlag Wuppertal / R. Brockhaus Verlag Wuppertal
Brunnen Verlag Gießen / Christliches Verlagshaus Stuttgart
Oncken Verlag Wuppertal / Schriftenmissions-Verlag Gladbeck

ABCteam-Bücher kann jede Buchhandlung besorgen.

1. Auflage Januar 1975
2. Auflage August 1975

Umschlaggestaltung: Rolf Rudolph, Ratingen
Druck: Herm. Weck, Sohn, Solingen

ISBN 3-7974-0055-1

Inhalt

Meiner Frau Gerda

Vorwort

Der christliche Glaube ist heute gefragt, worauf er sich gründet und wie er sich im Horizont der modernen Welt versteht. Damit wird »Biblische Lehre« herausgefordert und aus ihrem Winkeldasein, wohin das kritische Existenzverständnis sie verdrängt hat, in das Rampenlicht des Zeitgeistes gerückt. »Zeitgeist« ist wie ein geistiges Klima, das auf die Umwelt ansteckend wirkt und in verschiedenen Vorstellungen, Leitbildern und Parolen in Erscheinung tritt. Es handelt sich also um einen geistigen Einflußbereich, der im geheimen, aber überaus wirkungsvoll auf zahllosen Kanälen das Denken und Handeln des Menschen in seinen Bann zieht.

In Begegnung mit diesem Zeitgeist muß eine dogmatische Erkenntnishilfe, eine Art von »Dogmatik für den heutigen Menschen«, den Grundzügen nach gewagt werden.

Bei dieser Entfaltung der christlichen Lehre gilt es, die Fundamente des Glaubens im Dialog mit den Problemen, wie sie die heutige geistige Auseinandersetzung aufwirft, herauszustellen. Diese Zielsetzung macht deutlich, daß sich die Ausführungen auf Schwerpunkte konzentrieren, wobei eine inhaltliche Beschränkung unerläßlich erscheint.

Da jeder für die Grundfragen des christlichen Glaubens Interessierte angesprochen werden soll, bemüht sich diese Schrift, auf dem Boden theologischer Wissenschaft das Entscheidende allgemeinverständlich darzubieten. Eine klare Gliederung, Teilüberschriften, Leitsätze und Zusammenfassungen sollen das Lesen und Mitdenken erleichtern. Spezielle Literaturhinweise möchten den Stand der derzeitigen Diskussion erhellen. In der Mitte der Untersuchung steht das biblische Zeugnis, denn auch heute gilt unumstößlich: Gottes Wort »ist die rechte Lehre« (Ps. 93, 5).

Für ihren unermüdlichen und aufopfernden Einsatz bei der Herstellung des Manuskriptes gebührt Direktorin Emma Brendel meine ganz besondere Dankbarkeit.

Erlangen, im Sommer 1974

Walter Künneth

Worum es geht

Zwei Erscheinungen kennzeichnen die Lage, in der sich heute die christliche Existenz vorfindet: einmal der Umbruch der Zeiten, der Wandel aller Verhältnisse, das gespenstische Wetterleuchten am Horizont der Weltgeschichte, und sodann das geheime Beben und Schwanken der Grundlagen und Maßstäbe, die bisher festzustehen schienen. Angesichts dieses bis in die letzten Tiefen reichenden Auflösungsprozesses drängt sich jedem nachdenklichen und einsichtigen Menschen die Frage auf: Wo stehen wir eigentlich? Woran halten wir uns in dem zunehmenden Chaos erregender Welterschütterungen?

Damit aber wird die Frage aller Fragen unüberhörbar: Wie steht es mit den Fundamenten des Glaubens, der sich ›christlich‹ nennt? *Es kommt heute alles darauf an, daß diese Fundamente klar und eindeutig erkannt und im Widerstreit zu den Geistern der Zeit, zu allen Zweideutigkeiten, Mißverständnissen und Irrtümern herausgestellt werden.* Denn hier geht es um die Existenzgrundlage des Glaubens, um den Standort der Gemeinde inmitten der Unsicherheit, Ratlosigkeit innerhalb der Kirche und in ihrer Umwelt.

Wenn es so steht, tut es dringend not, sich nach »Biblischer Lehre« zu erkundigen, gerade heute in einer Zeitperiode, in der die »christliche Kirche« ihre Substanz nicht mehr ernst nimmt und das Entscheidende, das sie dem Menschen von heute zu sagen hätte, weithin verschweigt oder entstellt. Gerade heute, da — angesteckt von den Parolen des Zeitgeistes — die Schwerpunkte auf »soziales Engagement« und »gesellschaftspolitische Aktivitäten« im Raume der Christenheit verlagert werden, ist die Frage nach »biblischer Lehre« maßgebend und zukunftsweisend: Es gilt, die Zentralfragen des christlichen Glaubens — soweit er diesen Namen verdient und nicht wie eine Wetterfahne von jedem modernen Windstoß hin und her bewegt wird — in das Bewußtsein zu rücken, und zwar auf dem Hintergrund der kritischen Anfragen und Herausforderungen, die heute auf das biblische Zeugnis einstürmen.

So geht es heute darum, jedem interessiert Suchenden und Fragenden, der sich mitbetroffen fühlt von den geistig-religiösen Auseinandersetzungen dieser Weltstunde, und der in dem Dschungel der ungezählten Stimmen des Tages die innerste Orientierung verloren hat, die Wegweisung biblischer Erkenntnis zu vermitteln. Ebenso *braucht die denkende Gemeinde, vor allem auch angesichts des fatalen Wirklichkeitsverlustes der Theologie, Information über das Eigentliche und Wesentliche ihres Glaubens,* da sie ja »allezeit bereit« sein soll, »jedermann Rechenschaft« und »Antwort« zu geben, wenn sie gefragt wird, was der Grund ihrer Glaubenshoffnung sei (1. Petr. 3, 15).

Dieser biblisch-theologische Leitfaden, eine Form »dogmatischer« Erkenntnishilfe, möchte die Aussagen des christlichen Zeugnisses, auf die es gerade heute in dem Kampf der Geister ankommt, zusammenfassend zur Darstellung bringen und damit einen Beitrag dazu leisten, daß Christen in mündiger Reife selbständig prüfen können, was als verbindliche »biblische Lehre« zu gelten hat. Damit werden zugleich die falschen Lehren durchschaut und die Warnsignale erkannt, sich nicht durch modernistische Umdeutungen der Bibel blenden zu lassen, die behaupten, »christlich« zu sein, tatsächlich aber »ein anderes Evangelium« (Gal. 1, 6f) anpreisen.

Der Mut zur biblischen Lehre wird heute von jedem einzelnen Christen, aber auch von der ganzen Kirche gefordert, wenn sie nicht in der Verschwommenheit pluralistischer Verführungen, die auch fremde, ja antichristliche Lehren dulden, untergehen will. Dieses Ernstnehmen der »Fundamente des Glaubens« markiert aber zugleich ein Vorwärts zu echter Lebens- und Zukunftsgestaltung.

In überwältigender Übereinstimmung bezeugt die biblische Lehre kompromißlos: »Einen anderen Grund kann niemand legen außer dem, der gelegt ist, welcher ist Jesus Christus« (1. Kor. 3, 11). An diesem Fundament scheiden sich die Geister, gestern und heute. Der Klärung dieser Entscheidungssituation, der sich niemand entziehen kann, will diese Schrift dienen.

1. Abschnitt: Die Herausforderung des Glaubens

Die Antwort auf die Frage, wie sich christlicher Glaube im Klima des modernen Weltbewußtseins versteht, welche Lösungen er für die heutigen Probleme des Menschseins erbringen kann, stellt eine umfassende Herausforderung dar. Was heißt überhaupt »christlicher Glaube«? Welches Gewicht, welcher Stellenwert kommt diesem Glauben in den tiefschichtigen und weitgespannten Vorstellungsbereichen und den Denksystemen der Moderne zu? Ist der Mensch von heute befähigt, die Dimension des Glaubens, also die Wirklichkeit Gottes, so wie sie christlicher Glaube behauptet, zu begreifen? Damit aber stehen wir vor der elementaren Frage, ob überhaupt heute von einer Beziehung des Menschen zu dem, was man »das Göttliche« oder »Gott« zu nennen pflegt, die Rede sein kann. Diese Herausforderung des Glaubens ereignet sich zunächst in der Begegnung mit dem heutigen Menschen, dessen Existenzkrise eine Stellungnahme erfordert.

I. Die Existenzkrise des Menschen

1. Im Bannkreis des Diesseits

Man hat mit Recht unsere heutige zeit- und geistesgeschichtliche Periode als eine »zweite Aufklärung« bezeichnet. Dieser Begriff macht deutlich, daß die mit der »ersten« Aufklärung und der Renaissancezeit (17. und 18. Jahrhundert) beginnende Entwicklung, die den Menschen mit seiner Vernunft auf den Thron zu heben begann, heute zu einem gewissen Abschluß und Höhepunkt gelangt ist. Das Ergebnis ist das so viel gerühmte neue Wirklichkeitsverständnis, das nur die reine Diesseitigkeit, die totale »Immanenz«, anerkennt. Der Mensch ist damit in den Bann einer Diesseitsmächtigkeit, einer Diesseitsgläubigkeit geraten, die jedem Gedanken an eine andere, jenseitige Welt, eine religiöse Wirklichkeit, Transzendenz oder Metaphysik eine verächtliche Absage erteilt. Die Rationalität des Menschen, seine Verstandeskraft, wird in die Mitte des Daseins gerückt und als Schlüssel zur universalen Welterkenntnis erklärt. »Wirklich« — so urteilt man jetzt

— ist nur das, was verstandesmäßig zugänglich, verstehbar, was rational-mathematisch berechenbar und physikalisch-chemisch analysierbar erscheint. Erkenntnis des tatsächlich Existierenden gibt es nur durch erprobte Denkmethoden, die ja zu den triumphalen technischen Spitzenleistungen geführt haben.

a) Die Gottesfrage im Gefängnis der Vernunft

Angesichts dieser Absolutsetzung — der Behauptung, dem vernunftmäßigen Weltaspekt komme ausschließliche Gültigkeit zu — scheint die Frage nach Gott den Zwängen des menschlichen Verstandes und seiner Denkformen unterworfen zu sein. Innerhalb des geschlossenen Weltsystems des modernen Denkens, das nur noch mit Kausalitäten, der Gesetzmäßigkeit von Ursache und Wirkung, rechnet, und das die Verfügbarkeit über alle Dinge und ihre »Machbarkeit« proklamiert, ist eine Existenz Gottes nicht vorfindbar, nicht nachweisbar. Die reine Immanenzwirklichkeit hält keinen Raum offen für das, was man als »Gott« bezeichnen könnte. In dieser rationalen Atmosphäre hat die Gottesfrage keinen Atem mehr und muß unter solchen Voraussetzungen als erledigt beurteilt werden.

Damit hat die klassische Religionskritik Ludwig Feuerbachs ebenso wie die von Karl Marx eine Wiederbelebung und Bestätigung erfahren. Nachdem die Menschen, wie Feuerbach formulierte, »aus Kandidaten des Jenseits zu Kandidaten des Diesseits« geworden sind, kann Gott nur als eine Projektion menschlicher Wunschträume in eine jenseitige Überwelt verstanden werden, der jeder Realitätsgehalt fehlt.

b) Die Situation »nach dem Tode Gottes«

Angesichts dieser Diesseitsbesessenheit, die allein der menschlichen Vernunft Glauben schenkt, erhebt sich die Frage, welche Auswirkungen diese »Absetzung Gottes« für das Selbstverständnis des Menschen nach sich ziehen muß. Fasziniert durch die Vorstellung einer für Gott undurchlässigen Weltwirklichkeit haben bekanntlich vor einigen Jahren amerikanische Theologen wie Altizer, Hamilton, Paul van Buren, Harvey Cox und andere, die sich als Schüler von Paul Tillich verstanden, die schockierende Parole »Gott ist tot« in die Menschheit hinausposaunt[1]). Das moderne Daseinsverständnis, so hören wir, hat »alle Sprache über Gott unmöglich gemacht«. »Wir sprechen daher über die Erfahrung der Abwesenheit von Gott«, »von der Stadt ohne Gott.«

Die Ausstrahlung dieser Totalkrise der Gottesfrage ergab in Deutschland die Losung einer »Theologie nach dem Tode Gottes« (Dorothee Sölle). Diese Pseudotheologie, die in ihrem angeblichen Wissen um die Nichtexistenz Gottes gar kein Recht hat, sich noch »Theologie« zu nennen, bietet sich heute in den verschiedensten Ausdrucksweisen und Variationen an. Charakteristisch ist die bei diesem Verfahren immer wieder zutage tretende Methode: Man versucht das, was in einer wissenschaftsgläubigen Menschheit »Gott« bedeuten könnte, durch Anpassung an das moderne Welt- und Seinsverständnis »aussprechbar« und »verstehbar« zu machen. Es ist das Bestreben, auf alle Gedanken und Vorstellungen zu verzichten, die an etwas Übermenschliches, Außerweltliches, mehr als Geschichtliches erinnern. So bleibt nur der Ausweg, in den Denkformen der Immanenz (Diesseitigkeit) das, was »Gott« meint und heißen könnte, zu umschreiben.

Was aber ist das Resultat, wenn der Mensch sich bemüht, die Gottesfrage rational in den Griff zu bekommen? Indem man jede Aussage über Gott in die Ebene des Diesseitigen, Raumzeitlichen, gleichsam der Horizontalen überträgt, löst sich der Begriff »Gott« selbst auf. Die Bezeichnung »Gott« wird zu einem bloßen Sinnbild, einem Symbol, einer Chiffre für etwas, was in unserer Weltwirklichkeit für den Menschen »bedeutsam« ist. Demgemäß lautet das Urteil, Gott sei »eine bestimmte Art von Mitmenschlichkeit«, »das Woher meines Umgetriebenseins« (Herbert Braun), ein Name für menschliche Selbstbesinnung, für das Ringen um Gerechtigkeit und Frieden, um »Schalom« — ein hebräisches Wort, in dem alles Heil und jede Wohlfahrt der Menschheit zusammengefaßt wird. Selbst revolutionäre Aktivitäten, denen es um Befreiung von den bestehenden »Herrschaftsstrukturen« geht, können den Stempel des Göttlichen tragen.

Die Situation »nach dem Tode Gottes« hat das Bewußtsein und damit die Rolle des Menschen von Grund auf verändert. Der Untergang der Gottesfrage in der Einflußzone der Vernunftgläubigkeit

---

1 Gabriel Vahanien: »Der Tod Gottes«, 1961.

ruft die Menschen zu einer »Konversion« hin zur Weltlichkeit, zur Bekehrung zu einer neuen, letztlich auch die bisherigen Daseinsstrukturen reformierenden Humanität. Ernst Bloch, der Philosoph des Neuhumanismus unserer Zeit, der auch auf Theologen wie Jürgen Moltmann einen maßgebenden Einfluß ausübt und ihre Vorstellungen mitprägte, behauptet: Gott wandelt sich mit dem Bewußtsein des Menschen. Je mehr sich der Mensch zur Humanität entwickelt, desto mehr tritt der Mensch an den Platz Gottes. Rudolf Augstein hat Bloch deshalb einen »messianisch hoffenden Atheisten« genannt. Es gibt allen derartigen spekulativen Erwägungen entsprechend keinen »unwandelbaren Gott«, der »hinter uns bleibt« und den wir »überholen« können (Hans Jürgen Schultz). Um so mehr ist für eine veränderte Welt »die Mobilität, die Wandelbarkeit Gottes«, die unserem neuen Lebensgefühl gemäß erscheint, von Bedeutung.

Die dem Bannkreis des Diesseitsbewußtseins unterworfene Existenz des Menschen gelangt zum Höhepunkt ihrer innersten Krise, wenn nunmehr anstelle des Glaubens an Gott der Glaube an den Menschen und seine Möglichkeiten, anstelle des christlichen Bekenntnisses zur »Menschwerdung Gottes« die Vision einer »Menschwerdung des Menschen« tritt. Ein neuer atheistischer Humanismus muß und will die Tradition des christlichen Gottesglaubens ersetzen. Jetzt lautet die neue Grundthese des Immanentismus: »Der Atheismus ist der durch Aufhebung der Religion vermittelte Humanismus.« So mündet die Existenzkrise des Menschen ein in die hybride, hochfahrende Behauptung, es sei nunmehr die Bahn frei geworden zu der allmählichen »Gottwerdung des Menschen«, in der sich alles Menschsein erfüllt.

2. Die Wiederentdeckung der Gottesfrage

Die erste Feststellung, daß die Frage nach Gott durch das radikale Immanenzdenken der Moderne ausgelöscht wird, erfaßt jedoch keineswegs das gesamte heutige Wirklichkeitsverständnis. Im Gegensatz zu den absolute Gültigkeit fordernden Behauptungen unserer zweiten Aufklärung und ihres »Neurationalismus« stoßen wir auf ein überraschendes, überaus aufschlußreiches Phänomen: Der Mensch kommt von der Gottesfrage nicht los, und gerade in diesem Tatbestand enthüllt sich die beunruhigende Spannung und eigentliche Brisanz seiner Existenzkrise.

a) Die religiöse Urfrage

»Was ist es um Gott?« »Was können wir überhaupt von Gott wissen?« Diese Fragen tragen den Charakter von »existentialen« Fragen, d. h. von menschlichen Urfragen, die, nicht zeitgeschichtlich gebunden, immer wieder aus den verborgenen Urgründen des Menschseins hervorbrechen. Sie sind daher von der Existenz jedes Menschen nicht zu trennen, sondern bestimmen den geheimen Wurzelgrund seines Lebens. Bei dieser religiösen Urgegebenheit, nach Gott Ausschau halten zu müssen, steht also etwas auf dem Spiel, was jeden Menschen angeht, wenn er nicht gedankenlos und zutiefst sinnlos in den Tag hinein leben will.

Zunächst gilt es, auf eine merkwürdige Beobachtung aufmerksam zu machen. Die immer wiederholte Versicherung der Atheisten verschiedenster Prägung, »Gott existiert nicht«, »wir können von Gott nichts wissen«, »Gott ist abwesend«, läßt eindrucksvoll erkennen, daß schon dieses negative und zweifelnde Denken des Menschen über Gott eben doch an »Gott« irgendwie fixiert ist, im geheimen sich, wenn auch in hartem Widerstreit, an der Gottesfrage orientiert und eben — gerade auch in der Umkehrung — diese Frage nach Gott ungeheuer ernst nimmt. Wäre das nicht der Fall, so würde es sich ja nicht lohnen, mit leidenschaftlicher Energie den Gottesglauben zu bekämpfen oder, wie ein militanter Atheismus es anstrebt, ihn endlich auszurotten.

Wir treffen also — trotz aller Diesseitsvergötzung und Verherrlichung der Vernunftgläubigkeit — auf eine verborgene Unterströmung in der Menschheitsgeschichte ebenso wie in der Lebensgeschichte des einzelnen Menschen. Sie wird durch die geheime Frage bestimmt: »Wenn es aber nun doch Gott gäbe?« Trotz aller modernen Skepsis und Resignation gegenüber den Denkmöglichkeiten einer Wirklichkeit Gottes meldet sich in der Hintergründigkeit menschlicher Existenz, oftmals verworren und uneingestanden, die stille Sehnsucht nach einem letzten Halt, den die Immanenzwirklichkeit mit allen ihren futurologischen (auf die Zukunft gerichteten) Verheißungen nicht zu verwirklichen vermag.

b) Offene Daseinsprobleme

Diese auffallende Existenznot begleitet den modernen Menschen wie ein Schatten. Man kann die in ihr aufbrechenden Daseinsprobleme zwar eine Zeitlang verdrängen, aber nicht totschweigen, nicht durch billige Redensarten und atheistische Phrasen wegdiskutieren. Es gibt nun einmal Grenzfragen des Lebens, denen jeder Mensch mit unheimlicher Sicherheit begegnen muß, und auf die der Philosoph Karl Jaspers mit Betonung hingewiesen hat. Es handelt sich hier um Probleme der Existenz, die zunächst offen, also ohne Beantwortung bleiben, aber gerade deshalb den Menschen bedrängen und quälen.

Da sind rätselhafte Schicksale, vor denen es kein Ausweichen und keine Flucht gibt. Da zerbricht alles menschliche Glück an Krankheiten und Leiden aller Art, an seelischen Konflikten. Da enthüllen sich die Ungerechtigkeit und Friedlosigkeit dieser gesamten Weltstruktur in gigantischen Ausmaßen, die Erscheinungen menschlicher Bosheit und Grausamkeit. Die grauenvollen Nachtseiten des Lebens können durch keine noch so gewaltige technische und kulturelle Entwicklung der Menschheit ausradiert werden.

Und dazwischen lauert die quälende Schuldfrage. Es ist zwar für das heutige Selbstverständnis des Menschen kennzeichnend, daß es zum modernen Fortschritt zu gehören scheint, das Schuldbewußtsein, die Gewissensfrage außer Kurs zu setzen, sich selbst einzureden und sich durch atheistisch gesteuerte Psychoanalysen bestätigen zu lassen, daß Schuldkomplexe lediglich aus krankhaften unterbewußten Vorstellungen erwachsen sind und für die Lebensgestaltung als bedeutungslos beiseite geschoben werden müssen. Im Aspekt des Immanentismus, dieser totalen modernen Innerweltlichkeit, Diesseitigkeit, ist ein derartiger Selbstbetrug des Menschen auch durchaus verständlich und konsequent, denn die Frage nach Schuld und ihrer Überwindung führt ja unweigerlich an die Nahtstelle, an der es zu einer Berührung mit einer ganz anderen, nämlich überrationalen Wirklichkeit kommen muß. Aber die Erfahrung lehrt, daß sich die Schuldfrage auf die Dauer nicht bändigen läßt. Immer wieder bricht sie eruptiv aus letzten Untiefen der Existenz hervor und fordert eine Lösung. Schuldiggewordensein heißt, es gibt kein Ungeschehenmachen, keine Wiedergutmachung innerhalb der zwischenmenschlichen Beziehungen und letztlich keine Versöhnung auf dem Boden menschlicher oder gesellschaftspolitischer Manipulationen. Alle diese das Seelenleben des Menschen aufwühlenden Existenzprobleme aber werden überschattet von dem unaufgebbaren Fluch der Vergänglichkeit. Die Ohnmacht des Menschen gegenüber dem Todesschicksal markiert die bleibende Fragwürdigkeit der menschlichen Existenz und entlarvt die Existenzkrise in ihrer ganzen unüberbietbaren Schärfe.

Es ist daher begreiflich, daß bei solcher Konfrontation mit den offen bleibenden Grenzfragen des Daseins die Frage nach dem eigentlichen Sinn der menschlichen Existenz, nach dem Sinn dieser in ihrem Grundgefüge wesenhaft erschütterten Welt, auf einmal aufschrillt wie eine Alarmglocke. Was bringt diese Sinnfrage zu Bewußtsein? Welcher Rang kommt ihr für die Bewältigung der Lebensaufgabe zu? Diese Sinnfrage aber ist zutiefst nichts anderes als die getarnte Frage nach Gott. Das gilt auch heute, gerade heute.

c) *Neue religiöse Tendenzen*

Wir treffen heute auf beachtliche Anzeichen, die auf eine Wiederentdeckung der Gottesfrage hindeuten. Bei aller rationalistischen Verkrustung und Überlagerung unserer modernen Daseinswelt durch das Geröll des Säkularismus wird auf einmal Transparenz (Durchsichtigkeit) für das Irrationale bemerkbar; mystisch Geheimnisvolles, metaphysisch Hintergründiges scheint durch die dünn und schäbig gewordene Decke unserer Vernunftgläubigkeit. Der homo technicus, der moderne Mensch der Computer-Welt, empfindet, je länger desto mehr, die äußeren sichtbaren Dinge und Lebensgenüsse als steril, unfruchtbar, öde und sinnlos. Die Konsequenz dieses innersten Bewußtseinswandels aber ist die Öffnung für die Dimension des Überweltlichen, für die Sphäre des Religiösen. Immer wieder erbringen demoskopische Umfragen das Ergebnis, daß die wenigsten Menschen als Atheisten gelten wollen. Gewisse neue Weichenstellungen machen sich bemerkbar. Gerade auch in der intellektuellen Jugend zeigt man Bereitschaft zu hören, wenn von »Religion« und »Gott« geredet wird.

In einer wissenschaftlichen Analyse mit dem Titel »Religion — Thema von morgen. Darstellung und Beurteilung eines überraschenden Phänomens« (1972) wird deutlich gemacht, welche Rolle für das Verstehen der Religion die Verhaltensforschung spielt: »Im Lichte neuester physikalischer Theorien nimmt sich die Religion heute sehr anders aus«, da die Naturwissenschaft eben längst darauf verzichtet hat, ein Nein zur Religion zu sprechen. »Auch Psychoanalyse und Religionssoziologie haben die Szene entscheidend verändert.« Offenkundig jedoch ist der Mensch an seinem absolut gesetzten Intellektualismus gescheitert; er lernt allmählich einsehen, daß auf diesem Wege die ihn unaufhörlich begleitende Sinnfrage nicht zu lösen ist. So wird er hellhörig für Angebote, die »mehr als« bloße Immanenz, kausale Rationalität oder erhöhten Lebensstandard verheißen. Es ist bekannt, daß sich Erscheinungen eines primitiven und sublimen Aberglaubens auch in der modernen Welt unausrottbar eingenistet haben, daß astrologische Daten und Konstellationen die Alltagsentscheidungen beeinflussen. Unverkennbar ist, daß eine wissenschaftlich ernstzunehmende parapsychologische Forschung, die rational nicht zu erklärende Wirkungskräfte im Daseinsbereich ahnen läßt, immer mehr Beachtung findet[2]). Bemerkenswert aber ist auch das Anschwellen einer von Parapsychologie zu unterscheidenden »spiritistisch-okkulten« Weltanschauung, deren Manipulationen das menschliche Seelentum unheilvoll zu beeinflussen und zu stören vermögen[3]).

Dazu treten die Hypothesen, Spekulationen und Illusionen einer Futurologie, einer Zukunftserforschung und Zukunftserwartung, die in weiten Schichten grundsätzlich bejaht werden in der Hoffnung, hier auf neue Quellen einer Sinngebung zu stoßen. Selbst ein so rational denkender Philosoph wie Max Horkheimer redet von dem neuen Bewußtsein und der Sehnsucht in bezug auf das, was diese diesseitige Welt »transzendiert« (überhöht), nämlich »das Universale, Umgreifende, Sinngebende«. Diese Bezeichnungen sind nur ein anderer Name für »religiös« oder »göttlich«.

Wir haben es demnach mit einem erstaunlichen Wandel der seelischen Bewußtseinslage zu tun. Die vor kurzem noch durch die seltsamen Behauptungen einer »Gott ist tot«-Theologie gekennzeichnete Szenerie hat sich schon wieder geändert. Das jetzt aufgezogene Signal verkündet: »Gott ist wieder in der Stadt« (Harvey Cox). In dem Programmheft der Berliner Jazz-Tage 1971 heißt es: »Wenn wir Gott sagen, meinen wir ihn. D. h. wir meinen sie alle: Brahma und Buddha, Krishna und Christus, Allah und Jehova und Mohammed.« In einer Erklärung dieser neuen religiösen Welle wird bemerkt: »Soziologen, Psychologen, Pop-Fachleute, Theologen sprechen seit Jahren davon: Es gibt eine neue Religiosität in der Pop-Jugend Amerikas und in der Jugend der Welt. Es gibt religiöse Bünde und religiöse Vereinigungen, religiöse Tagungen und religiöse Diskussionen, religiöse Feiern und religiöse Handlungen in einem Maße, von dem sich die bürgerliche Welt keine Vorstellungen macht ... Die neue Religiosität ist

---

[2] Hans Bender, *Parapsychologie.* Entwicklung, Ergebnisse, Probleme. Darmstadt 1966.
[3] Kurt Koch, *Seelsorge und Okkultismus,* Stuttgart 1956.

keine christliche. Sie ist von Mißtrauen erfüllt ... gegenüber dogmatischer Lieblosigkeit und intoleranten Ausschließlichkeitsansprüchen ... Sie meint überhaupt keine konfessionellen Gottesvorstellungen[4]).

Was auch immer unter dem neu entdeckten »Religiösen« verstanden werden mag, sicher ist, daß wir es hier mit einem bedeutsamen Symptom der heutigen Existenzkrise des Menschen zu tun haben. Der im Kerker des Diesseits eingeschlossene Mensch befindet sich in der Spannung zwischen Angst und Hoffnung. Er hält Ausschau nach einer Lebenshilfe, und darum sprengt er mit seinem neuen Fragen und Suchen nach einem Transzendenten oder Göttlichen die Mauern seiner Immanenzknechtschaft. Das von Karl Marx prophezeite Absterben der Religion hat sich als Illusion erwiesen. Die Wiederentdeckung der Gottesfrage, so vieldeutig sie auch sein mag, hat eine folgenschwere Aktualität gewonnen. Der Mensch in der Daseinskrise erwartet von ihr die Lösung der Sinnfrage, eine Überwindung seiner Krisensituation.

Literaturhinweise

Peter L. Berger, *Auf den Spuren der Engel.* Die moderne Gesellschaft und die Wiederentdeckung der Transzendenz, 1972; E. Bloch, *Das Prinzip Hoffnung,* 1959; *Atheismus im Christentum,* 1968; *Geist der Utopie,* 1964; Harvey Cox, *Stadt ohne Gott,* 1966; L. Feuerbach, *Das Wesen des Christentums,* 1844; *Das Wesen der Religion,* 1851; H. Freyer, *Theorie des gegenwärtigen Zeitalters,* 1961; A. Gehlen, *Der Mensch,* 1955; M. Horkheimer, *Die Sehnsucht nach dem ganz Anderen,* 1970; K. Jaspers, *Der philosophische Glaube angesichts der Offenbarung,* 1956; Hans J. Schultz, *Auch Gott ist nicht fertig,* 1969; Dorothee Sölle, *Atheistisch an Gott glauben,* 1968; *Gibt es ein atheistisches Christentum?* Merkur 23, 1969, 39; *Das Recht, ein anderer zu werden,* 1971; H. Zahrnt, *Theorie des gegenwärtigen Zeitalters,* 1961.

II. Die Verwirrung der Geister

Zu der Herausforderung des Glaubens durch die Existenzkrise des Menschen tritt ein zweites Faktum, das in der gegenwärtigen Situation als eine Verwirrung der Geister zu kennzeichnen ist. »Verwirrung«

---

[4] Lutherische Monatshefte 1972, Heft 1, S. 19.

besagt hier das Herausfallen aus einer Normallage, so daß sich ein Zustand ergibt, in dem eine gegenseitige Verständigung außerordentlich erschwert, ja, unmöglich gemacht wird. Infektionen durch den Zeitgeist bewirken geradezu eine Bewußtseinsveränderung, verdunkeln und zerstören die Einsicht in die tragenden Pfeiler des Daseins, auf die alles ankommt, wenn es um Sinn oder Unsinn, um Leben und Tod des Menschseins geht.

Diese Verwirrung der Geister tritt sowohl im Raum der Kirche und ihrer Theologie durch eine Grundlagenerschütterung des Glaubens, als auch durch das Aufkommen ideologischer Mächte mit ihren Herrschaftsansprüchen in Erscheinung.

1. Das Zerstörungswerk des Modernismus

Wir haben es mit dem erregenden und bestürzenden Tatbestand zu tun, daß angesichts der Existenzkrise des Menschen die christliche Theologie selbst und damit die Verkündigung der Kirche in den Sog des modernistischen Denkens geraten ist und das, was von diesen beiden Größen Kirche und Theologie als echte Lebenshilfe erwartet werden müßte, nicht geben kann. Unter dem bekannten Diktat des Säkularismus, daß der moderne Mensch nur mit einer einzigen Wirklichkeit, nämlich der Diesseitswelt, rechnen könne, kam es zu einer Totalkrise in Theologie und Kirche, welche die Fundamente des Glaubens ins Schwanken brachte.

Gewiß kann man geistes- und theologiegeschichtlich eine lange Wegstrecke zurückverfolgen, auf der in immer neuen Ansätzen das Zerstörungswerk an den Grundlagen des Glaubens durch eine dem Zeitgeist verfallene Theologie einsetzte. So wird man unschwer schon bei David Friedrich Strauß (1808—1874) die kommende Auflösung biblischen Glaubens feststellen können.

Die für die heutige theologisch-kirchliche Lage maßgebende und folgenschwere Weichenstellung erfolgte 1941, als Rudolf Bultmann in seinem Vortrag über »die Entmythologisierung des Neuen Testaments« die unheilvolle Entwicklung zu einem neuen theologischen Modernismus, dem sog. »Existentialismus«, einleitete. Damals, während der Kriegszeit, wurde sie kaum beachtet und auch von Karl Barth, wohl aufgrund seiner damals noch bestehenden Gleichgültigkeit gegenüber den Fragen der historisch-kritischen Forschung, in der

Gefährlichkeit nicht durchschaut. Heute aber muß diese Programmatik Bultmanns als entscheidender Anstoß zur Entstehung der Fundamentalkrise in Theologie und Kirche erkannt werden. Unter dem Einfluß des mit ihm befreundeten Existenzphilosophen Martin Heidegger stellte Bultmann ein neues »christlich-philosophisches« Selbstverständnis fest und erteilte damit dem biblisch begründeten Offenbarungsglauben eine radikale Absage. Die Hauptthesen Bultmanns lauten: Angesichts des modernen naturwissenschaftlichen Weltbildes mit seinen unaufhebbaren Kausalgesetzen und den darauf begründeten technischen Fortschritten kann dem heutigen Menschen nicht mehr der Glaube an Heilsereignisse zugemutet werden, wie sie das Neue Testament berichtet. Somit sind der Gedanke an ein Eingreifen Gottes in den kausalen Weltzusammenhang, der Glaube an Wunder, aber auch an das Sühneopfer Jesu, an seine Auferstehung und Himmelfahrt oder an seine Wiederkunft als »erledigt« anzusehen. Diese Heilsereignisse haben nicht mehr als Tatsachen zu gelten, sondern stellen »mythologische« Vorstellungen, legendäre, sinnbildliche Einkleidungen eines früheren, antiken religiösen Selbstverständnisses dar.

Dieser modernistische Denkansatz Bultmanns wurde von der gesamten theologischen Schule, die sich trotz mancher Differenzen und Widersprüche um ihn bildete, aufgenommen (vor allem H. Braun, E. Fuchs, E. Käsemann, G. Ebeling, M. Mezger, G. Otto u. a.). Diese »Bultmann-Schule« erhob im Unterschied zu dem früheren »theologischen Liberalismus« einen Absolutheitsanspruch und übte einen beherrschenden Einfluß aus. Überraschend schnell ist zwar der Glanz dieser Sterne verblichen, aber es wäre ein verhängnisvoller Irrtum anzunehmen, daß damit dieser theologische Modernismus zu Ende gegangen sei. Wir haben heute deutlich die Früchte und die Ernte ihrer Unheilssaat vor Augen.

Worin bestehen die Auswirkungen dieses antibiblischen Umbruches in Theologie und Kirche?

a) Die anthropologische Umdeutung

Wenn die biblischen Tatsachenberichte als lediglich mythologische Aussageweisen eines früheren Daseinsverständnisses beurteilt werden müssen, kann nach Bultmann und seinen Anhängern der »christliche

Glaube« nur dann noch aus dem Strudel einer völligen Auflösung gerettet werden, wenn eine »Entmythologisierung« des Neuen Testamentes, nämlich eine »anthropologische Umdeutung«, vollzogen wird. »Anthropologisch« aber bedeutet, daß der Mensch selbst allein die Maßstäbe für das, was für den Glauben des heutigen Menschen noch gültig sein kann, setzt. Denn »von Gott reden heißt vom Menschen reden, und vom Menschen reden heißt von Gott reden«. Dieses Generalurteil Bultmanns ist der Schlüssel zu der Theologie des Modernismus und enthüllt, daß sich hier eine »Metamorphose« (Gestaltwandel) der Theologie zu einer Anthropologie ereignet hat, zu der Lehre vom Menschen. Dieser Voraussetzung entsprechend ist es weder nötig noch interessant, die Bibel nach irgendwelchen Geschehnissen einer Offenbarung Gottes zu befragen, sondern es gilt vielmehr, die »Bedeutsamkeit« einer mythologisch dargestellten biblischen Überlieferung pro me (für mich) heute geltend zu machen. Die Zielsetzung ist betont »anthropologisch«. Es kommt auf die Gewinnung eines »neuen Selbstverständnisses« des Menschen, auf ein neues Menschenbild, an.

Diese *Umdrehung der gesamten theologischen Fragestellung, die nicht an Gottes Offenbarung, nicht an dem biblisch bezeugten Gottes-Wort orientiert ist, sondern um den Menschen als Daseinsmitte kreist,* erhebt notwendigerweise die »existentiale Interpretation« des Neuen Testamentes, d. h. die Auslegung nach Kriterien und Normen, die von der menschlichen Existenz selbst geliefert werden, zur allein maßgebenden und allein gültigen Methode. Dieser Vorgang, der seitdem bis heute von allen Vertretern des theologischen Modernismus unbekümmert vollzogen wird, ist jedoch von außergewöhnlicher Tragweite. Diese Methode führt nicht, wie der Anschein erweckt, zu einer Auslegung dessen, was in der Bibel berichtet wird und was jeder Leser feststellen kann (wie es die Reformation als selbstverständlich voraussetzt), sondern zu einer radikalen Veränderung des biblischen Textinhaltes. Die bekannten Worte, Namen, Begriffe und Vorstellungen werden keineswegs für ungültig erklärt oder beseitigt, sondern beibehalten, wobei ihnen jedoch ein neuer, dem anthropologischen Maßstab und Verständnis entsprechender, ganz anderer Sinn unterschoben wird. Eine derartige Umdeutung aber tritt in einen unversöhnlichen Widerspruch zu dem, was das Neue Testament aussagt.

Dieser Umdeutungsprozeß zeigt sich in besonderer Schärfe bei der »Interpretation« der zentralen Botschaft von der Auferstehung Jesu.

Der Begriff »Auferstehung« wird jetzt nicht mehr wie in den neutestamentlichen Berichten als ein »Faktum«, ein »Ereignis«, ein tatsächliches »Geschehnis« verstanden, sondern umgefälscht in eine Aussageweise, in der lediglich die bleibende »Bedeutsamkeit« Jesu ausgedrückt wird. So heißt es etwa: Jesus sei »in den Glauben oder in die Kirche hinein auferstanden«. » Jesu Sache geht nach seinem Tode weiter«; »Jesus hat recht behalten«; »Jesus ist zwar wie jeder Mensch gestorben und tot, aber er ist wirksam geblieben«. Auferstehung sei lediglich eine Bezeichnung dafür, daß »Gott sich zu seinem Tode bekannt« habe. Eine Unzahl ähnlicher Umdeutungen beweist diese totale Substanzänderung. Damit aber wird nichts Geringeres behauptet, als daß eben an Ostern nichts passiert sei, sondern daß Jesus wie jeder andere Gestorbene im Grabe geblieben sei und von einer wirklichen personalen Auferweckung selbstverständlich keine Rede sein könne. Trotzdem aber wird in der modernistischen Theologie weiter von »Auferstehung« und »Ostern« gesprochen, aber dabei verschwiegen, daß dasselbe neutestamentliche Wort nunmehr einen völlig anderen Inhalt empfangen hat, der umgekehrt das eigentliche Auferstehungszeugnis leugnet.

Dieser elementare Umdeutungsvorgang, der einer ungeheuerlichen Täuschung der Christenheit, aber auch der übrigen Menschheit, die nach der ursprünglichen Auferstehungsbotschaft fragt, gleichkommt, wird heute von ungezählten Gemeindegliedern, Theologen und Kirchenführern immer noch nicht durchschaut. Diese Tragik ist einer der wesentlichen Gründe für die schier unüberbietbare Verwirrung der Geister in Theologie und Kirche.

b) Die Demontage der Glaubensfundamente

Diese Fundamentalkrise des Glaubens dokumentiert sich besonders an folgenden Punkten:

Die Infragestellung des Offenbarungsgeschehens. Da in der Theologie des Modernismus das Immanenzdenken die alles beherrschende Voraussetzung und Richtlinie darstellt, muß jeder Gedanke an ein reales Offenbarwerden Gottes im Rahmen des in sich geschlossenen Weltsystems, der »in sich ruhenden Endlichkeit«, verworfen werden. Bei »Offenbarung« kann es sich demnach nur um allgemeine religiöse Überzeugungen, um subjektive Glaubenserfahrungen, wie sie sich überall in aller Welt vorfinden, handeln, aber nicht um ein Eingreifen Gottes in spezifischen einmaligen Ereignissen. Heinz Zahrnt repräsentiert die für den Modernismus so typische Auflösung des biblischen Offenbarungsverständnisses in seinem Urteil: »Wir können von Gott nicht mehr weiter so reden wie bisher, indem wir uns einfach unkritisch auf seine Offenbarung berufen.«[5]) Es gebe daher auch keinen Gott »in einer jenseitigen Überwelt«, von der er »ständig in die hiesige hineinfunkt«. Und Rudolf Augstein faßt das Ergebnis seiner Untersuchung über die modernistische Theologie in dem Satz zusammen: »Wir aber werden nicht länger zugeben, daß ein Gott einmal und dann nicht wieder, daß er ein für allemal gehandelt hat. Das ist Mythus und Magie.«[6]) Der Auflösung des Offenbarungsgeschehens entspricht die Entmächtigung der Bibel, wie auch umgekehrt das Zerbrechen ihrer Autorität ein biblisches Offenbarungszeugnis unmöglich macht. Die Bibel kann unter diesem Aspekt nicht mehr die Qualität einer einzigartigen Nachricht von Gottes Offenbarung besitzen, sie ist »der vielgestaltige gedankliche Reflex und literarische Niederschlag von mannigfachen Erfahrungen«, »ein Geschichtsbuch zum Lesen« (Zahrnt, 87), sie zerfällt in eine Vielzahl von »Konfessionen« und »Theologien«, die sich z. Teil im Widerspruch zueinander befinden. Auch der Graben zwischen den »Evangelienerzählungen« und der apostolischen »Briefliteratur« darf nicht übersehen werden. »Jesus hätte vieles von dem, was die Verfasser der neutestamentlichen Briefe ... über ihn geschrieben haben, ... rein intellektuell wahrscheinlich gar nicht verstanden und erstaunt gefragt: Wovon reden diese Menschen eigentlich?« (Zahrnt, 90).

Das Ende der Christologie. In Konsequenz der Zerstörung des biblischen Offenbarungszeugnisses kann nichts anderes erwartet werden, als daß auch dem neutestamentlichen Christuszeugnis ein Todesstoß versetzt wird. Aus der Fülle des vorliegenden Beweismaterials, das führende und in der Kirche anerkannte Theologen geliefert haben und weiterhin bieten, können nur einige wenige Belege angedeutet werden. Das Jesusbild, als ganzes von mythologischen Ideen durchsetzt und mit legendären Ausmalungen umrankt, stellt — abgesehen von historischen Resten — eine Erfindung der Gemeinde dar. Übrig bleibt Jesus als »der arme Mann von Nazareth«, der uns in seinem Glauben

---

[5] H. Zahrnt, »Wozu ist das Christentum gut?«, 1972, S. 34 f.
[6] R. Augstein, »Jesus, Menschensohn«, 1972, S. 406.

an Gott das Vorbild, dem wir nachfolgen sollen, gesetzt hat. Darum ist »Jesus von Nazareth kein Gegenstand des Glaubens«. »Zwar können wir nicht ›an Jesus glauben‹, aber wir können ›Jesus glauben‹«, nämlich »das, was er über Gott gesagt hat« (Zahrnt, 114). Da erst die spätere christliche Tradition Jesus »den Sohnestitel beigelegt« hat (ebd. 115), und die Gemeinde Jesus »Worte in den Mund gelegt, die er nicht gesprochen hat, und Taten von ihm berichtet, die er nicht getan hat« (Urteil Zahrnts, von R. Augstein zitiert, 12), so kann die Menschwerdung des Gottessohnes nur als Symbol für den »Auszug Gottes zur Welt« oder der »Mitmenschlichkeit« sowie der »Humanität« begriffen werden.

Dieser Durchsetzung des anthropologischen Christusbildes entspricht die Disqualifizierung des Opfertodes Jesu am Kreuz als »Kultlegende« (Augstein, 424), »denn es gibt keinen Gott, der seinen Sohn für uns opfert« (ebd. 406). Die Rede von einem stellvertretenden Opfertod Jesu ist von einer »magischen« Vorstellung bestimmt. Man darf sich »nicht damit begnügen«, daß ein anderer »für uns ans Kreuz gegangen ist« (Zahrnt, 197). Gerade das wird allerdings im Neuen Testament behauptet und von der Reformation zur Grundlage der Rechtfertigungslehre erhoben. Wird das Sterben Jesu nur als ein Zeichen der »Tiefe menschlicher Verlassenheit« verstanden und vom Menschen das »Mitleiden mit Jesus«, die Bereitschaft verlangt, »sich selbst ans Kreuz der Wirklichkeit schlagen« und sich »dadurch verwandeln« zu lassen, dann ist der Trost der Erlösung von Grund auf zerstört und aus der »Theologie des Kreuzes« ein neues Gesetz, eine trostlose Philosophie des Weltleidens und seiner Bewältigung durch den Menschen selbst geworden.

Den Schlußpunkt dieser an ihr Ende gekommenen Christologie bedeutet die provokatorisch widerbiblische Behauptung, die inzwischen eine traurige Berühmtheit erlangt hat: Nicht Gott hat Jesus, den Gekreuzigten, auferweckt und zum Herrn erhöht (Phil. 2, 9), sondern »die Kirche hat ihn emporgejubelt und auf Gottes Thron gesetzt ... Die Kirche hat ihn in die Höhe und damit zur Strecke gebracht« ... (Zahrnt, 109). »Wichtigste Aufgabe der Christologie wird es daher künftig sein, darauf zu achten, daß Jesus ... ein armer Mann bleibt, beziehungsweise es wieder wird ..., daß die Kirche ihn nicht weiterhin nachträglich reich macht« (ebd. 111). Mit dieser Feststellung, die für den gesamten theologischen Modernismus aller Schattierungen symptomatisch ist, und für den dieses Zitat nur stellvertretend steht, hat sich die Zertrümmerung der Christologie und zugleich der kardinale Bruch mit dem altkirchlichen Bekenntnis der ganzen Christenheit aller Konfessionen vollzogen. Es braucht daher nicht zu verwundern, wenn es Theologen gibt, die im weiteren Vollzug dieses Zerstörungswerkes über den Glauben an die »Wiederkunft« des auferstandenen Christus und die christlichen Zukunftserwartungen ihren zynischen Spott ausgegossen haben[7]). Die Verwirrung der Geister erhärtet sich auch in diesem Zusammenhang, da nach wie vor zwar von »Christologie« und den in ihr gebräuchlichen Begriffen geredet wird, während ihr biblischer Gehalt eine den Glauben vergiftende Verdrehung und Auflösung erfahren hat.

Die Unglaubwürdigkeit der Kirche. Der bis in die letzten Fundamente reichende Abbau der Glaubensgrundlagen muß für die Existenz der Kirche katastrophale Auswirkungen nach sich ziehen. Wir schauen heute in ein verändertes und entstelltes Gesicht der kirchlichen Existenz. Wir treffen auf eine Perversion der Kirche, deren Sendung immer mehr unglaubwürdig zu werden droht.

Wenn der kritische Ansturm des Modernismus recht hat, daß »die christlichen Kirchen sich auf einen Jesus berufen, den es nicht gab, auf Lehren, die er nicht erteilte, und auf eine Gottessohnschaft, die er selbst nicht für möglich gehalten und beansprucht hat« (Augstein, 7), dann muß es zu einer Existenzerschütterung, zu einer Identitätskrise ohnegleichen kommen. »Identitätskrise« bedeutet, daß das Selbstverständnis der Kirche aufs tiefste bedroht ist. Nun wird dieser Identitätsverlust auch von einigen modernistischen Theologen zugegeben (Zahrnt, ebd. 13), aber seltsamerweise übersehen sie dabei, daß sie selbst den entscheidenden Beitrag zu dieser Selbstzerstörung der Kirche geleistet haben. Unter dem Druck aller dieser Einflüsse des Zeitgeistes ist die Kirche an sich irre geworden, in einen fatalen Zweifel an ihr eigentliches Wesen, an ihren Auftrag geraten.

Kennzeichnend für diese Notsituation der Kirche sind eine Reihe von Faktoren, die nicht durch Beschwichtigungsmanöver und Bagatellisierungsbemühungen von Seiten der Kirchenleitungen und der offiziellen kirchlichen Publikationsorgane weggewischt werden können. Im Vordergrund steht das Irrewerden an der »biblischen Lehre«, an dem Bekenntnis der Väter. Wenn die Bibel zum bloßen Gesprächs-

---

[7] M. Mezger, *Streit um Jesus*, 1969, 72 ff. u. a. *Kommt Jesus wieder?* in Radius, März 1966, S. 11.

partner neben anderen Zeitautoritäten degradiert wird und das reformatorische Bekenntnis der Kirche als eine zeitgeschichtlich bedeutsame, aber heute nicht mehr verbindliche Lehrmeinung beiseite geschoben wird, dann ist in der Tat eine übereinstimmende kirchliche Lehre unmöglich geworden. Heute ist es im Raum der »Evangelischen Kirche in Deutschland« (EKD) erlaubt, jede beliebige »Lehre« und jede religiöse Privatmeinung vorzutragen, auch wenn diese in einem eklatanten Gegensatz zu »Schrift und Bekenntnis« stehen. »Die rechte Lehre« ist nicht nur nicht mehr gefragt, sondern wird auch von vielen Vertretern des theologischen Modernismus verächtlich gemacht. Die »Rechtgläubigen« werden als »Nachzügler«, d. h. als solche, die hinter der Zeit herlaufen, als die Ewiggestrigen verspottet (Zahrnt, 34).

Wir stehen also mitten in der makabren Situation, daß *aus einer Kirche der »reinen Lehre«, die einst die Reformation für sich in Anspruch nahm, eine Kirche des »Pluralismus« geworden ist,* in der lehrmäßig alles gestattet ist. Dieser Pluralismus darf jedoch nicht mit der berechtigten und notwendigen Mannigfaltigkeit der Schrift- und Bekenntnisaussagen verwechselt werden. Niemand bestreitet die Vielgestaltigkeit der Bibel in den Evangelien und Apostelbriefen in Ausdrucksweise, Stil, Begriffen und Vorstellungen. Diese legitime Pluralität vermittelt bei aller Verschiedenheit im Einzelnen dennoch denselben Inhalt des biblischen Offenbarungszeugnisses. In diesem Verständnis kann es auch keine Uniformität der ungezählten theologischen Konzeptionen und Lehrmeinungen geben, wesentlich ist nur, daß sie sich um die Mitte desselben Evangeliums, um das Zentrum der biblischen Botschaft bewegen.

In einem unüberbrückbaren Gegensatz dazu aber steht der theologische »Pluralismus« in der Kirche heute, in dem einander widersprechende Lehren, biblische und antibiblische, bekenntnisgemäße und bekenntniswidrige Aussagen und Anschauungen gleichberechtigt nebeneinander stehen und geduldet werden, obwohl sich diese Behauptungen gegenseitig ausschließen. Wenn man es in der christlichen Kirche nicht mehr wagt, von Irrlehre zu sprechen, und Häresien, also falsche Lehren, und schriftgemäße Lehren ranggleich nebeneinander duldet, dann hat das Zerstörungswerk die Fundamente des Glaubens ins Schwanken gebracht. Die Kirche ist damit in ihrer Existenz und in ihrer Verkündigung unglaubwürdig geworden.

Die Auflösung der biblischen Lehrsubstanz bewirkt eine Schwerpunktverlagerung auf alle möglichen Aktivitäten im Bereich der Kirche, die diesen Leerraum zu verdecken und in neuer Weise auszufüllen sich bemühen. So wird die Kirche zum Experimentierfeld aller möglichen Erneuerungsversuche, die alle Gebiete des kirchlichen Lebens erfassen. Dies alles geschieht in Rücksichtnahme auf den Zeitgeist und in Anpassung an seine Vorstellungen von einer zeitgemäßen Daseinsgestaltung. (Vgl. die fragwürdige Neugestaltung des Religionsunterrichtes.) Dadurch aber entsteht die Öffnung der Kirche für alle modernen Ideologien als Ersatz für die »verlorene Mitte«, wie sie der Kirche in der »biblischen Lehre« wesenhaft vorausgegeben ist. Auf dieser schiefen Ebene läßt sich die Kirche ihre Thematik von den Geistern der Zeit vorschreiben und damit ihren eigentlichen Wesensauftrag verdunkeln. Diesen pluralistischen Verfallszustand der Kirche nicht zu erkennen, ist ein Zeichen einer erschütternden Blindheit, die selbst schon eine Auswirkung dieser »Verwirrung der Geister« offenbart.

2. Die Ansteckung durch ideologische Mächte

Die Herausforderung des Glaubens erfährt heute einen besonderen Akzent durch die Begegnung mit den modernen Ideologien. Diese sind einerseits ein Spiegelbild der weltweiten Verwirrung der Geister, wie sie die ganze Menschheit in verschiedenen Erscheinungsweisen ergriffen hat. Andererseits haben die Verwirrung und Verdunkelung christlicher Erkenntnis und die damit verbundene Unterscheidungslähmung eine Prädisposition, eine Aufnahmebereitschaft für die Ansteckung durch ideologische Mächte herbeigeführt.

a) Das ideologische Daseinsverständnis

Ohne Frage stehen wir heute vor einem rapiden Anschwellen, vor einer erstaunlichen Eskalation der Ideologien. Diese Aufblähung ideologischer Tendenzen erscheint charakteristisch für die gegenwärtige Weltlage. Das Zeitphänomen einer zunehmenden und universalen Ideologisierung ist zutiefst eine Frucht der ungelösten Existenzkrise des Menschen. Das Unbefriedigtsein des Menschen von einem bloßen ökonomischen Pragmatismus reiner Zweckmäßigkeit treibt ihn zur Öffnung für immer wieder neu auftauchende Ideologien, seien es

Marxismus, Spätmarxismus, Leninismus, Maoismus, Futurismus oder auch Demokratismus und perfektionierter Humanismus. Typisch ist die ideologische Überflutung sämtlicher Bereiche des öffentlichen Lebens, des Politischen, Wirtschaftlichen, Sozialen, Soziologischen, Psychologischen, Pädagogischen sowie des Allgemeinwissenschaftlichen und Philosophischen. Dementsprechend bemüht man sich überall um eine ideologische Verbrämung und Rechtfertigung, ist aber unsachlich einseitig in der Beurteilung der Verhältnisse und Vorgänge und polarisiert die Standpunkte immer mehr.

Das spezifische Daseinsverständnis der Ideologie drückt sich in der *Behauptung aus, sie besitze die Antwort auf die Frage nach der Sinngebung der menschlichen Gesellschaft* und damit *auch des individuellen Schicksals,* das von diesem Kollektiv abhängig ist. Dabei geht es um die Setzung einer Sinnmitte des Lebens, eines Weltmittelpunktes, und damit um die Ausrufung einer Zielvorstellung, deren Verwirklichung einen totalen Lebenseinsatz lohnt! In einer Ideologie vollzieht sich die Ausprägung eines bestimmten menschlichen »Wertbewußtseins«. Es kennzeichnet und konkretisiert sich anschaulich und beispielhaft in einem System von Vorstellungen, wie die Probleme der Gesellschaft am besten zu lösen seien. So entsteht ein gedanklich geordneter Komplex von geistigen, deutenden, regelnden Leitlinien, die das Denken, die irrationalen Vorstellungen und Phantasieprodukte, das Sichverhalten und die Entscheidungen der einzelnen Menschen wie der Gesellschaft in bestimmte Bahnen lenken sollen. Ideologie stellt sich als ein geistiges Koordinatensystem dar, in dem die Fragen der Zeit eingeordnet werden sollen. Wir haben es also mit einem »Antriebs- und Steuerungssystem der menschlichen Gesellschaft und ihrer Gruppen« zu tun[8]). Eine Ideologie versteht sich als ein wesentliches Angebot einer Lebenshilfe, einer Sinndeutung der Menschheitsgeschichte und ihrer Entwicklung und damit als Motor zur praktischen Bewältigung der Daseins- und Zukunftsaufgaben der menschlichen Gesellschaft.

b) Der absolute Geltungsanspruch

Ideologien erheben stets einen Absolutheitsanspruch. Dieser Vorgang ist nicht ein Anhang ihrer Weltanschauung, sondern ein unabding-

---

[8] A. Hudak, *Glaube und Ideologie,* S. 5.

barer Charakterzug. Eine Ideologie kann sich ja nicht durchsetzen, wenn sie sich nicht der innersten Bezirke des Menschseins bemächtigt. Nicht nur Verstand und Vernunft, sondern auch Herz, Gefühl, Gewissen, das gesamte Seelentum, die wesenhafte, individuelle Personalität müssen von ihr mit Beschlag belegt werden. Es handelt sich demgemäß um einen klaren Herrschaftsanspruch, auch dann, wenn dieser Begriff vermieden und das gegenteilige Ziel auf dem Weg der Beseitigung der »Herrschaftsstrukturen« in der menschlichen Gesellschaft anvisiert wird. *Ideologie trägt einen Konfessionscharakter, vollzieht eine Bekenntnisfunktion, ist ein Religionsersatz und beansprucht absolute Gültigkeit.* Unter diesem Blickpunkt wird auch verständlich, daß Opferbereitschaft, Liebe und Haß, Begeisterung, Faszination, ja Fanatismus bis hin zu einem brutalen Terror zum Ausstrahlungsbereich einer Ideologie gehören. Die rational unbegreiflichen Aktionen von Terroristengruppen sind ideologisch gesteuert, schlechthin irrationale Phänomene, Symptome einer Besessenheit, die von Wahnideen genährt und getrieben werden.

Der Absolutheitscharakter einer Ideologie duldet keine Konkurrenz, kein Neben- und Miteinander. Soweit diese Konzessionen doch gemacht werden, geschieht das nur unter dem Zwang zeitbedingter Verhältnisse. Der Toleranzzustand darf nur als ein vorübergehendes Zwischenstadium beurteilt werden; er ergibt sich aus Nützlichkeitserwägungen und Zweckmäßigkeitsgründen, wie sie eine akute Zeitlage erfordert. Grundsätzlich jedoch fordern Ideologien eine Totalität. So kommt es je länger desto mehr zu einer Umfunktionierung des Menschseins, zu einer »Entpersonalisierung«, da die absolute Herrschaft der Ideologie dem Einzelmenschen keinen Freiraum für eine private Existenz zugestehen kann, die sich in der persönlichen Freiheit, im Gewissen, in der Religiosität und im Ethos am stärksten dokumentiert. Das Hochziel der Ideologie besteht darin, Mensch und Gesellschaft zum Organ und Werkzeug eben dieser Ideologie zu verwandeln. Eine verabsolutierte Ideologie wird daher stets gerade die Justiz zum Zweckmittel degradieren und unter bewußter Behauptung der Rechtmäßigkeit, also unter juristischer Tarnung, das ideologische Zweckziel zu erreichen versuchen. Die bekannten »politischen Schauprozesse« in aller Welt sind schauerliche Kennzeichen ideologischer Mächte.

Diese Einsichten machen deutlich, daß Ideologien sich selbst als wertsetzende und Recht schaffende Machtpotenzen begreifen.

Alle Lebensgebiete müssen dem Einfluß, der Gestaltung und Zielgebung der Ideologie unterworfen werden. Was gerecht, was wahr, gut, schön, human ist, entscheidet die Ideologie, denn sie hat auch immer recht. Die bekannten Grundthesen heißen: Gut ist, was dem Volk, dem Staat, der Klasse, der Partei oder der Gesellschaft nützt. So kommt es zu einem ideologischen Wächteramt, das über die Reinheit der Ideologie verfügt und Abwehrmaßnahmen zu ihrem Schutze vornimmt. Zugleich aber ist die Ideologie auch bestrebt, andere, mit ihr rivalisierende Ideologien immer mehr von innen her zu durchdringen, zu unterminieren und — wenn irgend möglich — aufzusaugen, um die ideologische Totalisierung der Umwelt zu ermöglichen. Dafür ist aber das bewußt geübte Verfahren kennzeichnend, etwa durch Gleichschaltung christlich-ethischer Grundsätze mit marxistischen Ideen zu bewirken, daß von dem neuen ideologischen Deutungs- und Wertzentrum des Marxismus aus das sog. »Christentum« seiner Eigenständigkeit beraubt und selbst ideologisiert wird, wodurch es zu einer instrumentalen und funktionalen Unterordnung und Einordnung unter die alles beherrschende Macht einer Ideologie kommen muß.

c) Die Konfrontation von Ideologie und Glaube

Sobald erkannt ist, um welche ungeheure geistige Mächtigkeit es sich bei den Ideologien handelt, muß es zu einer Auseinandersetzung und Gegenüberstellung mit dem christlichen Glauben kommen. Gerade in dieser Polarisierung (Entgegensetzung) von Ideologie und Glaube werden die Konturen beider Größen sichtbar, die nicht vermischt werden dürfen.

Die Ideologisierung des Christentums. Da die jeweiligen Ideologien selbst Ausformungen des Zeitgeistes darstellen, muß in dem Diesseitsaspekt eben dieses Zeitgeistes das Faktum des christlichen Glaubens in der heutigen Welt ebenfalls als eine ideologische Variation, als eine ideologische Größe interpretiert werden. Schon die unscharfe und mißdeutbare Bezeichnung des Glaubens als »Christentum« läßt erkennen, daß man es mit einer zeitgeschichtlichen Erscheinung zu tun haben will, die aus geistesgeschichtlichen Hintergründen erwachsen und aus gesellschaftspolitischen Motiven zu erklären ist. Das »Christentum« erscheint demgemäß in der Sicht des Spätmarxismus als der religiös-ideologische Niederschlag einer bestimmten ökonomischen

Stufe der Menschheitsentwicklung, als weltanschaulicher Ausdruck des herrschenden bürgerlichen Klassenbewußtseins. Bei diesem ideologischen Deutungsschema vollzieht sich stillschweigend eine verhängnisvolle Gleichsetzung von Ideologie, Religion und Christentum und damit eine Verwechselung von christlichem Glauben und Ideologie. Grundlegend für dieses Mißverständnis ist die damit aktuell gewordene Frage nach dem Nutzen, der Zweckmäßigkeit, der Verwertbarkeit dieser »christlichen Ideologie«. Das Daseinsverständnis der Immanenz fragt nach dem Wert, dem Effekt des Christentums für die moderne Gesellschaft, wenn auch die klassische Ideologie des Marxismus nach wie vor mit dem unaufhaltsamen Absterben dieser »Ideologie« rechnet, sobald ihr der ökonomisch-materielle Unterbau entzogen ist. Ganz anders aber müßten sich das Gespräch und die Konfrontation des christlichen Glaubens mit der Ideologie des Marxismus auswirken, wenn in aller Eindeutigkeit herausgestellt wird, daß der biblische Glaube mit dem »ideologischen Überbau« als einer sekundären gesellschaftlichen Bewußtseinserscheinung und als Produkt gesellschaftspolitischer Strukturverhältnisse nicht das Geringste zu tun hat. Sofern eben dieser Glaube mit Ideologie nicht gleichgesetzt werden darf, fehlt ihm auch die »Reflex-Struktur« der soziologischen Umweltbedingungen, das heißt, er hat andere Bezogenheiten.

Im Zusammenhang mit diesem Mißverständnis, der Verwechselung von Glaube und Ideologie, führen noch andere Faktoren zur Ideologisierung des christlichen Glaubens, zu der nun Theologie und Kirche selbst Anlaß geben. Dieser Prozeß ist nicht in dem Wesen des Glaubens angelegt, er beruht auf einer Infektion des »Christentums« durch die Ideologien der jeweiligen Zeitlage selbst. *Diese Ideologisierung tritt schon in Erscheinung, wenn christliche Aussagen von dem biblischen Fundament, das diese Begriffe ermöglicht und mit einem spezifischen Inhalt erfüllt, losgelöst werden und dadurch zu einer Eigenmächtigkeit gelangen.* Diese Verselbständigung biblischer Kernworte, wie etwa Liebe, Leben, Licht, Wahrheit, Gerechtigkeit, Freiheit, Frieden, Freude, Glaube, Hoffnung, herausgerissen aus dem Sinngefüge des biblischen Offenbarungszeugnisses, dem notwendigen Zusammenhang der Heilsgeschichte entnommen, erhalten nun eine ideologische Qualität und Eigenmächtigkeit. Sie werden zu Begriffshülsen allgemein gültiger Aussagen, zu sog. »Existentialen«, zu anthropologisch bedeutsamen Grunderkenntnissen, die ihre ursprünglich biblisch-christliche Aussagekraft eingebüßt haben. Infolgedessen ist es möglich, daß solche ideologisierten »Bibelzitate« von jedermann, auch von Nichtchristen, anerkannt und nachgesprochen werden können, da ja ihr einstiger christlicher Wesensgehalt nicht mehr erkennbar ist oder verschwiegen wird. So entstehen aus Bibelworten allgemein gültige philosophische Wahrheiten, die zu allen Zeiten von der Menschheit ohne Inanspruchnahme des Glaubens akzeptiert werden können. (Beispielhaft erscheinen die Parolen der Evang. Kirchentage »Nicht vom Brot allein« — Düsseldorf 1973, »In Ängsten, siehe wir leben« — Frankfurt 1975.)

Die Einbruchstellen für derartige Ideologisierungstendenzen sind mannigfach. Vor allem aber gilt es auf *drei Gefahrenmomente* aufmerksam zu machen. Da ist einmal das berechtigte und notwendige Bemühen, durch eine *moderne Übersetzungsarbeit* den Verstehensmöglichkeiten des heutigen Menschen entgegenzukommen. Diese Aufgabe wird jedoch dann verfehlt, wenn eine uferlose und willkürliche Auswahl der Sprachmittel vorgenommen wird, so daß verfehlte Ausdrucksmittel des Glaubens dem ideologischen Mißverständnis Vorschub leisten. So wird etwa durch die bekannte theologisch-modernistische Formel »Gott existiert nicht, sondern Gott geschieht« aus Gott selbst ein Lebensprinzip, also eine Ideologie.

Sodann droht eine ideologische Verfälschung des Glaubens durch Einführung *neuer kirchlicher Verkündigungsmethoden*, welche die Gefährdung in sich tragen, Schwerpunkte zu verlagern, die Mitte des Glaubens zu verdecken und den Zugang zu ihm zu verstellen. Die heute zunehmende Infiltration des Abendlandes durch buddhistische Ideologien, die dem innerlich zerrissenen und durch Konflikte angespannten modernen Menschen attraktive Meditations- und Yogaübungen anbieten, muß die Kirche davor warnen, dieselben Gestaltungsformen eines fremden religiösen Lebens, wie etwa auch die »Gruppendynamik«, unkritisch zu übernehmen. Derartige Fehlformen werden zum Sprungbrett für ansteckende Ideologien. Die heutige Verherrlichung eines Psychologismus in der kirchlichen Praxis kennzeichnet solche wirksam werdende Ideologisierung.

Schließlich muß noch die *Übernahme gesellschaftspolitischer Intentionen* (Zielsetzungen), die Gleichschaltung mit den humanitären Tendenzen des Zeitgeistes als ideologische Infektion, die Wesen und Sinn kirchlicher Sendung trübt und zerstört, begriffen werden. Die Forderungen nach einer »Partizipation der Christen an der Umstrukturierung politischer Machtverhältnisse mit ihren Folgeerscheinungen« (siehe 6. Vollversammlung der Konferenz Europäischer Kirchen in Nyborg 1971 sowie die Weltkirchenkonferenzen der Ökumene in Uppsala 1968 und Bangkok 1973) sind Ausweis und Bestätigung für die steigende Gefahr drohender Ideologisierung, die christlichen Glauben den »Fremdgeistern« dienstbar zu machen versucht.

Der dämonische Horizont der Weltideologien. Die Konfrontation zwischen ideologischer Geistigkeit und biblischem Glaubenszeugnis muß aber noch tiefer beurteilt werden. Es handelt sich hier nicht um eine harmlose Begegnung, um eine harmonische Gesprächssituation, in der in friedlicher Partnerschaft die verschiedenen Gedanken ausgetauscht werden, sondern hier kommt es zu einem Zusammenstoß unvereinbarer geistiger Mächte. Es geht hier um die grundlegende Erkenntnis, daß sich in der Geistigkeit einer Ideologie eine widergöttliche Machtkonzentration manifestiert. Der Herrschaftsanspruch der sich absolut setzenden Ideologien gleicht einem Wetterleuchten, das eine apokalyptische Situation ankündigt. *In der Ideologie ereignet sich mitten in einer geschichtlichen Erscheinungsform die Widerspiegelung des diabolischen Machtanspruches über Mensch und Welt.* Das satanische »Eritis sicut Deus« (»Ihr werdet sein wie Gott« [1. Mos. 3, 5]) und das »Wie Gott sein wollen« des Menschen ist das geheime Thema eines ideologischen Menschenbildes. Die Ideologie trägt die verhüllende und zugleich verführende Maske des als »Engel des Lichts« (2. Kor. 11, 14) verkleideten »Diabolus«, der sich als ein Geist der Verblendung und illusionärer Versprechungen in der Menschheitsgeschichte wirksam erweist. In den Ideologien redet ja nicht nur menschlicher Verstand, philosophische Weisheit oder theologischer Irrtum, sondern dahinter steht eine ganz andere, nämlich dämonische Geistigkeit: der Geist des Widersachers Gottes. Er kann nicht dulden, daß die biblische Heilsbotschaft in ursprünglicher Klarheit und Reinheit in der Welt verkündigt wird (1. Tim. 3, 5; 4, 1; 2. Tim. 2, 4; 9, 21; 2. Kor. 4, 4).

Die ideologischen Ansprüche setzen sich an die Stelle Gottes. Daher tragen sie das Gepräge eines modernen »Götzendienstes«. Das irreführende und darum betrügerische Ansinnen einer Ideologie, mit dem »Christentum« einen Kompromiß oder gar einen Bund schließen zu können, bedeutet in Wirklichkeit eine Absage an die biblische Verkündigung und die Entmächtigung des christlichen Glaubens. Die Ideologien des Zeitgeistes stellen daher die modernen Götter der heutigen Menschheit dar.

Vor dem dämonischen Hintergrund der ideologischen Mächte wäre es darum ein fundamentaler Irrtum, von der Möglichkeit einer Neutralität zwischen beiden Grundhaltungen, Glaube und Ideologie, zu sprechen. Wo immer christlicher Glaube außer Kraft gesetzt wird, meldet sich die Ideologie mit ihrem Geltungsanspruch. Ideologielosigkeit ist dann eine Illusion. Zu solchem Mißverständnis gehört auch die Rede von einer »wertneutralen« Gesellschaft. Frühere entmächtigte und abgebaute Ideologien werden sofort durch neue Ideologien ersetzt, die mit neuen Namen, Etiketten und Forderungen ihre Anerkennung durchzusetzen versuchen (z. B. anstelle der einstigen Rassenideologie des »nordischen« Menschen tritt heute eine Sozialideologie, die zur Fristenlösung in der Abtreibungsfrage und letztlich bis an den Rand der Euthanasie führt)[8a]).

In dieser ideologischen Weltlage und der damit verbundenen unvermeidbaren Auseinandersetzung, dem Geisteskampf zwischen Glaube und Ideologie, gibt es keine Beweismöglichkeit mit rationalen Argumenten. Die »Gläubigkeit« an Ideologien steht wider den biblischen Glauben. Möglich allein sind klärende Unterscheidungen, damit der Weg frei wird zu einer echten Entscheidung zwischen Ideologie und Glauben.

Literaturhinweise

Gerhard Bergmann, *Kirche am Scheideweg,* Glaube oder Irrglaube, 1967; R. Bultmann, *Glaube und Verstehen.* Gesammelte Aufsätze, 1933. *Neues Testament und Mythologie.* Das Problem der Entmythologisierung der neutestamentlichen Verkündigung, in »Kerygma und Mythos«, 1960⁴; A. Gehlen, *Urmensch und Spätkultur,* 1964² (mit Untersuchung des Mythusbegriffes, 217 f); Dietrich v. Hildebrand, *Das Trojanische Pferd in der Stadt Gottes,* 1969; F. Hohmeier, *Das Schriftverständnis in der Theologie Rudolf Bultmanns;* A. Hudak, *Glaube und Ideologie,* 1973, Beiheft Nr. 13 der Nachrichten der Notgemeinschaft Evangelischer Deutscher; J. Kahl, *Das Elend des Christentums oder Plädoyer für eine Humanität ohne Gott,* 1968; H. Kümmel, *Der moderne Mensch vor der Gottesfrage, 1962;* W. Künneth, *Glaubenskrise,* 1969. *Glauben an Jesus?* Die Begegnung der Christologie mit der modernen Existenz, 1961, 1969³, mit spezieller Literaturangabe über die »Theologie des Modernismus«; E. Lemberg, *Ideologie und Gesellschaft,* 1967.

[8a] P. Römhild, *Schutz unserem ungeborenen Mitmenschen,* Volkshochschule Alexandersbad, 1971.

III. Die Antwort der biblischen Lehre

Der herausgeforderte Glaube muß auf die Probleme antworten, die die Existenzkrise des Menschen aufwirft, aber auch auf die Verwirrung der Geister, die sich in Theologie, Kirche und Öffentlichkeit in verheerenden Auswirkungen geltend macht. Diese Antwort faßt sich zusammen in dem Begriff »Biblische Lehre«. Daß sich gerade diese Stellungnahme des Glaubens auf »Lehre« beruft, erscheint ungewöhnlich, denn offenkundig befinden sich »Lehre«, »Dogma«, »Bekenntnis« im Kreuzfeuer, ja im Vernichtungsfeuer des modernen Weltverständnisses. Im Namen Ungezählter bemerkt u. a. Gerhard Szezsney, der Vertreter des derzeitigen atheistischen Humanismus: »So verstellt das nicht mehr geglaubte, aber doch in Geltung befindliche christliche Dogma jenen unbefangenen Aus- und Überblick, der nötig ist, um eine neue Antwort auf die letzten Fragen zu finden.«[9])

Will man jedoch nicht an der Sache des christlichen Glaubens vorbeigehen, will man sich nicht verschwommen mit der allgemeinen Diskussion über Ideologie und Religiosität begnügen, so muß man in aller Schärfe die Position der »Biblischen Lehre« ins Auge fassen. Angesichts der erstaunlichen Unkenntnis und Unklarheit in bezug auf Grundfragen des christlichen Glaubens ist es dringend geboten, sich um ein Verständnis der Lehre, die es mit den Fundamenten des Glaubens zu tun hat, zu bemühen.

1. Die Lehre in der Anfechtung

Gegen die Behauptung, daß biblische Lehraussagen für christlichen Glauben von elementarem Gewicht seien, richtet sich eine tiefgestaffelte Kritik aus verschiedenen Motiven. Es gilt, diese Einwände und Anfragen, in denen sich zweifellos innere Schwierigkeiten des heutigen Menschen widerspiegeln, ernst zu nehmen. Diese kritische Infragestellung der biblischen Lehre wird an folgenden Punkten deutlich:

Der Widerspruch zum Leben. Die Hervorhebung der »Lehre« sowie dogmatische Aussagen im Bekenntnis der Kirche werden als un-

---

[9] G. Szezsney, *Die Zukunft des Unglaubens*, 1958, S. 10 f.

erträglicher Kontrast zum Lebensgefühl des Menschen empfunden. Das pluralistisch geprägte Existenzverständnis wendet sich gegen jede Lehre, die sich in bestimmten Sätzen und klaren Bekenntnisformeln zu artikulieren versucht. Hier lautet der Vorwurf, daß ein fremdes »Glaubensgesetz« dem Menschen aufgezwungen werde, daß eine Nötigung, »glauben zu müssen«, der persönlichen Entscheidungsfreiheit in religiösen Angelegenheiten zuwiderlaufe. Eine dogmatische Lehre pflegt man daher häufig als einen aus der Vergangenheit zurückgebliebenen erratischen Block zu beurteilen, der jedoch für den modernen Verstehenshorizont nur ein Verkehrshindernis darstellt.

Daher erhebt man gerade im Namen lebendiger Frömmigkeit einen Einspruch gegen jede lehrmäßige Erstarrung. Sie steht ja im Gegensatz zu dem quellenden und flutenden Leben der ungebundenen menschlichen Religiosität aller Zeiten, sie bewirkt nicht Förderung, sondern vielmehr Hemmung ursprünglicher religiöser Unmittelbarkeit.

Der Widerspruch zur Toleranz. Da eine Lehre Verbindlichkeit beansprucht, weitet sie sich — so heißt der zweite Vorwurf — zu einem »Dogmatismus« aus, für den die Intoleranz charakteristisch ist. Diese dogmatisch begründete Haltung der Intoleranz aber wird zu einem Unheilsherd und zur Brutstätte eines gefährlichen Wahrheitsfanatismus. Die heutige Gesellschaft bekennt sich daher zur Toleranz Lessings, der jeden absoluten Wahrheitsanspruch verwirft und nur relative Wahrheiten gelten läßt, so daß jeder Unduldsamkeit eine Absage erteilt wird. Die moderne Toleranz fordert den Verzicht auf einen allgemein gültigen Wahrheitsanspruch, den Ausgleich gegensätzlicher Anschauungen und letztlich »Dogmenlosigkeit«. Damit wird der religiöse »Relativismus« mit seiner Gleichberechtigung aller Lehren zum maßgebenden Prinzip (Grundsatz) erhoben.

Der Widerspruch zur Liebe. Als stärkstes Argument gegen die Lehre wird die Forderung universaler Liebe geltend gemacht. Die von jedermann verstandene Liebestendenz macht ein »dogmatisches«, an eine Lehre gebundenes Christentum unmöglich. Es muß daher durch die Idee eines Humanismus abgelöst werden, der allein die Menschenliebe als Maß und Ziel anerkennt und damit alle trennenden Gräben zwischen Völkern und Rassen, zwischen Konfessionen und Religionen zuzuschütten vermag.

Unter diesem Aspekt tragen Dogmen antiquierte Züge, die mit der uneingeschränkten Liebesforderung nicht vereinbar sind. Die

Nächstenliebe fragt nicht nach dogmatischer Korrektheit und nach reiner Lehre, sondern nach den konkreten Nöten des Menschen. Diese Liebe will nicht recht behalten, sondern helfen. Eine künftige Gemeinschaft echter sozialer Aktivität kann daher niemals auf eine Lehre gegründet werden, sondern allein auf die Liebe. So kommen hier die Ideen der Aufklärung und eines dogmenfreien Christentums des alten Liberalismus erneut zum Tragen, und zwar in Kampfansage gegen den Glaubensanspruch einer Lehre.

2. Die Unvermeidbarkeit der Lehre

Diesen kritischen Anfechtungen gegenüber soll nicht übersehen werden, daß in diesen Protesten gewisse Wahrheitsmomente enthalten sind. Unbestreitbar weist die Geschichte der christlichen Dogmen eine Fülle von Entartungserscheinungen auf. Dogmatische Gesetzlichkeit, unbeweglicher Formalismus, engherzige und lieblose Intoleranz, intellektuelle Übersteigerung dogmatischer Sätze zu einem unantastbaren Lehrgebäude bringen »Biblische Lehre« in Mißkredit, verschleiern ihr eigentliches Anliegen und verderben ihren wesenhaften Sachgehalt. Trotzdem — die Einwände gegen die Lehre können einer kritischen Prüfung nicht standhalten.

Die anthropologische Grundbestimmtheit der Lehre. Von ausschlaggebender Bedeutung ist die Einsicht, daß das Menschsein in seiner Tiefe und Hintergründigkeit von einer dogmatischen Weichenstellung nicht zu lösen ist. Es gibt demnach keinen Menschen, der sich nicht unbewußt oder bewußt, indirekt oder direkt von einer geheimen dogmatischen Überzeugung leiten ließe. Die Behauptung einer Grundsatzneutralität muß als Selbsttäuschung durchschaut werden. *Jedes menschliche Denken und Handeln wird von irgendwelchen vorausgegebenen Grundsätzen, die man auch als »Lehren« bezeichnen könnte, unterbewußt oder willensmäßig gesteuert.* Die Quellorte dieser den Menschen dirigierenden Prinzipien und Lehren sind unendlich mannigfach, zu denken ist an Tradition und Sitte, Umwelteinflüsse, tiefenpsychologisch zu analysierende Urgründe der menschlichen Psyche, seine persönlichen Überzeugungen und Erfahrungen, die sich zu normgeladenen Lebensgrundsätzen verdichten. So entstehen und wirken »dogmatische« Leitbilder, die auf Verhaltensweise und Lebensgestaltung einen zielsetzenden Einfluß ausüben. Niemand kann daher dieser Grundbestimmtheit durch eine »Lehrerkenntnis« oder ein »Lehrurteil« entfliehen. Die Ausrichtung des Daseins durch irgendeine »Lehre« ist unvermeidbar. Es kann also keine Rede davon sein, daß Dogma und Lehre im Widerspruch zum Leben stehen müssen, da ein Lehrgrundsatz, welcher Qualität auch immer, dem Menschsein selbst integriert (eingepflanzt) ist. Vielmehr stellt sich ein neuer, aber legitimer Gegensatz heraus: Im menschlichen Dasein stehen Grundsatz wider Grundsatz, Lehre wider Lehre, und Glaubenssätze stehen einander unvermeidlich gegenüber.

Die Sinnbestimmtheit der Lehre. Die Erkenntnis der anthropologischen Grundbestimmtheit einer Lehre wird noch vertieft durch die wiederum unvermeidbaren Fragen nach einer sinnvollen Lebensbewältigung. Sie schlagen sich in der Besinnung nieder: »Weshalb und wozu?« »Was gilt, was soll sein, was ist wahr und verpflichtend?« Alle derartigen Fragen und Überlegungen sind wesensmäßig dogmatischer Natur. Es handelt sich ja um die Erwägung der Grundsätze, die das Dasein normieren und korrigieren sowie den »Sinn« des Lebens zu garantieren versprechen. Wieder stoßen wir auf eine unentrinnbare Gebundenheit an eine Lehrüberzeugung, die erst ein Anzeigen der Richtung und eine Zielsetzung des Lebens ermöglicht. Der bekannte Grundsatz behält seine Gültigkeit: »Leben ohne Lehre ist blind, und Lehre ohne Leben ist tot.« Eine Auseinanderreißung von Lehre und Leben erweist sich damit als nicht nur unmöglich, sondern wesenhaft sinnwidrig.

Dieser Bindung an eine vorausgegebene »Lehre« vermag man auch nicht durch einen Rückzug auf die *»Idee der Liebe«* zu entgehen. Wird der Begriff »Liebe« ernstgenommen und nicht bloß als eine akute Gefühlserregung mißverstanden, dann wird in ihr eine Gesamthaltung des Menschseins, eine Sinnbestimmtheit der menschlichen Existenz überhaupt zum Ausdruck gebracht. Nächstenliebe muß daher selbst schon als Wirkungsgestalt eines Glaubens oder einer dahinter stehenden ideologischen und somit dogmatischen Entscheidung begriffen werden. Vorausgegeben sind auch hier maßgebende Grundsätze und normative Lebensregeln, wie etwa das Verständnis eines bestimmten Menschenbildes. Die jeweilige Interpretation des »Humanum« entscheidet darüber, ob jedem menschlichen Leben, auch dem ungeborenen, eine unantastbare Würde zuzuschreiben ist, oder ob eine Verachtung »unwerten Lebens« denkbar erscheint. Da die Deutung und Verwirklichung dessen, was Liebe ist und sein soll, von den Einsichten und Urteilen einer »Lehre« vom Menschen und seiner Beziehung zur Umwelt und diese wieder von Glaube oder Unglaube abhängig ist, stellt sich eine Alternative zwischen Liebe und Lehre als unhaltbar heraus. Liebe ist daher kein Ersatz für eine Lehrerkenntnis, da Liebe selbst schon auf dieser beruht und von ihr aus Grund, Inhalt, Grenze und Ziel erfährt.

Die sinnvolle Bewältigung der Lebensaufgaben bedarf einer bestimmten Deutung und Steuerung der menschlichen Verhaltensweisen. Diese finden ihre ins Bewußtsein erhobene und reflektierte Herausstellung stets in einer Lehre, die entweder ideologisch-weltanschaulich oder biblisch fundiert ist.

3. Der Anspruch der biblischen Lehre

a) Die Kernfrage biblisch bestimmter Lehre

Mitten in dem Chor ungezählter Lehrmeinungen der Umwelt, angefangen von atheistisch-nihilistischen Dogmen bis hin zur Lehre vom »perfektionierten Menschen« der Zukunft, erhebt die »Biblische Lehre« ihren einzigartigen Anspruch. Die Berufung auf diese Lehre ist nicht eine Nebensache des christlichen Glaubens, sondern der Kerngehalt dessen, was christlicher Glaube meint. Der von der Umwelt herausgeforderte Glaube begnügt sich nicht mit den immer wieder in die Mitte gerückten Tagesfragen, mit Problemen des Zeitgeistes, dem Hin und Her des Zweifels und der Unsicherheit in der Wahrheitsfindung, sondern er weiß sich dem Wissen um seine Fundamente verpflichtet, und das bedeutet: der »Biblischen Lehre«.

Damit freilich muß allen modernistischen Parolen, welche die Gemeinden vergiften, eine unmißverständliche Absage gegeben werden. Eine Lebenshilfe, die dem Menschen im Innersten weiterhilft, wird eben nicht dadurch ermöglicht, daß man sich mit den Lebensnöten solidarisch erklärt, dabei aber auf eindeutige Antworten verzichtet und obendrein den Wahrheitsanspruch biblischer Lehre als pharisäisch verdächtigt. Ein »Diskussions-Protestantismus«, eine stolz proklamierte »Theologie der Frage«, welche die Unsicherheit zum Prinzip erhebt, eine »Problem-Kirche« treiben in eine ewige Unruhe und Ratlosigkeit hinein und können deshalb nicht auf die Herausforderung des Glaubens antworten. Die neu aufpolierte philosophische These, in einem »Lernprozeß« überall ein Stück »Wahrheit« zu finden und so der eigentlichen Wahrheit allmählich näher zu kommen, führt keinen Schritt weiter, sondern endet in einer totalen Perversion der biblischen Lehre und damit des christlichen Glaubens.

Im Gegensatz zu derartigen modernistischen Erweichungen *erhebt biblische Lehre den Anspruch, die Wahrheit der Offenbarung Gottes als ein für allemal gültig, als unveränderlich, unbeweglich, unerschütterlich im Wechsel der Zeiten zu bezeugen.* Weil es der biblischen Lehre um die Gewißheit des Glaubens und nicht um jene »Problematik« zu tun ist, die von dem Zeitgeist, der »Weisheit der Welt«, unaufhörlich produziert wird, darf und muß sie einen Anspruch erheben. Dieser Wahrheitsanspruch der Lehre dokumentiert den Willen zur Klarheit eindeutiger Aussagen, um dadurch die entscheidende Antwort zu geben, die nicht im Zwielicht verworrener Zeitmeinungen getrübt wird.

Die in der Tat außergewöhnliche Anspruchsqualität der biblischen Lehre beruht darauf, daß sie den Wesenskern christlichen Glaubens, die Wahrheitsfrage, nicht offen lassen kann, sondern ihre Beantwortung behauptet. *Fällt der biblische Lehrinhalt, dann löst sich auch die Substanz des Glaubens auf, dann zerbricht auch der Verkündigungsauftrag der christlichen Kirche.* Die biblische Lehre ist demgemäß verpflichtet, den Begriff der »Offenbarungswahrheit« scharf zu umreißen und ihn gegen mißverständliche Vieldeutbarkeit abzusichern. Das Hauptbemühen biblischer Lehrgestaltung ist daher auf die spezifische »Axiomatik«, auf die Erkenntnis der Fundamente des Glaubens, ausgerichtet.

b) Die Strukturformen

Die biblische Lehre, die beansprucht, als Offenbarungswahrheit zu antworten, stellt ihren Wesensgehalt in folgenden charakteristischen Grundzügen heraus:

Konzentration. Die Fülle und Mannigfaltigkeit der biblischen Zeugnisse sowie die Bekenntnisaussagen der christlichen Kirche erfordern eine Zusammenfassung dessen, worauf es in der Botschaft der Kirche und im persönlichen Glauben ankommt. Es handelt sich um die Konzentration auf den zentralen und unverzichtbaren Inhalt des Offenbarungszeugnisses, auf die Substanz des christlichen Glaubens, die heilsnotwendige Gültigkeit beansprucht.

Interpretation. Hinsichtlich der Vielzahl vorhandener und immer wieder erneut auftauchender Lehrmeinungen wird eine »Interpretation« (Auslegung) gefordert, wie sie dem Maßstab der biblischen Offenbarungswahrheit entspricht. Es gilt, die Gefahr der Verselbständigung und Verabsolutierung subjektiver und willkürlicher Bibeldeutungen, wie sie für das Sektentum kennzeichnend sind, zu erkennen, kritisch zu prüfen, zu korrigieren, abzuwehren und zu verwerfen. Diese Interpretationsfunktion der biblischen Lehre vollzieht die Aufgabe der sachgemäßen Erklärung, der Kommentierung und Verdeutlichung aller Verkündigungsaussagen, indem sie auf die tragende und bestimmende Mitte des Offenbarungszeugnisses bezogen werden. So kommt es zur Richtigstellung und Begrenzung einer die Echtheit und Reinheit des Glaubens gefährdenden subjektiven Freizügigkeit in der Schrifterklärung.

Reflexion: »Biblische Lehre« nennen wir die Denkgestalt des Glaubens der Christenheit. In der lehrmäßigen Reflexion auf die biblische Botschaft (Reflexion als bewußtes und geordnetes Nachdenken) gelangt der Glaube der Kirche zu seinem bekennenden Selbstbewußtsein, zu dem denkenden Verständnis dessen, was christlicher Glaube eigentlich glaubt und bezeugt. Damit wird der Glaube der Sphäre des Unbewußten, Gewohnheitsmäßigen, aber auch des rein aktualistischen, vom Augenblick bestimmten Handelns entnommen und zu einer nachdenkenden Selbstbesinnung veranlaßt. Solche Denkfunktion des Glaubens erwächst jedoch nicht aus einem privaten intellektuellen Interesse, sondern aus der Gliedschaft der glaubenden Gemeinde. Glaube ist ja immer erkennender Glaube, der selbst durch Lehre hervorgerufen und deshalb ohne Lehre nicht vollziehbar ist. Deshalb *muß auch eine biblisch begründete Theologie als eine notwendige und legitime* (berechtigte) *Denkform und Denkbemühung der glaubenden Gemeinde verstanden werden.*

Kommunikation. Da die biblische Lehre, die von ihrem Ausgangspunkt her bestimmt ist, sich als »Lehre der christlichen Kirche« versteht, ist das Moment der »Kommunikation« (Gemeinschaftsbildung) von wesentlichem Gewicht. Dieser Begriff umfaßt beides, »Kontinuität« (Zusammenhang) der Lehre mit der Geschichte der christlichen Gemeinde durch die Jahrhunderte und zugleich »Identität« (Gleichheit) des sachlichen Lehrinhalts. Die »Lehre« meint also nicht die variable Ausprägung von partiellen, zeitbedingten Lehrauffassungen einer Sondergemeinde oder einer kirchlichen Gruppenbildung, sondern stellt den reflektierten Niederschlag einer von der christlichen Kirche gemeinsam bekannten Wahrheitserkenntnis als Offenbarungswahrheit dar. *Die dogmatische Lehraussage muß ihrem Sachgehalt nach immer dieselbe sein, da das biblische Axiom (Grundvoraussetzung) unrevidierbar ist.* In solcher sachlich-inhaltlichen Kommunikation stehend, stellt die Lehre der Kirche kein aktuelles Phänomen, keine flexible, den Geistern der Zeit unterworfene Tagesweisheit dar, sondern die von den Aposteln der christlichen Gemeinde anvertraute konstante (bleibende) Glaubenserkenntnis.

Manifestation. Dieser Begriff bringt zum Ausdruck, daß die biblische Lehre nicht der Vergangenheit angehört, sondern immer zugleich die Aktualität, das »hic et nunc« (»hier und jetzt«) der Verbindlichkeit der kirchlichen Verkündigung offenbar macht. Die Bezeichnung »Manifestation« legt den Akzent darauf, daß die bloß rückschauend-historische Betrachtungsweise nicht das Wesentliche bedeutet, sondern vielmehr die gegenwärtige Gültigkeit der Lehre behauptet. Die Lehre der Kirche ist in rechtem Verständnis nur insofern »konservativ« (erhaltend), als sie zugleich mitten in aller geschichtlichen Weltveränderung die ungebrochene Aktualität ihres Sachanliegens enthüllt, das die Offenbarungswahrheit zum Inhalt hat.

Die biblische Lehre fordert, wenn ihre Gegenwartsbezogenheit »manifest« (offenbar) werden soll, eine spezifische Übersetzungsarbeit, in der das einstige Offenbarungszeugnis gegenwartsgemäß verdolmetscht werden muß. Diese Beziehungssetzung von Lehre und Gegenwart verlangt das Abwägen der Denk- und Sprachmittel, die Entscheidung darüber, welche Begriffe zur aktuellen Manifestation der dogmatischen Erkenntnisse Verwendung finden können. Diese unerläßliche Übersetzungsaufgabe zur Verständlichmachung des Lehrinhaltes kann aber nur dann sachgerecht bewältigt werden, wenn eine Umdeutung oder ein Verlust der biblischen Wahrheitsaussagen vermieden wird. Die dogmatische Bemühung um Vergegenwärtigung der Lehre besteht in der Dienstbarmachung des zur Verfügung stehenden Begriffsmaterials, um eine für eine neue Zeitsituation notwendig sachgebundene Wiedergabe des Offenbarungszeugnisses zu ermöglichen.

Legitimation. Aus dem Verständnis der Lehre als einer »biblischen« folgt *die Verbindlichkeit dieser Lehre als eine biblische Autorität.* Die Lehraussagen empfangen ihre Legitimation aus dem Inhalt der biblisch bezeugten Offenbarung. Diese »Lehre der Kirche« tritt insofern der Gemeinde gegenüber, als auch das apostolische Zeugnis die Gemeinde begründet hat. Maßstab und Norm für jede konkrete Daseinsäußerung der christlichen Kirche ist die Lehre, deren Legitimation (berechtigter Ausweis) in dem biblischen Offenbarungszeugnis gründet. Dadurch und nicht durch eigene, menschliche Autorität ist die Theologie bevollmächtigt, eine regulative und eine kritische Funktion für das Leben der Kirche auszuüben.

Diese Legitimation der Lehre steht im Widerstreit zu jedem religiösen Individualismus, zum theologischen Modernismus und dem ideologischen Toleranzpostulat der pluralistischen Gesellschaft. *Es gilt zu unterscheiden zwischen »Toleranz« und »Intoleranz« in ihrem persönlichen und sachlichen Bezug. »Persönliche« Toleranz* in Glaubensfragen steht keineswegs im Gegensatz zur biblischen Lehre, da diese ja zur Nächstenliebe ruft und echte Nächstenschaft ermöglicht. Umgekehrt aber besagt *»sachliche« Toleranz* ein prinzipielles Offenlassen der Wahrheitsfrage überhaupt, einen alle Widersprüche nivellierenden Relativismus, eine Gleichgültigkeit gegenüber den entscheidenden Lebensfragen und damit ein Mißverständnis der biblischen Lehre. Dieser Lehre aber eignet um des Wahrheitsanspruches der Offenbarung willen eine *notwendige »sachliche Intoleranz«, die den wesenhaften christlichen Verkündigungsauftrag qualifiziert,* will sich die Kirche und ihre Theologie nicht von dem immer wieder aufbrechenden Strom der »Irrlehren« überfluten und zerstören lassen. Der Anspruch »biblischer Lehre« ruht auf dem Fundament der Offenbarungsbotschaft. Darum ringt sie um »pura doctrina« — reine Lehre, um die legitime theologische Aussagegestalt der biblisch bezeugten Wahrheit Gottes.

Zusammenfassung

Die durch die kritischen Anfragen und Einwirkungen des Zeitgeistes entstandene Herausforderung des Glaubens verlangt Stellungnahme und Beantwortung. Sie bietet sich an in der für alle Zeitperioden unaufgebbaren »Biblischen Lehre«. Was aber ist ihr Wesensgehalt, der

Wahrheit und Gültigkeit auch heute beansprucht? Mit dieser Anfrage stehen wir vor dem Geheimnis der Offenbarung Gottes.

Schrifthinweise

Lehre als Fundament: Lk. 1,4; Apg. 2, 42; 5, 28; 17, 19; Rö. 6, 17; 15, 4; 16,17; 1. Kor. 1, 5; 2. Kor. 2, 17; 3, 8 f; 4, 2 f; 6, 2.14; 11, 3 f; 1. Tim. 2, 4; 4, 16; Tit. 2, 1.7; 1. Kön. 18, 21; Ps. 2, 23; 3, 5.7; 93, 5; Mal. 2, 7. Warnung vor Irrlehren: Rö. 16, 17; Eph. 4,14; Kol. 2, 4.8; 1. Tim. 4, 1.6; 6, 3.4 f; 2. Tim. 2, 17.23; 3, 7; 4, 2.3.4; Tit. 3, 9.10; Hebr. 13, 9; Jerem. 4, 14; Hes. 5, 6; 13, 23.

2. Abschnitt: Das Geheimnis der Offenbarung

Dieses Thema erfährt seine Näherbestimmung durch drei Fragenkreise: durch die Besinnung auf die Wirklichkeit Gottes, auf das Offenbarungszeugnis in Begegnung mit dem Zeitgeist und durch die Untersuchung der Verstehbarkeit dieser Botschaft.

I. Die Wirklichkeit Gottes

In drei Erkenntnislinien gilt es, die Grundzüge dieser Wirklichkeit deutlich werden zu lassen.

1. Was heißt Offenbarung?

a) Die Problematik der Offenbarungsfrage

Die bisherige Untersuchung hat erkennen lassen, daß es über das »Göttliche«, über »Religion«, über »Gott« unendlich viele menschliche Aussagen positiver und negativer Qualität gibt. Welche Bedeutung aber kommt diesen ungezählten Vorstellungen von Gott zu, welche den jeweiligen Begriffen, mit denen Gott »erfaßt« werden soll, den mannigfachen »Gottesgedanken« und »Gottesideen«? Immer handelt es sich ja um Produkte allgemein religiösen, philosophischen, ideologischen Nachdenkens über Gott, bei denen es fraglich erscheint, ob ihnen eine unbedingte Gültigkeit zuzumessen ist. Was aber meint die spezifisch biblische Rede von Gott? Auf jeden Fall ist es nicht gleichgültig, um welche Aussagen es sich handelt, denn unsachgemäße Begriffe und falsche Namen verdunkeln oder verderben die Wirklichkeit, die das Wort »Gott« ausdrücken will. An dieser Stelle wird die Frage nach der Angemessenheit der theologischen Begriffsbildung brennend.

Einmütigkeit besteht zwar in der Einsicht, daß von Gott nur gesprochen werden kann, wenn zugleich von seiner Offenbarung geredet wird. Hier aber setzt schon die Schwierigkeit ein, denn, was heißt »Offenbarung«? Unter »Offenbarung« kann ja, religionsgeschichtlich und geistesgeschichtlich gesehen, unendlich viel verstanden werden. Sollen mit dem Begriff »Offenbarung« auch Phänomene in der natürlich-kosmischen Welt gedeckt werden, so daß man unbekümmert von einer »natürlichen« Offenbarung Gottes sprechen könnte? Oder gibt es trotz aller Vieldeutbarkeit auch eine Gottesoffenbarung im Gewissen? Besitzen die keineswegs zu bestreitenden und für das Menschsein charakteristischen Tatbestände der »Wortmächtigkeit und Verantwortlichkeit« schon den Rang einer Art »Uroffenbarung«? (Paul Althaus). Die Profillosigkeit des allgemeinen Offenbarungsbegriffes aber wird noch verhängnisvoller, wenn nach dem Verständnis des neuprotestantischen Idealismus sowie des Existentialismus jedes beliebige Geschehen zu einer existentiell bedeutsamen Widerfahrnis und damit zur Offenbarung Gottes werden kann.

Die terminologische Klärung des Offenbarungsbegriffes stellt eine eminente theologische Aufgabe des denkenden Glaubens dar. Im Gegensatz zu einer Ausweitung und Verallgemeinerung des Offenbarungsverständnisses, nach dem auch alle möglichen subjektiven Eingebungen, innere Erleuchtungen, Visionen und Intuitionen, künstlerische oder erfinderische Genies als »Offenbarungen« bezeichnet werden, müssen die Konturen des biblischen Offenbarungsbegriffes in aller Schärfe markiert werden. Um der Klarheit willen ist es geboten, den *Begriff »Offenbarung« auf die Aussagen des biblischen Zeugnisses über Gottes Offenbarung zu beschränken.* Damit wird das Wirken Gottes außerhalb des biblischen Zeugnisraumes keineswegs bestritten, aber die *Unterscheidung zwischen »Wirken« und »Offenbarung« Gottes erweist sich als notwendig,* um eine Klärung dieses Sachverhaltes zu vollziehen. Diese Konzentration des Offenbarungsbegriffes gewährleistet die notwendige Präzision des Offenbarungsverständnisses, soll nicht die Rede über Offenbarung durch Mißverständnisse belastet werden und in nichtssagenden Allgemeinheiten zerfließen.

b) Die Verborgenheit Gottes

In hartem Kontrast zu den Ideen einer »natürlichen«, »allgemeinen« Offenbarung steht die Grunderkenntnis des biblischen Zeugnisses. Es gibt für den »natürlichen« Menschen außerhalb der Einflußzone und des Kraftfeldes des biblischen Offenbarungsbereiches keine Erkenntnis Gottes. »Der ›psychische‹ (natürliche) Mensch vernimmt nichts vom Geiste Gottes; es ist ihm eine Torheit und kann es nicht erkennen« (1. Kor. 2, 14). Gottes Wirklichkeit ist für den Immanenzaspekt schlechthin verborgen. Jedes menschliche Bemühen, sich der Gottesoffenbarung intellektuell oder empirisch (durch Erfahrung), intuitiv oder gewissensmäßig-ethisch zu bemächtigen, muß an der unübersteigbaren Grenze des Deus absconditus, des verborgenen Gottes, scheitern.

Das radikale biblische Zeugnis von der Nichtgreifbarkeit Gottes in der raum-zeitlichen Welt besagt, daß die selbstverständliche Annahme irgendeines »Schöpfergottes« dem Nichtglaubenden versagt ist. *Die Totalität des Verhülltseins Gottes* verhindert jeden natürlichen, innerweltlichen Zugang des Menschen zu Gott; sie bedingt zugleich die Unmöglichkeit der »Gottesbeweise« oder irgendeines Rückschlußverfahrens von Weltelementen auf Gottes Wirklichkeit. Trotz bewegender Lebenserfahrungen in der religionsgeschichtlichen Sphäre, trotz echter Sehnsüchte, dunkler Ahnungen oder einer Begegnung mit dem Übersinnlichen, trotz ethischer Postulate und hoffnungserfüllter Spekulationen treffen wir auf eine *grundsätzliche Gottesblindheit.* Da der Mensch nicht befähigt ist, die Wand des Getrenntseins von der Wirklichkeit Gottes zu durchstoßen, müssen auch alle seine Versuche, über Gott zu reden und sich seiner Offenbarung zu bemächtigen, in die Irre führen. Angesichts der Verborgenheit Gottes wird von Menschen die Frage nach Gott ebenso wie die Offenbarungsfrage nicht nur nicht gelöst, sondern diese Fragen müssen als falsch gestellt durchschaut werden. Damit wird deutlich, daß alles menschliche Reden über Gott, das vom Zentrum des Menschen aus versucht wird, gar nicht von dem »wirklichen« Gott spricht, sondern bloß von einem selbst gefertigten religiösen Gedankengebilde. Das bedeutet aber, daß es die wahre Wirklichkeit Gottes prinzipiell verfehlt.

c) Das enthüllte Geheimnis

Die entscheidende Frage, auf die alles ankommt, ist die Frage, von welchem Punkt aus es überhaupt möglich und sachgemäß ist, über Gottes Wirklichkeit und damit über sein Offenbarwerden eine Auskunft zu gewinnen. Es ist das zugleich die Frage nach Herkunft und Entstehung der »biblischen Lehre«, die Besinnung auf die letzten Wurzeln christlicher Existenz. Die Antwort faßt sich in der zentralen Erkenntnis zusammen: *das biblische Zeugentum proklamiert die*

Enthüllung des Geheimnisses des »offenbaren Gottes«. »Das Geheimnis, das verborgen gewesen ist vom Anfang der Welt her ..., ist nun offenbart seinen Heiligen« (Kol. 1, 26). »Der herrliche Reichtum dieses Geheimnisses« (Kol. 1, 27) ist zum Inhalt der urchristlichen Botschaft geworden. Das »Geheimnis des Christus« ist nunmehr »offenbart seinen heiligen Aposteln und Propheten durch den Geist« (Eph. 3, 4.5). Gott »hat uns wissen lassen das Geheimnis seines Willens nach seinem Wohlgefallen« (Eph. 1, 9). »Das kein Auge gesehen hat und kein Ohr gehört hat, und in keines Menschen Herz gekommen ist, ... hat uns Gott offenbart durch seinen Geist« (1. Kor. 2, 9.10).

So werden Evangelium und Predigt von Jesus Christus zum Zeugnis des »offenbarten Geheimnisses, das von der Welt her verschwiegen gewesen ist, nun aber offenbart, auch kundgemacht durch der Propheten Schriften auf Befehl des ewigen Gottes« (Rö. 16, 25.26). Die Apostel aber verstehen sich als »Verwalter über Gottes Geheimnisse« (1. Kor. 4, 1), die dazu berufen sind, »das Geheimnis Christi« in der Welt zu bezeugen (Kol. 4, 3; 1. Tim. 3, 9.16; Mt. 11, 25; 13, 11; Mk. 4, 1; Amos 3, 7; Ps. 147, 19 f).

Offenbarung Gottes heißt also die Enthüllung des Mysteriums seiner Wirklichkeit. Die Ermöglichung und das Verständnis der Rede über Gott und damit der »biblischen Lehre« hängt davon ab, daß die Bezeugung dieses enthüllten Gottesgeheimnisses vorgegeben ist. Dem Fundamentalgeschehen dieser Offenbarung Gottes entspricht das Zeugnis derer, denen diese Enthüllung zuteil wurde, nämlich das apostolische Urbekenntnis. Hier treffen wir auf die Quelle und Norm der biblischen Lehre. Das Offenbarungsbekenntnis ist unlösbar mit den Trägern dieses Urzeugnisses verbunden. Das Betroffensein und Ergriffensein bestimmter Menschen durch diese sich enthüllende Wirklichkeit Gottes bewirkt ihre einmalige und unwiederholbare Aussonderung. Die durch die Offenbarung Gottes qualifizierte *Sonderstellung der Jünger und Apostel* erhebt ihr Urzeugnis zu dem archimedischen Punkt, zum zentralen Angelpunkt der gesamten biblischen Lehre. *Dieses Zeugentum* aber *begründet »apostolische Autorität«.* Diesem Zentralbegriff kommt für das theologisch-biblische Denken eine grundlegende Bedeutung zu. So nimmt das apostolische Urbekenntnis eine Schlüsselposition für die Erkenntnis der Offenbarung ein. Was die Apostel bezeugen, ist konstitutiv und autoritativ für den Bereich biblischer Lehre, denn »apostolische Autorität« ist identisch (gleichbedeutend) mit Offenbarungsautorität.

Das Urbekenntnis gründet in dem Augen- und Ohrenzeugentum der Apostel. Ohne ein Sehen und Hören der Offenbarung Gottes ist der christlichen Lehre der Boden entzogen. Es ist daher überaus kennzeichnend für die urchristliche Verkündigung, daß sie stets auf das Fundament der Offenbarungswirklichkeit zurückverweist. Die »auserwählten« Zeugen, die als maßgebende Garanten des enthüllten Geheimnisses selbst in diese Dimension der Offenbarungswirklichkeit Gottes mit hineingezogen wurden, fassen den Grund ihrer neuen Gotteserkenntnis in lapidaren Bekenntnissätzen zusammen: »Das wir gehört haben, das wir gesehen haben mit unseren Augen, das wir beschaut haben und unsere Hände betastet haben . . ., das verkündigen wir euch« (1. Joh. 1, 1—3). »Und wir sahen seine Herrlichkeit« (Joh. 1, 14), »wir können es nicht lassen, daß wir nicht reden sollten, was wir gesehen und gehört haben« (Apg. 4, 20). »Diesen Jesus hat Gott auferweckt, des sind wir alle Zeugen« (Apg. 2, 32).

Dieses apostolische Urbekenntnis besitzt Singularität (Einzigartigket) und Priorität (Vorrang) vor den späteren Bekenntnisaussagen der christlichen Kirchen. Die einzelnen Dogmen der Kirche sind daher dem Offenbarungszeugnis untergeordnet und können nur in beständiger Bezogenheit darauf ihren Wahrheitsanspruch erhalten. *Das Bekenntnis der Kirche behauptet die inhaltliche Übereinstimmung mit der biblischen Lehre, den Sachkonsensus mit dem apostolischen Offenbarungszeugnis.* Von diesem Fundament her kann die legitime Anfrage an neu aufkommende theologische Meinungen und Richtungen oder an neue Bekenntnisentwürfe unserer Zeit nur lauten, ob sie befähigt sind, den Wesensgehalt der »Apostellehre«, des biblischen Urbekenntnisses, unverändert zur Sprache zu bringen. Bekenntnismäßige Verkündigung heißt, daß heute inhaltlich dasselbe bezeugt wird wie in den Erstanfängen der christlichen Gemeinde unter dem unmittelbaren Wirkungsbereich der apostolischen Autorität. Die Wirklichkeit Gottes erschließt sich nur an der einzigen Stelle, wo es Gott gefallen hat, seinen Zeugen, den Offenbarungsherolden, sein ewiges Mysterium zu enthüllen.

(Bibelstellen, die mit Betonung von »Offenbarung« sprechen: Rö. 1, 1f; 8, 19; 1. Kor. 2, 10; Gal. 1, 12.16; Kol. 1, 26; 4, 4; Tit. 1, 3; Mt. 11, 27; 16, 17; Lk. 10, 21; Joh. 17, 6; 14, 21; 21, 1. 14; Mk. 16, 12.14; 1. Petr. 4, 13; Eph. 5, 13; Ps. 119, 130; Dan. 5, 16.12; 2, 47; 1. Mos. 35,7; 2. Mos. 6, 3; 1. Sam. 2, 2; 3, 7.21; Jes. 40,5.)

2. Der Einbruch Gottes in Raum und Zeit

a) Das Ereignis der Offenbarung

Der Begriff »Ereignis« ist nicht gleichgültig. Er behauptet in scharfer Antithese zu jeder Generalisierung (Verallgemeinerung) und »Säkularisierung« (Verweltlichung) des Offenbarungsverständnisses, daß die Offenbarung Gottes in der konkreten Geschichte, in Raum und Zeit, wirklich geschehen ist.

Gott hat sein Schweigen gebrochen. Die Grundstruktur der Immanenzwelt wird vom undurchdringlichen Schweigen Gottes geprägt. Die Welt selbst ist stumm und dokumentiert damit nicht bloß ihre Rätselhaftigkeit, sondern auch ihre Offenbarungslosigkeit. Es liegt über der Zwielichtigkeit des Naturgeschehens in seinen mikrophysischen Tiefen und seinen makrokosmischen Unendlichkeiten, über dem brutalen Kampffeld der Weltgeschichte und über dem abgründigen Seelentum menschlichen Daseins. Über allem liegt Gottes unheimliches Schweigen. Alle Bemühungen, vom Menschen her religiöse Auskünfte zu geben, bis hin zu den einander sich ablösenden Ersatzreligionen und weltanschaulichen Ideologien, müssen als Umschreibungen und Symptome des erschreckenden Tatbestandes »Gott schweigt« verstanden werden. Sie tragen den Stempel eines Gottesverlustes, sind Spielarten einer verborgenen Verzweiflung.

Wir stehen jetzt an dem entscheidenden Wendepunkt, vor der grundlegenden Alternative, ob es bei diesem Schweigen Gottes in alle Ewigkeit bleibt, oder ob Gott selbst das bedrückende Schweigen gebrochen hat. *Als »Offenbarung« muß also das Ereignis bezeichnet werden, in dem Gott selbst seine Wirklichkeit zu erkennen gegeben, seinen Willen und sein Herz enthüllt hat,* da der Einbruch dieses Offenbarungsgeschehens selbst von sich aus die Voraussetzung dafür schafft, daß Gott überhaupt gefunden und damit erkannt werden kann. Gott kann nur gefunden werden, wenn Gott selbst sich finden läßt. Gott selbst muß die Möglichkeit des menschlich Unmöglichen herbeiführen. Der Begriff »Apokalypsis« besagt das Wegnehmen einer Hülle, die Entschleierung dessen, was verborgen war, die Aufhebung des Schweigens Gottes. Das Geheimnis, das der Name »Gott« ausspricht, kann nur von Gott selbst gelüftet werden. Gott selbst muß die immanent unlösbare Gottesfrage beantworten. Gott selbst muß die trennende Wand durchstoßen und die Türe zu seiner ganz anderen Wirklichkeit öffnen. Wir können daher nicht, weder theologisch noch glaubensmäßig, von Gott sprechen, wenn sich Gott nicht selbst vorher zur Sprache gebracht hat. Gott hat sein Schweigen gebrochen, denn er hat »vorzeiten, manchmal und auf mancherlei Weise geredet zu den Vätern durch die Propheten, und hat zuletzt in diesen Tagen zu uns geredet durch den Sohn« (Hebr. 1, 1.2).

Die Offenbarung Gottes ist geschehen. Gottes Wirklichkeit ist in seiner Selbstoffenbarung aus der Verborgenheit herausgetreten. Wenn sich dieses Geschehnis ereignet, dann tut sich mitten in der Weltimmanenz eine neue Dimension auf. Diese Bezeichnung verdeutlicht, daß sich uns in der Offenbarung Gottes nicht etwa der »Weltgrund«, die bisher unbekannte »Tiefe des Seins« (P. Tillich) erschlossen hat, sondern vielmehr eine völlig neue Seinswirklichkeit aufgebrochen ist, die nicht mit den Kategorien (Grundformen, Denkgesetze) des immanenten Seins umschrieben werden kann. Dieses Sichereignethaben der Selbsterschließung Gottes ist verstandesmäßig nicht fixierbar, nicht einsehbar, ist für die Weltvernunft völlig grundlos. Aber gerade diese Ohnmacht des Verstandes gegenüber dem Offenbarungsereignis gehört zu dem Wesen der Offenbarung. *Geschehene Offenbarung heißt zutiefst die Setzung eines neuen Fundamentes durch Gottes Eingriff.* »Einen anderen Grund kann niemand legen außer dem, der gelegt ist, welcher ist Jesus Christus« (1. Kor. 3, 11). Über diese Grundvoraussetzung kann nicht hinausgefragt, nicht zurückgefragt werden. *Hier ist ein für allemal die fundamentale Vorbedingung für christlichen Glauben, für biblische Lehre, für theologisches Denken gegeben.*

Man redet an dem Verständnis der Offenbarung Gottes im biblischen Sinne radikal vorbei, wenn man sich weigert, wie es im theologischen Modernismus geschieht, den Ereignischarakter, die »Faktizität«, das konkrete, wirkliche Geschehensein der Gottesoffenbarung in Raum und Zeit menschlicher Geschichte zu bezeugen. Aber gerade in dieser Behauptung, »Gottes Offenbarung ist geschehen«, drückt sich das Grundanliegen biblischer Lehre aus: »Es *ist* etwas geschehen«, »es hat sich etwas ereignet«, eine ganz neue Tatsache ist in der Welt aufgetaucht, ist spürbar, wirksam und fruchtbar geworden, und zwar »extra nos« — außerhalb unserer Möglichkeiten, ohne Zutun des Menschen. Dieses *»est«* der geschehenen Offenbarung hat eine grundlegende Bedeutung als Maßstab für alle nur denkbaren Offenbarungstheorien und theologischen Hypothesen. Im Gegensatz zu diesem »est«, »es *ist* geschehen«, steht das *»significat«,* das auf ein Geschehensein verzichtet und sich auf eine allgemeine »Bedeutsamkeit«

beschränkt, sich mit der Deutung der Offenbarung Gottes als einer Chiffre (ein Zeichen, das der Entschlüsselung und Ausdeutung bedarf) begnügt. Aber die Tatsache, daß sich Gottes Selbstbekundung in der raum-zeitlichen Horizontalen der Geschichtswelt realisiert, kann nur mit dem Aufleuchten eines Lichtes in der Weltnacht der Menschheit verglichen werden. »Und das Licht scheint in der Finsternis« (Joh. 1, 5). Diese Wende in dem Weltschicksal ist eingetreten, nachdem »die Zeit erfüllet war und Gott seinen Sohn sandte« (1. Joh. 4, 9; Gal. 4, 4) und das »ewige Wort Fleisch wurde« (Joh. 1, 14; 1. Tim. 3, 16).

Charakteristika der Tatsächlichkeit der Offenbarung: Zusammenfassend läßt das biblische Offenbarungszeugnis folgende kennzeichnenden Merkmale deutlich werden:

Zum ersten sind die absolute *Einmaligkeit,* die Unvertauschbarkeit und Originalität des Ereignisses der Offenbarung ausschlaggebend. Grundlegend ist das »Ephhapax«, das »Einmal« nach Hebr. 7, 27, »denn das hat er getan *einmal«.* Im Gegensatz zu der zyklischen Wiederholung des Heilsphänomens in den religionsgeschichtlichen Mythen geht es hier um die analogielose Einzigartigkeit und Unwiederholbarkeit des in Perfektion vollzogenen Offenbarungsgeschehens.

Zum zweiten verweist »Tatsächlichkeit« in den raumzeitlichen Bereich geschichtlicher Vorgänge. Das Offenbarungsereignis bricht als ein *geschichtliches Geschehen* auf, das sich konkret-leibhaftig zu einer ganz bestimmten Zeit und Stunde der Weltgeschichte vollzieht, an einen ganz konkreten geographischen Ort, an einen Raumpunkt im Kosmos fixiert ist, und in der Begegnung mit geschichtlichen, individuellen Menschen sich verwirklicht. Es kann daher historisch festgestellt werden, wann, wo und wie die Botschaft von dem Einbruch der neuen Offenbarungsdimension Gottes zuerst bekannt wurde und welche Menschen von ihr betroffen werden. Die Geschichtsgebundenheit der Offenbarung ist daher für ihre Wesensbestimmtheit konstitutiv, also grundlegend wichtig.

Zum dritten aber wird das Ereignis der Offenbarung durch seine *metahistorische Qualität* gekennzeichnet. Seiner Herkunft, seinem Inhalt und seinem Ziele nach kommt dieses Offenbarungsgeschehen nicht aus der raum-zeitlichen Geschichtswelt, sondern aus der außergeschichtlichen (metahistorischen) Dimension Gottes. Da es sich um eine neue, total andere Wirklichkeit handelt, ist sie im Vorstellungs-

und Verstehenshorizont des Menschen unausdenkbar und einer rationalen Einordnung in den Rahmen eines Geschichtsbildes entzogen. Gott selbst muß daher den Zugang zu dieser Offenbarungsdimension aufschließen.

Die Mitteilungsgestalt der Offenbarung. Da das Geschehnis der Gottesoffenbarung nicht ausgedacht worden und dem Denksystem des Menschen nicht adäquat (gemäß) ist, kann es nur »mitgeteilt«, »gemeldet«, weiter »gesagt«, »bezeugt« werden. Das Offenbarungsgeschehen wird dem Menschen in der Form einer Behauptung nahegebracht, nämlich der Behauptung, daß die Selbstbekundung Gottes sich ereignet hat. *Die Mitteilungsgestalt der geschehenen Gottesoffenbarung ist die Form der »Botschaft«, der »Nachricht«, der »Verkündigung«.* Demgemäß ist der Zentralbegriff für das biblische Offenbarungsverständnis *das »Wort«.* Die Bezeichnung »Wort Gottes« ist daher gleichbedeutend mit dem Ansagen der offenbar gewordenen Wirklichkeit Gottes.

Das Bezeugen des Vorganges geschehener Offenbarung geschieht wesensmäßig in der Ausrufung der Epiphanie (Erscheinung) Gottes im irdischen Geschichtsraum, stellt eine »Heroldsproklamation« dar, die der nichtwissenden und nichtsehenden Menschheit die Wirklichkeit Gottes mitteilt. Diese außergewöhnliche Kundmachung kann sich nur in der Form paradoxer Aussageweisen vollziehen, in gegensätzlichen und doch zugleich gültigen Umschreibungen dessen, was Offenbarung Gottes meint: Das Offenbarungsgeschehen ist zugleich geschichtlich und immer »mehr als Geschichte«; in historischen Tatbeständen verwurzelt und doch wesenhaft metahistorisch; in physisch-psychischer Gestalt erkennbar und doch nur pneumatisch, geistlich im Glauben verstehbar; es ist ein Ereignis in tiefster menschlicher Gebundenheit und zugleich die Enthüllung göttlicher Wirklichkeit.

b) Das Heilsgeschehen

Das Offenbarungsfaktum trägt zugleich das Gepräge eines Heilsgeschehens. Der aus seiner Verhüllung heraustretende Gott ist der heilbringende. Es sind eben nicht Ideen, Prinzipien, Spekulationen, welche Heil verheißen und bewirken, sondern »Tatsachen«, »konkrete Wirklichkeiten«, die das Heil verbürgen. Gerade der Begriff »Heilstatsachen« läßt deutlich werden, daß das Heil durch keine menschlichen

Manipulationen oder irgendeine religiös-ethische Haltung herbeigeführt werden kann, daß es vielmehr abhängig ist von einem vorausgegebenen Geschehen. *Die biblische Akzentsetzung auf »Heilstatsachen« zeigt die totale Umkehrung der Menschheitssituation, die selbst zu einer Veränderung ihrer Existenz unfähig ist* und daher auf umwandelnde Tatsachen wartet. Gott schafft ohne uns durch bestimmte Heilstatsachen einen neuen Tatbestand, »außerhalb« und »vor« allen menschlichen Möglichkeiten, aber »pro nobis« — für uns, für die Welt.

Gewiß ist der Begriff »Heilstatsache« theologisch umstritten und muß gegen Mißdeutungen des Modernismus abgesichert werden. Diese Behauptung von »Heilstatsachen« wird dann mißverstanden, wenn in dieser Aussage eine unsachgemäße Verobjektivierung, eine Vergegenständlichung vermutet wird. Das Heilsgeschehen kann ja nicht mit bloßen Fakten der historischen Vergangenheit gleichgesetzt werden, da diese Deutung gerade dem dimensionalen Grundcharakter der Offenbarung nicht gerecht würde. So kann beispielsweise die »Tatsache« der Geburt Jesu nicht mit dem »Faktum« der Thronbesteigung des Augustus verglichen werden, da das in allen geschichtlich-menschlichen Vorgängen transparent werdende Offenbarungszeugnis selbst, nämlich die »Heilstatsache« »der Heiland ist geboren« (Lk. 2, 11; Joh. 1, 14), sich jeder neutralen Konstatierbarkeit entzieht.

Die nachdrückliche Herausstellung des »Tatsächlichen« des Heilsgeschehens ist ein notwendiger Protest gegen die Auflösungstendenzen im theologischen Modernismus durch Spiritualisierung der Offenbarung, durch rein verbalistische Deutungen (Beschränkung auf ein »Wortgeschehen«, »Sprachereignis« nach G. Ebeling). Durch solche Beschränkung der Offenbarung auf das bloße »Wort« erfährt aber auch das »Wort« als Zeugnis vom Heilsgeschehen eine innere Auflösung, da einerseits das »Wort« an die Substanz, an den Inhalt des geschehenen Heils gebunden ist, und andererseits durch die »Sache« des Geschehens der Offenbarung selbst autorisiert und legitimiert wird.

c) Die »heilsgeschichtliche« Perspektive

Die Rede von einer »Heilsgeschichte« ist unablösbar mit dem Offenbarungsgeschehen verbunden. Heilsgeschichte kann aber nicht als eine heilige Sondergeschichte in Parallele zur politischen Geschichte oder Geistesgeschichte gesehen werden; sie meint nicht eine außergewöhnliche »Übergeschichte« oder einen organischen Entwicklungsprozeß göttlicher Qualität, auch nicht bloß eine »Glaubensgeschichte«, die sich in der Innerlichkeit des Menschen abspielt. Bei einer solchen geistigen Verflüchtigung würde es ein »Geschehensein« nicht geben, sondern alles beim Alten bleiben. Heilsgeschichte darf auch nicht mit der philosophisch-idealistischen These von der »Geschichte als Offenbarung« verwechselt werden, so daß das geschichtliche Leben selbst einen Offenbarungsprozeß hervorbringen würde.

Im Gegensatz dazu behauptet *»Heilsgeschichte«,* daß das Aufbrechen der Offenbarungsdimension Gottes *eine zusammenhängende Ereignisfolge von speziellen Gottesbegegnungen in der Geschichte* begründet. Indem Gott selbst mit erwählten Menschen in ein besonderes Geschichtsverhältnis eingeht, wird eine »neue« Geschichte markiert, eine heilsgeschichtliche Bewegung ausgelöst. Heilsgeschichte besagt die Aktionen des sich im Gang der Weltgeschichte offenbarenden Handelns Gottes, das sich stets in der Form der *Erwählung* verwirklicht. Dieses Erwähltwerden ist von elementarer Bedeutung für das Verständnis der Heilsgeschichte. Die »Erwählung« ist rational grundlos, ohne einsehbaren Anknüpfungspunkt und geschieht nicht auf Grund religiös-ethischer Qualitäten, sondern immer trotz Sünde und Schuld, Unrecht und Fall. Angesichts der freien Erwählungsgnade Gottes ist jede »Warumfrage« ausgeschlossen. (Rö. 8, 33; 1. Kor. 1, 27; Eph. 1, 4; 2. Tess. 2, 13; Jak. 2,5; Lk. 6, 13; Joh. 6, 70; 13, 18; 5. Mos. 7, 6.7; 4, 37; 10, 15; Neh. 9, 7; Ps. 33, 12; 47, 5; 132, 13.)

So ist die Heilsgeschichte eine Geschichte der Begegnungen mit der Wirklichkeit des offenbaren Gottes, von der Menschen getroffen werden; ein Gesamtgefüge mannigfacher Erscheinungen der Selbsterschließung Gottes, die gleichsam in »Einbrüchen«, »Einschlägen« der Offenbarung in der Horizontalen der Geschichte aufleuchten. So gibt es im Raum der Heilsgeschichte Anfänge, Fortgänge, Entwicklungen, Konzentrationspunkte und Kulminationen (Höhepunkte), in denen sich die geheime Dynamik des in die Menschenwelt sich herablassenden Gottes bezeugt.

In dieser heilsgeschichtlichen Perspektive erschließt sich das *alttestamentliche* Offenbarungszeugnis. Wird dieser heilsgeschichtliche Aspekt erschüttert, dann wird das Alte Testament zu einer bloßen Beispiel- und Materialsammlung für subjektive religiös-ethische Impressionen degradiert. Überaus charakteristisch ist die Berufung der urapostolischen Lehre auf »die Schriften« des Alten Testaments, nämlich der Bibel der christlichen Urgemeinde (»nach den Schriften« 1. Kor. 15, 3.4). Demgemäß gibt es nicht mehrere Offenbarungen Gottes, sondern nur eine einzige, die sich in verschiedenen Offenbarungsereignissen im Gang der Geschichte entfaltet. So treffen wir auf Anbahnungen, Vorformen, Stufen und Stadien des geschichtlichen Werdeganges des Offenbarungsgeschehens. *Das alttestamentliche Zeugnis als Vorgestalt der Christusoffenbarung kann daher nicht mit religionsgeschichtlichen Phänomenen verglichen werden.* Es ist zwar zeitgebunden, lokalisiert, eingebettet in die Volksgeschichte Israels und in den Zusammenhang der Weltereignisse einer bestimmten Geschichtsepoche, aber es besitzt in bezug auf das Offenbarwerden Gottes in der Geschichte eine völlig andere Qualität. Es gibt Kunde von der einzigartigen Gotteswirklichkeit, die umgekehrt zu einer Infragestellung aller zeitgenössischen Umweltreligionen führt.

Wir haben es daher im Alten Testament nicht mit einer »ersten« Offenbarung zu tun, der eine »zweite« folgt, sondern mit der heilsgeschichtlich unverzichtbaren Einheit des Offenbarungsgeschehens, in dem derselbe Eine Gott im alttestamentlichen Geschichtsraum wie in Jesus Christus das Heil der Welt enthüllt. Es ist daher keine Randbemerkung, sondern von zentraler Bedeutung, wenn Jesus und die Urgemeinde den »Gott Abrahams, Isaaks und Jakobs« bezeugen. Diese Gestalten sind Leuchtfeuer Gottes und kennzeichnen den Weg der Offenbarung in dem Zusammenhang der Heilsgeschichte.

d) Mitte und Kulmination der Offenbarung

Der Einbruch des Offenbarungsgeschehens findet sinnerfüllende Zusammenfassung und Höhepunkt (Kulmination) in dem Christusereignis. Alle heilsgeschichtlichen Linien laufen in der Christusmitte als dem entscheidenden und alles beherrschenden Konzentrationspunkt der Gottesoffenbarung zusammen. Alle Aussagen und Beschreibungen der Christusoffenbarung haben zum Geschichtshorizont das erwählte Bundesvolk Israel, seine Prophetie, sein politisch-messianisches Königtum, den priesterlichen Opferdienst, die Sühneriten des Passahlammes, das Mysterium des Gottesknechtes (Jes. 53) bis hin zu den Glaubenserfahrungen der Psalmenfrömmigkeit. Alle derartigen Vorformen der Offenbarung zielen im geheimen auf den

»Kairos« Gottes, die »Zeiterfüllung« ab. Auch der alttestamentliche »Nomos«, Gottes Wort als »Gesetz«, ist in seiner pädagogischen Funktion auf Christus bezogen und erfährt in ihm seine christologische Sinnerfüllung. »Also ist das Gesetz unser Zuchtmeister (Lehrmeister) auf Christus« (Gal. 3, 24; 2. Kor. 3, 14—16; 2. Kor. 6, 14—17; Eph. 4, 18; Rö. 1, 21; Apg. 26, 18; Jes. 49, 9).

In dem Christusgeschehen wird brennpunktartig deutlich, was das Ereignis der Gottesoffenbarung zentral zum Inhalt hat. In der Christuswirklichkeit repräsentiert sich grundlegend die Wirklichkeit Gottes selbst. Dieses geschichtlich-leibhafte Gekommensein Gottes in die Welt läßt erkennen, daß jede Aussage über die Selbsterschließung Gottes zugleich eine Aussage über Jesus Christus als den »Incarnatus«, den geschichtlichen Jesus von Nazareth, als den »Crucifixus«, den Gekreuzigten, und »Resurrectus«, den auferstandenen Herrn, in unlösbarer Einheit und Gleichheit sein kann. Darum sind Mitte und Höhepunkt der Offenbarung der Vollzug der Weltrettung, der Versöhnung, der Erlösung und Vollendung. Dementsprechend die kardinalen Deklarationen: »Gott war in Christus und versöhnte die Welt mit sich selbst« (2. Kor. 5, 19f). Das Heilswerk Gottes ist »die Erlösung, so durch Christus Jesus geschehen ist« (Rö. 3, 24). Die Christuswirklichkeit selbst ist das entscheidende Signal der Selbstbezeugung Gottes. Darum kann Jesus von sich sagen: »Ich bin das Licht der Welt« (Joh. 8, 12); nicht eines unter vielen großen und kleinen Lichtern der Menschheit, sondern das einzige Licht, das diesen Namen verdient. Das ist allerdings eine radikale Bezeugung der göttlichen Offenbarung, ebenso wie die Selbstaussagen: »Ich bin das Brot des Lebens« (Joh. 6, 48) d. h., ohne mich könnt ihr nicht existieren. »Ich bin der Weg und die Wahrheit und das Leben« (Joh. 14, 6) d. h., der Sinn des Daseins ist allein in mir begründet. Diese Mittelpunktaussagen der Offenbarung sprengen die Denksysteme der Menschheit, sind unbequem, anstößig und ärgerniserregend, denn sie behaupten *Ausschließlichkeit, unbedingte Wahrheit und zeitlose Gültigkeit,* sie dokumentieren schlechthin die Konkurrenzlosigkeit der Selbstbekundung Gottes in Jesus Christus, in dem »die ganze Fülle der Gottheit leibhaftig wohnt« (Kol. 2, 9; 1, 19).

Alle diese Offenbarungserkenntnisse aber gründen in der Kulminationsmitte des Offenbarungsgeschehens, nämlich in *der Auferstehung Jesu.* In dem »Resurrectus«, dem Auferstandenen, wird die Herrschaft der Todeswelt zerbrochen, und darum stellt sich die eigentliche Zielsetzung des Offenbarungshandelns Gottes in der Erhöhung des Jesus von Nazareth zum Kyrios heraus (Phil. 2, 11; Hebr. 13, 8). In ihr erreicht die heilsgeschichtliche Bewegung der Offenbarungsdimension Gottes ihr Zentrum und ihre Spitze zugleich. Wird die Osterbotschaft in ihrer Mittelpunktstellung begriffen, dann ergibt sich aus ihr die Einsicht in das unaufgebbare Korrespondenzverhältnis von Gottesoffenbarung und Jesus Christus: Wer von Offenbarung Gottes spricht, kommt an dem Christusgeschehen nicht vorbei. Wer jedoch von diesem redet, stößt auf Gottes Offenbarung in letzter Zuspitzung und Radikalität.

3. Der offenbare Gott

Wenn wir von der Tatsache ausgehen, daß sich die Wirklichkeit des »offenbaren Gottes« in der raum-zeitlichen Geschichtswelt in konkreten Ereignissen realisiert, dann ist die Fundamentalerkenntnis herausgestellt, daß ohne diese Selbsterschließung Gottes eine Rede von Gott unmöglich und sinnwidrig geworden ist. Der Urbegriff menschlicher Sprache, nämlich »Gott«, erfährt eine spezifische Bestimmtheit, indem dieser Begriff nur noch zur Kennzeichnung des sich selbst bezeugenden Gottes Anwendung finden kann. Der »offenbare Gott« ist der Name für die »Herablassung« (Kondeszendenz) Gottes in die menschliche Geschichtswelt. Dieses Sichherunterbeugen des »Deus revelatus« (offenbaren Gottes) zu seiner Kreatur, das Sichfindenlassen Gottes durch seine Geschöpfe, das Sichzuwenden Gottes zur Welt, nämlich, daß Gott der gefallenen Menschheit nachgeht und seine in Empörung gegen ihn geratene Schöpfung aufsucht (s. Joh. 1, 11), ist die grundlegende Voraussetzung einer möglichen und sinnvollen Aussageweise des Menschen über Gott. Dieses so ermöglichte Nachdenken des Menschen über Gott sieht sich zu einer totalen Kehrtwendung von der anthropologischen Mitte weg hin zu dem Offenbarungsgeschehen aufgerufen. Nur von der Herablassung Gottes aus wird die theologische Erkenntnisform und Sprachgestaltung legitim. Außerhalb dieser offenbarungsgebundenen Erkenntnis versandet das theologische Denken in leere philosophisch-ideologische Reflexionen, die mit Gott nichts zu tun haben. Aus diesem grundlegenden Sachverhalt ergeben sich Art und Weise, Form und Methode, über Gott Aussagen zu machen, wie sie dem Offenbarungszeugnis entsprechen.

a) Die Aussageformen

Im Gegensatz zu den vielfachen Veränderungen und Entstellungen, denen der Gottesbegriff im Kreuzfeuer des Zeitgeistes ausgesetzt ist, sind folgende vier Aussagelinien geltend zu machen:

Die anthropomorphe Redeform. Solange der anthropologische Blickpunkt eine absolute Gültigkeit beansprucht, muß »Anthropomorphie« als der bewußte Versuch, mit menschlichen Ausdrucksformen und Sprachmitteln über Gott Aussagen zu machen, zu einer unerlaubten Vermenschlichung Gottes und damit zu einer Angleichung an den menschlich-diesseitigen Vorstellungshorizont führen. Dann handelt es sich bei einem solchen Gottesbegriff um eine Übertragung menschlicher Begriffe, Namen, Vorstellungen, Gefühlsvorgänge auf ein angenommenes, gedachtes höheres Wesen, das die Bezeichnung »Gott« empfängt, tatsächlich aber nur das Produkt der menschlichen Innerlichkeit darstellt. Dieser von der Religionskritik Ludwig Feuerbachs getroffene Anthropomorphismus, »der Gott der Menschen sei nichts anderes als das vergottete Wesen des Menschen«[10]), hat mit biblischen Offenbarungsaussagen nichts zu tun, denn dieses kritisierte Verständnis von »Anthropomorphie« würde ja in der Tat die Gottheit und Majestät Gottes auflösen.

Gleichwohl sind wir genötigt und berechtigt, in anthropomorpher Redeform Aussagen über den offenbaren Gott zu machen. Die Ermöglichung hat ihren Grund in der geschichtlich-menschlichen Realität der Herablassung Gottes (Joh. 1, 14). Die theologische Rechtfertigung des Anthropomorphismus ist von dem geschichtlichen Geschehen der Offenbarung nicht abtrennbar. Weil Gott in Jesus Christus »Fleisch geworden ist«, darf und muß es die menschliche Möglichkeit eines der Offenbarung gemäßen Redens über Gott geben. *Die anthropomorphe Aussageform wird dementsprechend von dem Offenbarungsgeschehen in der Geschichte selbst gesetzt und gefordert.* Die menschliche Redegestalt, in der Gott ausgesagt wird, ist die Sprache Gottes selbst, der sich in seiner Selbsterschließung in der Menschengestalt des Jesus Christus der Weltform angepaßt hat.

Das Ärgernis an der anthropomorphen Aussagegestalt der Offenbarung Gottes muß als ein prinzipieller Irrtum durchschaut werden, der durch Verzicht auf das konkret-geschichtliche Begriffsmaterial,

---

[10] Das Wesen der Religion, 1923, S. 19.

durch Abstraktionen (rein formale Begriffe) die Wirklichkeit Gottes umschreiben will und dabei bei der blutleeren, philosophischen Idee eines »Absoluten« oder eines »Unbedingten« endet. Damit aber wird das Spezificum des biblischen Zeugnisses von dem »offenbaren Gott« nicht nur nicht deutlich, sondern vielmehr verdunkelt. Letztlich haben wir es bei diesem Anstoß an anthropomorphen Ausdrucksgestalten mit einer Bestreitung der Geschichtswerdung Gottes zu tun. Die abstrakten Gottesbegriffe der Religionsphilosophie aller Zeiten sowie der modernen Ideologie, die Gott zu einem »Lebensprinzip« degradieren, aber auch die Anonymität der Gottesideen einer religiösen Mystik stehen im Widerspruch zur biblischen Gotteserkenntnis. Das konkrete, leibhaftige Christusgeschehen stellt sich in einer anthropomorphen Geschichtsgestalt heraus, die damit die anthropomorphe Redeform als eine sachgemäße Darstellungsweise der Gottesoffenbarung begründet.

Die ontologische Redeform. Angesichts der ideologischen Behauptung nur einer einzigen Diesseitswirklichkeit und der Übernahme dieser ideologischen Weltdeutung durch den theologischen Modernismus hat sich die Metamorphose (Umwandlung) der Theologie zur Anthropologie vollzogen, zur Lehre vom Menschen. Konsequenterweise wird jede Aussage über eine »Existenz« Gottes in die Rede von einem innerweltlichen Geschehensvorgang verwandelt. An die Stelle einer Ontologie, der Lehre vom Dasein Gottes, tritt ein dynamischer Aktualismus, in dem im Rahmen der bloßen Immanenz Gott als zwischenmenschliche Beziehung verstanden werden soll.

In folgerichtiger Weiterführung des Denkansatzes R. Bultmanns hat sein Schüler Herbert Braun folgende radikale Thesen, die heute Gemeingut in einer »Theologie der Mitmenschlichkeit« geworden sind, zum Ausdruck gebracht: Die statische Fixierung einer »Existenz« Gottes »außerhalb« oder »über« der Welt, also eine Existenzaussage über Gott, sei ausgeschlossen. Jede ontologische Erfassung Gottes würde ja eine »Verobjektivierung«, Vergegenständlichung, bedeuten und den Rahmen des Weltsystems sprengen. Daher gibt es nur die Möglichkeit, eine aktualistisch-existentielle Uminterpretation (Umdeutung) des Gottesverständnisses vorzunehmen und auf jede inhaltlich-lehrmäßige Aussage über Gott zu verzichten. Es gilt, eine Auflösung der Seinswirklichkeit Gottes durchzuführen. Demgemäß ist zu formulieren: »Gott existiert nicht«, sondern Gott »geschieht«, »ereignet« sich in dem aktuellen Beziehungsgefüge zwischen den Menschen, in den »mitmenschlichen« Beziehungen. Gott wird damit zu einem Wort für zwischenmenschliche Verpflichtungen, für das Lebensgesetz »Ich soll« und »ich darf«, für »das Woher meines Umgetriebenseins«. So wird Gott zu einer Chiffre, in der die menschliche Existenz eine Selbstauslegung erfährt, zu einem Symbol für ein rein innerweltliches, menschliches Phänomen.

Diese Verwerfung jeder ontologischen Aussage über Gott aber ist gleichbedeutend mit der Preisgabe der Wirklichkeit Gottes. Es drängt sich hier die Frage auf, inwiefern man überhaupt noch den Namen »Gott« verwendet, da in den dynamisch-existentiellen Kategorien des Geschehens und Sichereignens die Rede von Gott sich in nichts auflöst. Überdies treffen wir hier auf eine Verwechslung von Ursache und Wirkung. Alle innerweltlichen Existenzen und Geschehnisse kommen ja von einer Verursachung her, sind Folgen einer dahinter stehenden Wirklichkeit. Daher ist es schlechthin sinnwidrig, »Gott« mit dem Gewirkten gleichzusetzen, und ethische Beziehungen, die ja Folgeerscheinungen darstellen, mit dem Begriff »Gott« zu deuten. Die biblische Aussage dagegen heißt: »So Er spricht, so geschieht es« (Ps. 33, 9). Dieser »Er« jedoch existiert. Da Gott die Existenz aller Existenzen, das Sein alles Seienden, die Wirklichkeit aller Wirklichkeiten repräsentiert, ist die ontologische Redeform über Gott unaufgebbar[11]).

Die personalistische Redeform ist zur Absicherung der ontologischen Aussageweise über Gott gegen Mißverständnisse unerläßlich. Die Existenz Gottes ist eben keine gegenständliche Erscheinung, weder innerweltlich, also im Rahmen der Immanzwelt, noch in einer transzendenten »Überwelt«, sondern sie ist personalistisch bestimmt. Damit wird jede Möglichkeit einer Verdinglichung Gottes, die Gottes Wirklichkeit zu einem menschlichen »Objekt« herabwürdigt, ausgeschlossen. Die Behauptung der Personalität Gottes meint ja das Gegenüber zum Menschen, das personhafte »Ich« Gottes, das der Weltwirklichkeit als eine geistige Größe gegenübertritt.

Im Gegensatz zu der personalistischen Redeweise der Bibel ist es für immanenzphilosophische Denker charakteristisch, daß gerade die Anwendung des Personbegriffes auf Gott eine kritische Ablehnung erfährt. Das »Personhafte«, analog der menschlichen »Persönlichkeit«, erscheint diesem Diesseitsaspekt zu eng und begrenzt, so daß man den

---

[11] C. H. Ratschow, *Gott existiert*, 1966.

Ideen des Anonymen, Unendlichen, Unpersönlichen den Vorzug gibt. Diese Leugnung der Personhaftigkeit Gottes gestattet dann auch das Hineinnehmen des Göttlichen in den Seinszusammenhang des Diesseitigen, des Immanenten selbst. In Abwehr der »metaphysisch-supranaturalistischen-ontologischen Rede« von einer außerweltlichen oder überweltlichen Existenz Gottes pflegt man nicht mehr von einem »Gott in der Höhe«, sondern von Gott als der »Tiefe des Seins«, als »Urgrund« des Seins oder als »Weltgrund« zu sprechen (Paul Tillich, John Robinson). Auf diese Weise kann das ideologische Bekenntnis zu der *einen* Wirklichkeit aufrechterhalten werden. Ob dieser göttliche Weltgrund in anonymer Neutralität verharrt oder etwa mit dem Begriff »Liebe« ausgezeichnet wird, ändert nichts an der entscheidenden Verneinung der Personalität Gottes[12]).

Auch dieses rein immanente Gottesverständnis übersieht, daß der »Grund der Welt« schon Setzung und Wirkung des schöpferischen Handelns Gottes darstellt und nicht mit dem Urheber gleichgesetzt werden darf. Wiederum wird deutlich, daß bei der personalistischen Redeweise über Gott Entscheidendes auf dem Spiel steht. In engstem Zusammenhang mit dieser Einsicht steht

die transzendentale Redeform. In Abwehr der heutigen theologischen Überfremdung, wie sie durch die Vorherrschaft des Immanenzdenkens bedingt ist, kommt alles darauf an, daß Gott nicht mit irgendwelchen Weltphänomenen oder mit der »Seinstiefe« der Immanenz gleichgesetzt wird. Die Aussagen über die Gottheit als Schöpfer und Herr können folgerichtig nur dann festgehalten werden, wenn die transzendentalen Begriffe zur Umschreibung der Wirklichkeit Gottes als unumgänglich notwendig anerkannt werden. Die Behauptung der Jenseitigkeit Gottes im Unterschied zur diesseitigen Weltwirklichkeit, die Bezeichnungen »überweltlich«, »übernatürlich«, »übermenschlich« oder »außermenschlich« sind unentbehrlich, wenn die völlige Andersartigkeit Gottes und seine Welttranszendenz nicht nivelliert werden sollen. In diesem Sinne gibt es eine berechtigte theologische »Metaphysik«, so belastet dieser Begriff geistesgeschichtlich auch sein mag. Auf Grund der Selbsterschließung Gottes erfolgt ein radikales Nein zur Alleingültigkeit der Immanenzwelt, und eine neue Wirklichkeit, eine »göttliche Überwelt« erhebt ihren Anspruch. Diese Überweltlichkeit

---

12 Vgl. W. Künneth, *Von Gott reden.* Eine sprachtheologische Untersuchung zu J. A. T. Robinsons Buch »Gott ist anders«. 1965.

Gottes, seine metaphysische Wirklichkeit, beschreibt jedoch nicht eine in Isolation zum Diesseits befindliche Größe, sondern sie behauptet vielmehr eine umfassende Immanenzmächtigkeit. Wesentlich und notwendig bleibt die Einsicht, daß *die Jenseitigkeit Gottes auf das* »totaliter aliter«, das *»ganz andere« des göttlichen Seins hinweist.* Diese »transzendentale Redeform« stellt die unaufgebbare Schranke gegenüber dem Mißverständnis dar, daß Gottes Wirklichkeit in dieser Welt aufgeht und sich damit in bloß humanitären-anthropologischen Kategorien verflüchtigt.

Das geschichtsgebundene Offenbarungsgeschehen gibt den totalen Geheimnischarakter der Wirklichkeit Gottes nicht auf, sondern betont, »Gott wohnt in einem Licht, da niemand zukommen kann« (1. Tim. 6, 16; 1. Kor. 12, 13). Von diesem Hintergrund aus erfahren die methodischen Möglichkeiten, von Gott zu reden, ihre Grenze.

Die Besinnung auf die Aussageformen über den »offenbaren Gott« hat ergeben, daß es unmöglich ist, einlinig von Gott zu reden. Die genannten vier Aussageweisen müssen zwar unterschieden, dürfen aber nicht getrennt werden. Erst in ihrer inneren Einheit vermögen sie eine dem biblischen Offenbarungszeugnis sachentsprechende Gotteserkenntnis zu vermitteln.

b) Die Erkenntnis Gottes

Der Ausgangspunkt christlich-biblischer Gotteserkenntnis ist in nichts anderem gegeben als in dem Selbstzeugnis des »offenbaren Gottes«, in der »Selbstexegese«, der Selbstauslegung des fleischgewordenen »Logos« (Wortes) Gottes. »Der eingeborene Sohn, der in des Vaters Schoß sich befindet, jener hat es uns ausgelegt« (Joh. 1, 18). Im Nachvollzug dieses Zeugnisses stellen sich vier Grundaussagen heraus, die in einem unlösbaren Zusammenhang stehen. Sie bedeuten nicht anthropologische Projektionen (Übertragungen) auf Gott, sondern tragen umgekehrt die Signatur der Selbstenthüllung Gottes in Jesus Christus als dem Schlüssel zum Verständnis des offenbaren Gottes.

aa) Die Geistpersonalität Gottes

Dieser Begriff will die Frage beantworten: »Als was hat sich Gott zu erkennen gegeben?«

Gott als Geistwesen. Diese Bezeichnung »Gott ist Geist« (Joh. 4, 24; 2. Kor. 3, 17) ist von ausschlaggebender Bedeutung. Der Begriff

»Geist« betont den Gegensatz zu jeder Dinghaftigkeit und Materialität der irdischen Seinswelt. Daher ist Gott kein Gegenstand neutraler Beobachtung, nicht örtlich zu fixieren, nicht räumlich zu binden oder zeitlich zu begrenzen. Zum Geistwesen gehört, daß es unmöglich ist, ein Bild von Gott zu entwerfen. Der tiefe Sinn des alttestamentlichen Bilderverbotes (2. Mos. 20, 4; 3. Mos. 26, 1; 5. Mos. 27, 15) verdient Beachtung. Entsprechend lauten die Kennzeichnungen des biblischen Zeugnisses »überräumlich« (Ps. 139), »überzeitlich«, »ewig«, »unsterblich«. Denn Gott ist Geist, »der allein Unsterblichkeit besitzt« (1. Tim. 6, 1).

Gott als Geistwesen besagt die überall gegenwärtige, ungebundene, schrankenlose Wirklichkeit, die unmittelbare Präsenz und Weltnähe Gottes. Gottes Geist ist unabhängig von allen nur denkbaren Bedingungen, er ist der schlechthin Unbedingte und daher prinzipiell unvergleichbar mit irgendeiner Größe oder Erscheinung der Immanenz. Die Allgegenwart und Unendlichkeit des Gottesgeistes umspannt das Vergangene, Gegenwärtige und Zukünftige, alle sichtbaren und unsichtbaren Äonen und Weltzeiten, alle Menschengeschlechter und kosmischen Tiefen des Universums (Hebr. 13, 8; Ps. 90; 33, 6; 143, 10; Joh. 6, 63; 20, 22; 14, 17; 15, 26; 16, 13; Apg. 8, 29; 17, 28; 10, 19; Rö. 2, 29; 5, 5; 8, 9; 8, 14; 14, 17; 1. Kor. 2, 4.14; 12, 13; 1. Joh. 3, 24; 4, 13; Mk. 13, 11; Lk. 12, 12; 1. Kor. 12, 3; 2. Kor. 13, 13; Gal. 4, 6; 3, 2; 5, 16; Phil. 1, 19; Eph. 1, 13; 1. Petr. 4, 14; Jes. 42, 1).

Gott als Personwesen. Gott hat sich in seiner Selbsterschließung als Urbild aller Personalität enthüllt. Daher ist gerade der Begriff »Person« für Gott gleichnisfähig. »Geistwesen« und »Personwesen« stehen in einem unaufgebbaren Beziehungsverhältnis, wodurch die Aussage von der »Personalität« Gottes den anthropologischen Rahmen überschreitet. Die speziellen Äußerungen der Personalität Gottes begegnen in folgenden Begriffen:

Das Wort. In ihm offenbart sich das Selbstbewußtsein, das Subjektsein, das »Ich« Gottes. Gottes Geist ist nicht anonyme Geistigkeit, sondern ein bewußter »Geist«, der um sich selbst weiß. Gottes Geist kann daher nur personhaft verstanden werden. »Wort Gottes« ist im Gegensatz zum mystischen Schweigen und Wortverzicht Medium und Schlüssel für die Gotteserkenntnis. Dieses Wort Gottes ist auf Gemeinschaft mit den Menschen ausgerichtet; es versetzt in einen Dialog, in ein Gesprächsverhältnis, in eine Ich-Du-Beziehung. Dieses »Wort« ist zugleich krafterfüllt im Unterschied zur Ohnmacht und

Kraftlosigkeit des menschlichen Wortes (1. Kor. 14, 2—19; Mt. 4, 4; Hebr. 4, 12; Jerem. 23, 29).

Der Wille. Die Willensbestimmtheit der Geistpersonalität Gottes bedeutet, daß Gott von Gedanken erfüllt ist, von einem Planen und Zielsetzen bewegt wird (Joh. 4, 34; 6, 38; Mt. 6, 10; Jerem. 29, 11; Jes. 55, 8 f; Rö. 9, 19). Der Begriff *»Freiheit«* spricht die Alleinmächtigkeit Gottes aus, denn Gott ist »der Freie« schlechthin. Diese Freiheit umschreibt Gottes Unverfügbarkeit und Unbegreiflichkeit. Sein Wesen, sein Wille, seine Gedanken und Ziele sind undurchschaubar (Rö. 8, 9.15 f; Jes. 55, 8; Ps. 92, 6). Die *»Weisheit«* Gottes deutet auf eine alles überragende und alles bis in die tiefsten Abgründe des Seins durchschauende Einsicht. Sie ist stets »höher als alle Vernunft«. Gottes Wille und Ratschluß sind »weise«, denn Gott allein versteht, was richtig und gültig ist, sein weises Planen und Handeln vollziehen sich im Widerspruch zur »Weisheit der Welt«. »Alle Schätze der Weisheit« aber sind »in Jesus Christus« »verborgen« (Kol. 2, 3), der sie der Welt zur Verherrlichung der Kreatur nahebringt (1. Kor. 1, 30; Rö. 8, 28; 11, 33 f; Apok. 5, 12; Jerem. 23, 18; Jes. 28, 29; 40, 13).

bb) Das Herrsein Gottes

Diese zweite Grundaussage bringt die alles menschliche Denken übersteigende, irrationale Souveränität, die »Gottheit Gottes«, zum Ausdruck. Folgende Deutungsmomente kennzeichnen diese Überlegenheit Gottes gegenüber aller Kreatur:

»Die Aseität« (*a se* = von sich selbst). Dieser klassische theologische Begriff behauptet die Grundlosigkeit der Existenz Gottes, die jede Frage nach dem »Woher« und »Weshalb« ausschließt. Diese Grundlosigkeit Gottes steht jenseits jedes Kausalzusammenhanges der Weltwirklichkeit. Dieser Begriff macht deutlich, daß Gottes Existenz im Gegensatz zu der Weltexistenz keine Abhängigkeiten kennt, sondern das uneingeschränkte, wahrhafte Sein meint. Gott allein ist bevollmächtigt, von sich selbst dieses »Sein«, diese Existenzwirklichkeit auszusprechen. Die lapidare Selbstbezeichnung Gottes heißt daher: »Ich bin, der ich bin«, »Ich werde sein, der ich sein werde« (2. Mos. 3, 14). Weil Gott der Seiende »von Ewigkeit zu Ewigkeit« ist, bleibt er immer derselbe, der Gott der »Ruhe und des Friedens«, der »Gott der Treue«. Diese Unveränderlichkeit Gottes, die sich im Gegensatz zu der Flüchtigkeit aller Weltphänomene in der »Treue« konzentriert, ist die

Ermöglichung, daß man sich auf Gott allein verlassen kann. So ist die Treue Gottes die den Menschen zugewandte Seite der »Aseität«, der ewigen Existenz Gottes.

Dieser Erkenntnis entspricht der Begriff der *»Allmacht«* Gottes. Der christliche Glaube bekennt Gott als »den Allmächtigen«, der als »Schöpfer Himmels und der Erde« der gesamten kreatürlichen Seinswelt als Herr gegenübersteht. Diese Allmacht Gottes entfaltet sich sowohl in der Konkurrenzlosigkeit seiner Mächtigkeit als auch durch seine Totalwirksamkeit. Hier wird ausgesprochen, daß sich das transzendente Herrentum Gottes immer zugleich als weltimmanent uneingeschränkt wirksam erweist. Die Ganzheit der Welt in ihren makrokosmischen wie in ihren mikrokosmischen Bezügen und in den geschichtlichen Bereichen der Menschheit wird damit als Kraftfeld des allmächtigen Herrentums Gottes gekennzeichnet.

Die Näherbestimmung dieses Herrseins ist durch den Begriff der *»Heiligkeit«* gegeben, der einerseits jede Gleichsetzung von Gott und Welt verbietet und andererseits die Distanz zwischen Gott und der in Abfall, Empörung und Schuld verstrickten Menschheit betont. »Heiligkeit« ist der nicht preiszugebende Ausdruck für die Unnahbarkeit Gottes, das Abgesondertsein von der Finsternis alles Widergöttlichen sowie für die Lichtwelt Gottes, die für die gottferne Kreatur ein »verzehrendes Feuer« (Hebr. 12, 29) bedeutet.

Damit verbindet sich der Begriff des *»Zornes«* Gottes, der von seinem Herrsein nicht abgelöst werden kann. Gerade diese Aussage erregt Anstoß und Widerspruch der modernen Geistigkeit. Dieser Begriff wird sofort zur Rede von einem »zornigen« Gott verfälscht, der im Gegensatz zu einer christlichen »Religion der Liebe« als ein Überrest religionsgeschichtlicher Vorstellungen von »Rachegöttern« beurteilt wird. Ohne Zweifel aber gehört die Rede von Gottes Zorn nicht zu den nebensächlichen, sondern zu den zentralen Aussagen apostolischer Botschaft. Es entspricht der Souveränität des Allmächtigen, daß ihm der Zustand des Abfalles der Schöpferwelt nicht gleichgültig sein kann. »Zorn« ist daher der Name für die auf die Empörung der Menschen reagierende heilige Hoheit Gottes. Die majestätische Allmacht des Herrn ist nicht passiv, tatenlos. Daher ist der Zorn Gottes das notwendige Zeichen dafür, daß seine Heiligkeit keine Verletzung duldet. Eine Ausklammerung des Zornes käme einer Lähmung des Herrseins Gottes gleich, einer Kapitulation Gottes vor den Mächten des Abfalles und der daraus folgenden Zerstörung seiner

Schöpferwelt (Rö. 1, 18; 2, 5; 5, 9; Eph. 2, 3; 5, 6; Joh. 3, 36; Jak. 2, 19; Kol. 3, 6; 1. Tess. 2, 16; 5, 9; Ps. 90, 7; 10, 9; Jes. 54, 8).

cc) Das Vatertum Gottes

Gott offenbart sich in seiner Geistpersonalität als Herr und zugleich als Vater. So sehr der Name »Vater« zur elementaren Wesenheit der Gottesoffenbarung gehört, so sehr steht er heute unter der heftigen Kritik des Zeitgeistes. Die These heißt, daß angesichts der Umformung der Beziehungen der Generationen zueinander das »Vatersymbol« unbrauchbar geworden sei. Die Auflösung des Vaterbildes in der modernen Gesellschaft verlange daher eine zeitgemäße Veränderung der alten Gottesvorstellung, die sich in dem antiquierten Begriff »Vater« immer noch ausspräge. Das Festhalten an der Rede von Gott, dem Vater, stelle demgemäß einen Rückfall in patriarchalische Verhältnisse früherer Zeiten dar. Zu diesem Einwand tritt noch der Hinweis auf allgemein religionsgeschichtliche Ideen, daß etwa in der mythischen Vorstellung von »Vater Zeus« in primitiver Naivität gesprochen würde. Diese Vermenschlichung ist allerdings für die gesamte antike Götterwelt charakteristisch, da im Bereich dieser mythischen Religiosität auch die höchsten Götter ohne Allmacht in Konkurrenzkämpfen miteinander rivalisieren; von dem geistpersonalen Herrentum eines einzigen Gottes kann überhaupt nicht die Rede sein. Außerdem fehlt jeder Offenbarungsbezug zur konkreten Geschichtlichkeit. Damit bricht auch die Annahme einer religionsgeschichtlichen Parallelität hinsichtlich des Vaterbegriffes zusammen, der uns in dem biblischen Zeugnis als eine einzigartige inhaltliche Andersartigkeit im Vatertum Gottes begegnet.

Der Einsatzpunkt für das Verständnis des Glaubens an Gott, den Vater, ist in der Selbstmitteilung Gottes in Jesus Christus gegeben. Von ihm aus erfährt auch das alttestamentliche Reden von Gottes Väterlichkeit seine Bestätigung und Vertiefung. Der Vatername Gottes stellt gerade nicht ein »anthropologisches Interpretament« (menschlicher Deutungsbegriff) dar, in dem die menschliche Vateridee auf Gott übertragen wird; sondern umgekehrt ist diese *Erlaubnis, Gott mit diesem Namen »Vater« zu nennen, in Gottes Selbstoffenbarung in Jesus Christus begründet*. Der Name »Vater« ist also eine Selbstbezeichnung des »offenbaren« Gottes. Die apostolische Heilserkenntnis lautet daher: »Deshalb beuge ich meine Knie vor dem Vater, von dem her alle Väterlichkeit in den Himmeln und auf Erde seinen Namen hat« (Eph. 3, 14). Das Vatertum Gottes ist die grundlegende Voraussetzung dafür, daß es überhaupt in der Immanenzwelt Äußerungen der Väterlichkeit geben kann und zugleich die Erfüllung religionsgeschichtlich-mythologischer Ahnungen.

Die Besonderheit des Vaternamens Gottes erschließt sich gerade darin, daß Gott der ist, zu dem Jesus sagt: »mein Vater«, und zwar in dem ausschließenden Sinn, daß nur Jesus diesen Anspruch auf ungebrochene Gemeinschaft mit Gott als Vater erheben kann. Hier geht es um die unvergleichliche Einheit und Identität Jesu mit Gott, dem Vater. »Wer mich siehet, der siehet den Vater« (Joh. 14, 9). »Ich und der Vater sind eins« (Joh. 10, 30). Damit eröffnet Jesus zugleich den Zugang zu dem Vatertum Gottes. Die allzu selbstverständliche Behauptung einer idealistischen Frömmigkeit, daß »über dem Sternenzelt ein lieber Vater wohnen müsse«, erfährt hier eine klare Absage. *Der Weg der Menschen zu Gott dem Vater geht notwendigerweise immer über Jesus Christus.* »Niemand kommt zum Vater, denn durch mich« (Joh. 14, 6; Mt. 7, 21; 12, 50; 20, 23; Lk. 10, 22; Joh. 3, 25; 5, 17.26; 8, 16.29). Die Verwerfung Jesu verschließt die Türe zum Vatertum Gottes. »Wer den Sohn leugnet, der hat auch den Vater nicht« (1. Joh. 1, 23; 2. Joh. 9).

Ein Verzicht auf den Vaternamen Gottes kommt einem Verfehlen der Gottesoffenbarung überhaupt gleich. Daher ist auch der Schlüssel für das spezifisch christliche Beten im Unterschied zu den Gebetsriten der Religionsgeschichte in dem Vaternamen gesetzt: »Unser Vater im Himmel« (Mt. 6, 9). »Einer ist euer Vater, der im Himmel ist« (Mt. 23, 9). Damit verbindet sich die Gewißheit: »Ihr habt einen kindlichen Geist empfangen, durch welchen wir rufen: Abba, lieber Vater« (Rö. 8, 15; 1, 7; Gal. 1, 1; 1. Kor. 1, 3; 2. Kor. 11, 31).

Dieses Vatertum Gottes umschließt die zentralen Begriffe des Heilsgeschehens. »Gott ist die *Liebe*« (1. Joh. 4, 8). Dieser Satz darf nicht umgekehrt werden zu der banalen Weltweisheit: »die Liebe ist Gott«, so daß die »Mitmenschlichkeit« göttlichen Charakter empfängt. Gottes Liebe hat auch nichts zu tun mit einer alles tolerierenden Sentimentalität und Verflachung der Liebe, so daß es als Gottes »metier« (Geschäft) erscheint, alles in Liebe zu verzeihen. Im Gegensatz zur Liebesidee der östlichen Hochreligionen (Bhakti-Frömmigkeit) offenbart sich die Liebe des Vaters in der konkreten Geschichtsgebundenheit: »Also hat Gott den Kosmos geliebt, daß er seinen eingeborenen Sohn gab« (Joh. 3, 16). Die Vaterliebe Gottes besagt das Aufgeschlossensein, das Offensein des Schöpfers und Herrn für seine Kreatur trotz Abfall und Schuld. Darum kann das Offenbarungszeugnis proklamicren: »Sehet, welch eine Liebe hat uns der Vater erzeigt, daß wir Gottes Kinder sollen heißen« (1. Joh. 3, 1). Diese Liebe ist ihrem Wesen entsprechend immer zugleich *Gnade, Barmherzigkeit* und *Geduld,* da Gott sich gerade zu den Nichtliebenswerten hinwendet und sein rettendes »Ja« zur gefallenen Schöpfung spricht (Rö. 5, 5.8; 8, 32 f; 2. Kor. 13, 11.13; Eph. 2, 4). Die Geduld Gottes meint die tragende und wartende Liebe. Die Geduld ist der lange Atem der Liebe Gottes, welche die Lieblosigkeit der Welt aushält, ihr nicht unterliegt, sie aber endlich überwindet (1. Kor. 13, 7 f; Ps. 103, 8—13; Rö. 15, 5; 2. Tess. 3, 5; Rö. 2, 4; 9, 22; 1. Tim. 1, 16; 2. Petr. 3, 15; Luk. 18, 7; Dan. 4, 24). Diese übermenschliche Liebe des Vaters steht jenseits jeder menschlichen Vergleichsmöglichkeit, denn sie trägt zugleich das Gepräge überirdischer Herrlichkeit (doxa = Lichtherrlichkeit). Wo immer das Vatertum Gottes sich enthüllt, kommt es zur Epiphanie (Erscheinung) seiner majestätischen Lichtherrlichkeit. Das Offenbarungszeugnis bekundet: »Wir sahen seine Herrlichkeit« (Joh. 1, 14; Lk. 2, 14; 1. Tim. 1, 6). Es ist daher überaus kennzeichnend, daß der »offenbare Gott« zugleich »Vater der Herrlichkeit« (Eph. 1, 17) genannt wird. Das Endziel der Wege des Vatertums Gottes mit der Welt ist »die herrliche Freiheit der Kinder Gottes« (Rö. 8, 21), die Erfüllung der unendlichen Gottesliebe, die aller Kreatur das Teilhaben an der Verherrlichung verheißt.

dd) Der dreifaltige Name Gottes

Der offenbare Gott trägt einen spezifischen Namen, der nicht mit anderen Namen ausgewechselt werden kann, der keine Veränderung gestattet. Es ist der »dreifaltige« Name (»dreieinig«, »trinitarisch«). Im Gegensatz zur betonten Namenlosigkeit eines Gottesbegriffes der Philosophen, Dichter und Ideologen stoßen wir hier abschließend auf das Kernstück des biblischen Offenbarungsverständnisses. Es geht hier also nicht um einen konservierenden und rezitierenden Nachvollzug dogmatisch-trinitarischer Lehrsätze, wie sie sich in den Auseinandersetzungen der Dogmengeschichte herausgebildet haben, sondern um die Einsicht in die trinitarische Wirklichkeit des offenbaren Gottes. *Inhalt und Thema der biblisch bezeugten Offenbarung Gottes ist die Enthüllung des »dreifaltigen Namens«.* Die »Sache« der Offenbarung bietet sich nicht in einer isolierten Lehre von »Gott an sich« dar, sondern in der Bezeugung des in dreifaltiger Weise sich erschließenden Gottes. Damit wird die Eindeutigkeit der personalen Herablassung Gottes in den Geschichtsraum der Menschheit in scharfer Akzentuierung herausgestellt.

Die Zuwendung Gottes zur Welt ereignet sich unter den drei Namen Gottes des »Vaters«, des »Sohnes« und des »Heiligen Geistes«. In diesem dreifaltigen Namen — und zwar ausschließlich nur in diesem Namen — wird der offenbare Gott für den Menschen existent und im Glauben erkennbar und verstehbar. Die Offenbarungserkenntnis erfordert eine dreilinige Aussageweise. Diese notwendige Dreilinigkeit behauptet nicht die Parallelität von drei Offenbarungsaussagen, sondern das In- und Miteinander, die Gleichzeitigkeit dieser drei Offenbarungsmerkmale, »Vater«, »Sohn«, »Geist«. Wir finden im Neuen Testament demgemäß keine ausgeführte Lehre von der Trinität, wohl aber trinitarische Formeln als Kennzeichnung der in die konkrete Geschichte einbrechenden Offenbarungswirklichkeit Gottes (1. Kor. 12, 3—6; 2. Kor. 13, 13; Eph. 4, 4—6; Mt. 28, 19). So bedeutet die Begegnung mit dem offenbaren Gott die Konfrontation mit seinem dreifaltigen Namen. Ein anderer Gott hat sich nicht offenbart und existiert nicht. Jede Rede von Gott ist immer zugleich die Rede von Gott, dem Vater, Gott, dem Sohn, und Gott, dem Heiligen Geist. Diese dreifaltige Selbstdarstellung Gottes bezeugt die klare Personalität, welche die Namen »Vater«, »Sohn« und »Geist« meinen. In ihnen prägt sich das Ichsein Gottes aus.

Das trinitarische Bekenntnis macht deutlich, daß wir es hier nicht mit einer verzichtbaren Nebenbemerkung zu tun haben, sondern mit dem »Spezificum christianum« der biblischen Gotteslehre. Der trinitarisch bestimmte Name »Sohn« stellt die entscheidende Sicherung gegen das Abgleiten des Jesusbildes in eine bloße Menschlichkeit und profane Diesseitigkeit dar. Das verhängnisvolle Scheitern der Christologie im Zeitalter des Modernismus zeigt daher stets auch das Scheitern an der dreifaltigen Wirklichkeit der Offenbarung. Unsere Unterscheidung zwischen dogmengeschichtlicher Trinitätslehre und dem dreifaltigen Namen des offenbaren Gottes macht darauf aufmerksam, daß es hier nicht um Produkte menschlicher Reflexion in ihrer Fragwürdigkeit geht, sondern um den ursprünglichen Wesensinhalt biblischer Überlieferung geschehener Gottesoffenbarung.

Literaturhinweise

P. Althaus, *Die christliche Wahrheit,* 1947; O. Cullmann, *Heil als Geschichte,* 1967; W. Elert, *Der christliche Glaube,* 1940; K. Heim, *Glaube und Denken,* 1938[4]; H. M. Helbich, *Katechismus '74,* 1973; A. Köberle, *Karl Heim, Denker und Verkündiger aus evangelischem Glauben,* 1973; Helmut Lamparter, *Das Wahrzeichen des Christlichen Glaubens* (Apostolisches Glaubensbekenntnis), 1965; W. Pannenberg, *Dogmatische Thesen zur Lehre von der »Offenbarung als Geschichte«,* 1970[4]; C. H. Ratschow, *Der angefochtene Glaube,* 1957; W. Trillhaas, *Dogmatik,* 1962.

II. Das Offenbarungszeugnis im Aspekt des Zeitgeistes

Das biblische Zeugnis von der Enthüllung des Gottesgeheimnisses in dem Offenbarungsgeschehen trifft vom ersten Augenblick an auf den Widerspruch des Zeitgeistes. Heute beruft sich dieser rational-ideologisch bestimmte Zeitgeist auf wissenschaftliche Argumente, welche die Gültigkeit der biblischen Urkunde in Frage zu stellen scheinen. Es ist daher eine theologische Verpflichtung, zu prüfen, welches Gewicht den Urteilen der »historisch-kritischen Forschung« zuzumessen ist. Zugleich aber gilt es, die Lagedeutung, wie sie heute durch die naturwissenschaftlichen Erkenntnisse geschieht, ernsthaft zur Kenntnis zu nehmen.

1. Die Infragestellung des historischen Kritizismus

Die historisch-kritische Forschung ist durch rein rationales Denken geprägt. Damit wird die Frage unausweichlich, wie es mit der Beziehung dieser historisch-kritischen Vernunft zu den Aussagen des biblischen Offenbarungszeugnisses steht. Es hätte ja schlimmste Folgen, wenn der Offenbarungsglaube in die Abhängigkeit von den Methoden der Geschichtswissenschaft und dem Auf und Nieder ihrer Resultate geriete. Erstaunliche theologische Urteile der Gegenwart weisen in diese Richtung. »Die Kirche lebt praktisch davon, daß die Ergebnisse der wissenschaftlichen Leben-Jesu-Forschung in ihr nicht publik sind« (Hans Conzelmann)[13]. Dazu die Feststellung: »Die Aus-

[13] *Zur Methode der Leben-Jesu-Forschung,* in Zeitschr. f. Theologie und Kirche, Jg. 56, 1959, Beiheft 1, S. 8.

wirkungen des geschichtlichen Wirklichkeitsverständnisses der Neuzeit« trafen die Kirche vor allem im Blick auf ihr Verständnis der Heiligen Schrift, »das dem Ansturm der historisch-kritischen Methode nicht standhielt« (Gerhard Ebeling)[14]). Den kritischen Ernst dieser Situation faßt R. Augstein als Ergebnis des theologischen Modernismus in dem Satz zusammen: »Man sieht nicht recht, wie die Kirchen überleben können, wenn sie zugeben, was sie nicht zugeben dürfen, daß sie nämlich auf uralten Fiktionen gründen, auf geronnenen Menschheitsträumen früherer Zeiten.«[15])

Mit diesen Urteilen wird der suggestiv wirkende Anschein erweckt, daß der christliche Glaube in eine gefährliche Spannung zu den Erkenntnissen der modernen Forschung geraten und daß gleichsam die »Unwissenheit« der Kirche zur Garantie für ihre Existenz geworden ist. Soll nun der Glaube angesichts dieser peinlichen Lage vor den Theorien und Hypothesen der historischen Kritik, also vor dem Forum der Ratio, kapitulieren oder sich resigniert in ein wissenschaftsfeindliches Getto zurückziehen?

Beide Haltungen wären einerseits des Glaubens unwürdig, andererseits würden sie auch dem eigentlichen Sachverhalt der Wissenschaft nicht gerecht werden.

a) Das Recht der historischen Forschung

Ein Verständnis für die rechtmäßige Gültigkeit geschichtswissenschaftlicher Arbeit an dem umfassenden Stoff biblischer Überlieferung gewinnen wir aus dem Anliegen des Offenbarungsglaubens selbst. Das Offenbarungszeugnis stellt ja gerade die Geschichtlichkeit als Fundament und Wesensgehalt biblischer Aussagen heraus. Darin gründen Recht und Gültigkeit historischer Forschung: im Nachvollzug der Offenbarungsintention. Das Geschehensein der »Inkarnation« (Fleischwerdung, Geschichtswerdung, Joh. 1, 14) Gottes bedingt die theologische Notwendigkeit, eben nach dieser Geschichtlichkeit zu fragen, sie mit den Methoden wissenschaftlicher Forschung zu untersuchen. Das Offenbarungszeugnis ist daher niemals losgelöst von dem historischen Gestaltungsmaterial gegeben, sondern in die geschichtliche Umwelt eingebettet und in ihren zeitgeschichtlichen Strukturen

---

[14] *Die Frage nach dem historischen Jesus und die Christologie,* ebd. S. 68.
[15] *Jesus, Menschensohn,* S. 12.

ausgeprägt. Damit gewinnen wir die prinzipielle Einsicht: Dem biblischen Zeugnis selbst wohnt die Verpflichtung inne, zu einer sachgemäßen Erhellung und Erkenntnis des Geschichtsraumes zu gelangen, in dem sich diese Offenbarung ereignet hat. Typisch hierfür ist das in kritischer Überlegung vorgenommene Bemühen des Evangelisten Lukas, durch Quellenforschung den wahren historischen Sachverhalt des Heilsgeschehens aufzuzeigen (Lk. 1, 1—3).

Die methodischen Möglichkeiten der historischen Forschung wurden von Ernst Troeltsch in klassischer Form zum Ausdruck gebracht. Es sind die Methoden der »Kritik« (prüfende Unterscheidung), der »Kausalität« (Gesetz von Ursache und Wirkung), der »Analogie« (Vergleichung) und der »Korrelation« (Wechselwirkung). Damit wird gleichsam ein Netz rationaler Beobachtungs- und Beurteilungsweisen über geschichtliche Begebenheiten und ihre Überlieferung geworfen. Alles Geschichtliche, so heißt die Grundthese, ist irgendwie aus Ursachen und Umwelteinwirkungen zu erklären und zu »verifizieren« (einleuchtend zu machen). Denselben Regeln und Methoden historischen Erkennens wird daher auch das biblische Schriftzeugnis als menschlich-geschichtliches Dokument unterworfen. Die historische Vernunft kann der biblischen Überlieferung keine Ausnahmebehandlung zugestehen, da es sich ja auch hier um »Quellen«, »Traditionsstücke«, »Spruchsammlungen«, »Stilformen«, »Verfasserschaft«, »Terminologie«, zeitgeschichtliche »Frontstellungen« (Rabbinismus, Essenertum, Qumrangemeinschaft, heidnische Gnosis, Enthusiasmus) und die damit gesetzte Polemik und Apologetik handelt. Die Forschung zielt darauf ab, die Texte verständlich zu machen, die Besonderheit des biblischen Zeugnisses hervortreten zu lassen und dadurch eine Klärungsarbeit zu leisten.

Diese grundsätzliche Bejahung der historisch-biblischen Forschung läßt jedoch nicht erkennen, inwiefern soviel Unruhe, Unsicherheit, Problematik und Zweifel ausgelöst wurden. Es ist daher zu untersuchen, wodurch eine Grenzüberschreitung und eine verhängnisvolle Absolutsetzung dieser Forschungsmethode herbeigeführt wurden.

b) Das Problem der Voraussetzungsgebundenheit

In der Auseinandersetzung über Recht und Grenze der historisch-kritischen Forschung muß der Beantwortung einer Vorfrage elementare Bedeutung zugemessen werden. Es ist die Grundfrage nach der

Voraussetzungslosigkeit oder der Voraussetzungsgebundenheit der historischen Feststellungen, beziehungsweise ihrer Hypothesen (Vermutungen). Die Annahme, es gäbe in der geistesgeschichtlichen Forschungsarbeit eine Voraussetzungslosigkeit, absolute »Objektivität«, erweist sich als eine naiv-unkritische These. Schon Eduard Spranger hat in einer wertvollen Studie über die *»Voraussetzungslosigkeit in den Geisteswissenschaften«* eindrucksvoll deutlich gemacht, daß bei der Handhabung der historischen Methoden und bei der Gewinnung ihrer Resultate die jeweilige Vorentscheidung eine geradezu ausschlaggebende Rolle spielt. Die Prämissen (Voraussetzungen), die als vorgegebene Autoritäten die Forschungsarbeit dirigieren und steuern, beruhen auf einem grundsätzlichen Vorverständnis der gesamten Weltsituation, auf persönlich-subjektiven Überzeugungen, weltanschaulichen Ideologien und philosophischen Theorien. Aus dieser Sachlage ergibt sich als Hintergrund der geisteswissenschaftlichen Forschung ein »Relativismus der Wertungen und Deutungen«, ein »weltanschauliches Chaos«, Momente, die sich auf den Ertrag der Forschung maßgebend positiv oder negativ auswirken. So ist es schon etwa bei der Auswahl und Sichtung des historischen Stoffes entscheidend, ob die Motive des Vertrauens oder des grundsätzlichen Mißtrauens und Zweifels die Arbeit lenken[16]).

Die theologischen Konsequenzen in bezug auf die historische Schriftforschung sind offenkundig. Die Ergebnisse sind nichts anderes als Früchte der jeweiligen Vorentscheidungen. So erklärt H. Braun, die »apriorische« (vor aller Erfahrung schon vorhandene Erkenntnis) Voraussetzung seiner Arbeit am Neuen Testament »sei das kategorische Grundaxiom«, nämlich die alleinige Anerkennung der »unaufgebbaren Einheit der Wirklichkeit«, d. h. »dieser empirisch (erfahrungsgemäß) vorfindlichen Wirklichkeit des Alltags, innerhalb der wir mit kausalen Abläufen rechnen«[16a]). Infolgedessen ist »dem Denken verboten«, die biblische Bezeugung einer real geschehenen Offenbarung Gottes ernstzunehmen. Alle »metahistorischen«, d. h. die bisherigen Geschichtserfahrungen übersteigenden Offenbarungsaussagen, müssen dann als legendäre Ausschmückung oder Niederschläge einer mythologischen Ideenwelt gedeutet und beiseitegeschoben werden.

---

[16] E. Spranger, ebd. 1924.

[16a] Gesammelte Studien zum Neuen Testament und seiner Umwelt, 1962, s. W. Böld, *»Beiträge zur hermeneutischen Diskussion«*, 1968, S. 30 ff, 107 f.

Oder wenn »ethisch-idealistische« Wertvorstellungen den Ausgangspunkt darstellen, muß es in der Schriftauslegung zu einer Beschränkung auf moralische Feststellungen (sittliche Persönlichkeit, Vorbildcharakter) kommen; eine psychologische Interpretation interessiert sich dann nur für die Analyse des Seelentums biblischer Menschen; ist die »sozialkritische« Sinngebung die Voraussetzung, mit der man an die Schriftaussagen herangeht, dann ist es klar, daß sozialrevolutionäre Umdeutungen (Amos 4, 1; 5, 7; 6, 12; Lk. 1, 52) die ausschlaggebende Rolle spielen.

Die Einsicht in diese unentrinnbare Voraussetzungsgebundenheit der historischen Forschung läßt erkennen, daß die kritisch-negative Auflösung der Offenbarungsaussagen nicht Ergebnis der exakten Textauslegung oder der besonderen Akribie (Scharfsinn) des Forschers darstellt. Sie ist vielmehr Auswirkung der schon vor der wissenschaftlichen Befragung der biblischen Überlieferung feststehenden ideologisch-philosophischen Behauptung und kann als solche durchschaut werden. Auf diese Weise wird aus der legitimen historisch-biblischen Forschung ein »historischer Kritizismus«, der ideologisch beherrscht wird. Er verfolgt die Tendenz, das biblische Zeugnis durch »Eliminierung« (Ausklammerung) der unbrauchbaren biblischen Aussagen (wie etwa Wunder, Auferstehung) oder durch ihre Umdeutung als Legende und Mythus entsprechend den weltanschaulichen Prämissen, den Vorstellungen des Zeitgeistes anzupassen.

c) *Die Unangemessenheit des historischen Kritizismus*

Der Anspruch der historischen Vernunft auf Allgemeingültigkeit und damit ihr Angriff auf das biblische Zeugnis findet eine grundsätzliche Begrenzung durch die Frage nach der Angemessenheit der historisch-kritischen Methoden in bezug auf den Sach- und Wesensgehalt der biblischen Überlieferung. Man kann der Überlegung nicht ausweichen, um welche besondere Qualität und Eigenart es sich bei den biblischen Texten überhaupt handelt.

Neben der grundlegenden Bedeutung der Voraussetzungsfrage steht die zweite Grunderkenntnis von der *Unverfügbarkeit der Offenbarungswirklichkeit mit den Mitteln und Möglichkeiten eines historischen Kritizismus*. Die in dem Offenbarungsereignis aufbrechende »Dimension« Gottes bewirkt zwar in Raum und Zeit Niederschläge, hinterläßt Spuren, aber das eigentliche Wesen dieser Fakten bleibt den rational-historischen Erkenntnismethoden grundsätzlich verschlossen. Der Beobachtungsvorgang der kritischen Vernunft erweist sich hier als unsachgemäß, macht deutlich, daß er der Wirklichkeit des Offenbarungsgeschehens gegenüber als unangemessen zu beurteilen ist. Die Dimension der Offenbarung widerstrebt jeder Eingliederung in den Verstehenshorizont der immanenten Geschichtlichkeit. Deren Grundsatz, »nur das ist wirklich, was geschichtlich ist«, erweist seine Unfähigkeit, die ganz andere Größe, nämlich Offenbarung Gottes, auch nur von ferne in das Blickfeld zu bekommen. Die rein historisch-rational-psychologisch-ideologische Antenne »vernimmt nichts vom Geiste Gottes«. Der Versuch jedoch, die Offenbarungsaussagen dem neuzeitlichen Wirklichkeitsverständnis einer Immanenzphilosophie anzupassen, muß prinzipiell scheitern, da dieses historisch-kritische Denken — absolut gesetzt — von einem tatsächlichen Eingreifen Gottes absieht, es vielmehr als »supranaturalistisch« oder »metaphysisch« verwirft. So wird durch diese Denkmethode der Zugang zum eigentlichen Offenbarungsgeschehen radikal versperrt. Wenn das Generalurteil des historischen Kritizismus lautet, »die Entstehung des Christentums« sei »unschwer aus der spätjüdischen Apokalyptik und der gnostischen Erlösungsreligion zu erklären« (R. Bultmann), so wird damit die Analogielosigkeit, die Unvergleichbarkeit und Einzigartigkeit des biblischen Offenbarungszeugnisses bestritten und lediglich nur noch als ein Phänomen der allgemeinen Religionsgeschichte gewürdigt.

Abgesehen von dieser wesensmäßigen Unangemessenheit (Inadäquatheit) des historischen Kritizismus verdienen noch zwei Momente Beachtung. Die historische Forschungsmethode kann nur partielle Erkenntnisse, nur Teilaussagen vermitteln. Es ist deshalb irreführend, mit solchen Teileinsichten einen absoluten Geltungsanspruch zu erheben. Überaus kennzeichnend ist ja in der Zone der historisch-kritischen Arbeit an der Bibel die geradezu ungeheure Spannweite der Urteile sowie die Widersprüchlichkeit der angeblich erzielten Ergebnisse. Dazu kommt noch die Begrenzung dieser Forschung durch den Wahrscheinlichkeitscharakter auch ihrer bestmöglichen Feststellungen, was ja schon Albert Schweitzer nachgewiesen hat. Der Offenbarungsglaube aber lebt nicht von historischen Wahrscheinlichkeiten, sondern von unbedingter Gewißheit (Rö. 8, 38). Die historischen Hypothesen kommen und gehen, aber das biblische Offenbarungszeugnis bleibt.

Zusammenfassung

Eine Theologie, die sich mit dem ideologisch bestimmten historischen Kritizismus identifizieren wollte, hätte das »Spezificum theologicum«, das Offenbarungszeugnis, verloren, ihren eigentlichen Auftrag (das Proprium) verraten. Ein Kontrast ergibt sich jedoch dann nicht, wenn die biblisch-historische Forschung sich ihrer Grenzen und Leistungsfähigkeit bewußt bleibt. Er wird aber unüberbrückbar gegenüber einer ideologischen Gläubigkeit, die in einer unsachgemäßen Voreingenommenheit und letztlich atheistischen Vorentscheidung die historische Kritik steuert und in einer mehr oder weniger umfassenden Destruktion (Zerstörung) des Offenbarungszeugnisses endet. *Somit existiert biblischer Offenbarungsglaube völlig unabhängig von den zeitgeschichtlichen Wandlungen, Theorien und Scheinresultaten eines historischen Kritizismus.*

2. Die Stimmen der Naturwissenschaft zur Offenbarungsfrage

Die Begegnung des Offenbarungszeugnisses mit den Parolen des Zeitgeistes umschließt nicht nur die Stellungnahme zu den Grundsätzen der Geschichtswissenschaft, sondern ist auch genötigt, auf die Stimme der modernen Naturwissenschaft zu hören. Die Frage nach dem Urteil der Naturwissenschaft über die Möglichkeit des biblischen Offenbarungsglaubens begleitet das theologische Denken in besonderer Betonung schon seit Friedrich Schleiermacher. Mit nicht geringer Sorge betrachtete Schleiermacher »den gegenwärtigen Zustand der Naturwissenschaft«, »wie sie sich immer mehr zu einer umfassenden Weltkunde gestaltet«. Er fürchtete eine totale Bedrohung der biblischen Aussagen durch den naturwissenschaftlichen Fortschritt, die Unmöglichkeit einer Verteidigung des Glaubens, »das Bombardement des Spottes« durch den Zeitgeist, vor allem »aber die Blockade!« »Die gänzliche Aushungerung« des Christentums »von aller Wissenschaft«[17]).

Seltsamerweise steht gerade der »theologische Modernismus« nach wie vor unter derselben Bedrückung wie einst Schleiermacher. Ohne sich darüber zu informieren, ob auch heute noch von einem »Auszug

---

17 *Der christliche Glaube* I, 1889, 32/33.

der Naturwissenschaften aus der Kirche« die Rede sein kann, von einer »Trennung, die zu wachsender Entfremdung und Verfeindung führt«[18]), will man auch heute noch den christlichen Glauben »mit Hilfe der Wissenschaft« »befreien«. Modernistische Theologen glauben sich auf die Naturwissenschaften berufen zu können als ihre »Zeugen für die Absage an einen persönlichen Gott«[19]). Dieser erstaunliche Sachverhalt, daß der theologische Modernismus den Versuch unternimmt, im Namen der Naturforschung gegen den biblischen Offenbarungsglauben zu argumentieren, macht eine notwendige Nachprüfung solcher Behauptungen erforderlich. Dieses Hören auf die Stimme der Naturwissenschaft darf jedoch keineswegs so mißverstanden werden, als bedürfe der christliche Glaube einer wissenschaftlichen Stütze und einer rationalen Beweismöglichkeit. Der biblische Offenbarungsglaube ist von der Naturwissenschaft ebensowenig abhängig wie von der historischen Forschung. Wenn jedoch naturwissenschaftliche Erkenntnisse fälschlicherweise als Waffen gegen den Glauben eingesetzt werden, dann gilt es, dieses verhängnisvolle Unternehmen als Irrtum zu durchschauen und abzuwehren.

a) Die neue Lage

Grundsätzlich ist für den Stand der modernen Naturwissenschaft kennzeichnend, daß die Perioden eines Glaubens »an eine lückenlose«, »uhrwerkmäßige Zwangsläufigkeit allen Naturgeschehens« (Lametrie), des »Glaubens an die Ewigkeit und ewige Unveränderlichkeit des ungeschaffenen Weltalls« (Giordano Bruno), eines »Haeckelschen Monismus«[20]) längst vorbei sind. Die Rede von einem Weltmechanismus, der durch absolut gesetzte und ausnahmslos geltende Naturgesetze in Gang gehalten wird, gehört dem vergangenen 19. Jahrhundert an. Die heutigen Spitzenleistungen der Naturforschung werden durch Namen wie Pasqual Jordan, Werner Heisenberg, Max Planck, Karl Friedrich von Weizsäcker u. a. repräsentiert, die eine völlig

---

[18] Pasqual Jordan, *Schöpfung und Geheimnis*, 1970, 13.

[19] Joachim Illies, *»Und alsbald krähte der Hahn«*, Antwort eines Naturwissenschaftlers an einen Pastor, in Festschrift für H. Dietzfelbinger, *»Dem Wort gehorsam«*, 1973, 174.

[20] P. Jordan, a. a. O., 14.

andere Lage der Naturerkenntnis heraufgeführt haben, die nicht mehr von der allein gültigen Göttin »Kausalität« beherrscht wird. Gewiß bleibt es dabei, daß im Gesamtbereich der Makrophysik geschlossene Kausalität anerkannt werden muß, aber die neue Mikrophysik, die es mit der Erforschung des atomaren Bereichs zu tun hat, läßt Vorgänge erkennen, die »keiner geschlossenen Kausalbestimmung unterliegen«. Der fundamentale Irrtum der älteren Physik lag darin, eine »unberechtigte Verabsolutierung«, eine »absolute, allumfassende Gesetzlichkeit« zu behaupten, die »nur in begrenztem Umfang zutreffend war«. »Naturwissenschaft beschreibt rational erfaßbare Sachzusammenhänge«, stellt ein »System von Kausalitätsverknüpfungen« und berechenbaren Abläufen von Gesetzmäßigkeiten auf, welche das Personhafte, die ethischen und religiösen Dimensionen überhaupt nicht berühren (J. Illies, 175). Diese planmäßige Beobachtung der Naturerscheinungen und ihre experimentelle Erforschung lassen jedoch keine mechanistisch-starren Naturgesetze hervortreten, sondern vielmehr »Wahrscheinlichkeitsgesetze« deutlich werden. Naturgesetze gelten demnach »nur insoweit, wie keine anderen als die in den Formeln angegebenen Kräfte mit ins Spiel kommen«. Es muß also »mit derartigen nicht erfaßten Kräften ... prinzipiell gerechnet werden«, »wobei es sich sowohl um Kräfte, die von außen, als auch um Kräfte, die von innen wirken, handeln kann«[21]). Gleichwohl kann von einer »Durchbrechung« von Naturgesetzen nicht gesprochen werden, wenn sich neue Energien unerwartet und spontan im Naturzusammenhang als wirksam erweisen und über die bisherige Erfahrung hinausgehen.

Aus dieser prinzipiell neuen Situation, in die eine moderne Naturerkenntnis die Türen geöffnet hat, ergibt sich eine *Offenheit des Naturgeschehens auch für das Außergewöhnliche.* Es kann die Möglichkeit einer Existenz »höherer Seinsstufen«, die »jeweils von der niederen Seinsstufe her als ungewöhnlich und erstaunlich« bezeichnet wird, nicht geleugnet werden. So wenig ein Beweis für das Vorhandensein einer solchen »höheren Seinsstufe«, wie etwa Wunder und Offenbarungsgeschehnisse, geführt werden kann, so wenig ist ihre naturwissenschaftliche Bestreitung möglich (H. Staudinger, ebd., 117).

Zusammenfassend urteilt P. Jordan, »daß mit dem Ersatz früherer Vorstellung ›geschlossener‹ Kausalität durch die Vorstellung der

---

[21] Hugo Staudinger, *Gott-Fehlanzeige?,* 1968, S. 14 f.

statistischen Naturgesetzlichkeit ein gewisser Schritt zur Entschärfung der Gegensätzlichkeit zwischen Anerkennung einer Möglichkeit von Wundern und Anerkennung des Denkens in Naturgesetzen eingetreten ist« (ebd. 160).

b) Mißverständnisse über das Weltbild

In dem Verhältnis von Offenbarungsglauben zu dem naturwissenschaftlichen Denken spielt das Verständnis des »Weltbildes« eine eminente Rolle. Die radikale Kritik R. Bultmanns an den Offenbarungsaussagen des biblischen Zeugnisses hat eine ihrer maßgebenden Wurzeln in der Behauptung, daß wir es in der Bibel mit einem längst überholten, rückständigen Weltbild zu tun haben, das er als »antik-mythisch« bezeichnet. Kennzeichnend für dieses antiquierte mythische Weltbild sei der Glaube an ein Eingreifen »übernatürlicher Mächte« »in das natürliche Geschehen« der menschlichen Geschichte, an Wunder und Engel, an ein konkretes Heilsgeschehen, das sich in Offenbarungsfakten bezeugt[22]. Ebenso charakteristisch für das veraltete mythische Weltbild sei die »Dreistockwerk-Theorie«, die in räumlichen Vorstellungen von Erde, Himmel und Hölle spricht und in dieses Raumschema das Erlösungsdrama von einem Gott einzeichnet, der aus dem Himmel zur Erde herabsteigt, »zur Hölle fährt« und wieder in den Himmel zurückkehrt. Eine Bindung des Glaubens an derartige mythische Weltbildvorstellungen könne keinem modernen Menschen zugemutet werden.

Diesen sich auf eine vermeintliche naturwissenschaftliche Erkenntnis berufenden kritischen Feststellungen gegenüber sind zunächst Begriff und Wesen des »Weltbildes« zu bedenken. Unter »Weltbild« ist die geordnete Zusammenschau der ungezählten Einzelerkenntnisse zu begreifen, die durch die rationale Methode der Naturforschung gewonnen werden. Da diese Welterkenntnis, gleichsam auf der horizontalen Ebene des Naturgeschehens, beständig fortschreitet, sich immer weiterentwickelt, stoßen wir auf eine unaufhörliche Wandlung des »Weltbildes«, vom antik-vorkopernikanischen über das »kopernika-

---

[22] R. Bultmann, *Neues Testament und Mythologie*, 15, 20 f, 215.

nische« Weltbild bis zu den umstürzenden Einsichten einer atomaren Welterkenntnis der Gegenwart.

Diese wissenschaftliche Erkenntnis des Weltbildes aber darf mit »Weltanschauung«, »Ideologie«, »Religion« oder »Glauben« nicht verwechselt werden. Diese Größen haben es mit der Deutung, dem inneren, überrationalen Verstehen des jeweiligen Weltbildes zu tun, sind aber nicht an den Wechsel des Weltbildes gebunden und von seiner Veränderung prinzipiell unabhängig. So behalten die menschlichen Grundaussagen über die Personalität, das Ethos, die Lebensform oder über Gott auch bei einem völligen Weltbildwandel ihre Gültigkeit, da sie es mit einer ganz anderen, nämlich der »vertikalen«, Dimension zu tun haben. Bultmann und seine Schule sind hier offenbar einer Verwechselung von Welterkenntnis (Weltbild) und Weltdeutung erlegen. Die Elementarfragen des Glaubens und des Sittlichen bleiben dieselben, ob es sich um ein antikes oder um ein atomares Weltbild handelt.

Dazu tritt noch eine anthropologische Grundeinsicht, die von dem theologischen Modernismus völlig außer acht gelassen wird. Es ist das Verdienst Hugo Staudingers, auf einen hochbedeutsamen Tatbestand, die sog. »Raumsymbolik«, hingewiesen zu haben. »Zu den Bedingungen des menschlichen Denkens gehören die Kategorien Raum und Zeit.« Der Raum aber ist durch eine dem Menschen zugeordnete »Raumsymbolik« gekennzeichnet, von der unabhängig vom Wechsel der Weltbildvorstellungen kein Mensch absehen kann. Aus dieser existentiellen Urtatsache des Lebens ergibt sich die Unterscheidung von »oben und unten«, bzw. »hoch und tief«, die mit einem primitiven »mythischen« Weltbild überhaupt nichts zu tun hat, sondern vielmehr die allgemein menschliche Raumsymbolik ausprägt, auf die auch der moderne Mensch nicht verzichten kann. »Die Raumsymbolik des Oben und Unten ist ... keineswegs eine Folge des von Bultmann als mythisch bezeichneten Weltbildes, sondern ganz im Gegenteil: die Raumsymbolik, die sich am aufrecht stehenden und gehenden Menschen orientiert, der den Kopf oben trägt, ... ist das primäre. Sie erst führte dahin, daß der Mensch Gott als das »höchste« Wesen bezeichnet, dessen Sitz »oben« im Himmel ist, während böse Geister und Dämonen ihren Sitz »unten« haben« (ebd. 166—167). Die unvermeidbare Verwendung von Raumvorstellungen meint aber nicht eine innerweltliche oder außerweltliche, fixierbare Räumlichkeit, sondern stellt eine Qualitätsaussage dar, die das »Hohe, Erhabene«,

»die Höhe Gottes«, von dem »Niedrigen«, der dunklen »Tiefe«, unterscheidet.

In dieser Sicht der Raumsymbolik wird verständlich, daß auch das biblische Offenbarungszeugnis notwendigerweise von »Höhe« und »Tiefe« redet, daß es aber zugleich um die »Überräumlichkeit« Gottes weiß und eine »Entlokalisierung« Gottes in aller Klarheit vollzieht. Schon das Gebet Salomos bei der Tempeleinweihung macht das deutlich: »Denn sollte in Wahrheit Gott auf Erden wohnen? Siehe, der Himmel und aller Himmel Himmel können dich nicht fassen« (1. Kön. 8, 27). Die Wirklichkeit Gottes kann also nicht in die Unendlichkeit aller nur denkbaren Dimensionen eingegliedert und dort lokalisiert werden. Dem entspricht das majestätische Wort: »So spricht der Herr: Der Himmel ist mein Stuhl und die Erde meine Fußbank ..., welches ist die Stätte, da ich ruhen soll?« (Jes. 66, 1) In großartiger Weise wird im 139. Psalm die Raumgebundenheit Gottes radikal gesprengt: »Wo soll ich hingehen vor deinem Geist? Führe ich gen Himmel, so bist du da. Bettete ich mir in die Hölle, siehe, so bist du auch da« (V. 7.8). Hier handelt es sich um Fundamentalerkenntnisse über Gott, die jede Weltbildvorstellung sprengen. Sie werden vom Neuen Testament in einer Fülle von Aussagen bestätigt und vertieft. »Aber der Allerhöchste wohnt nicht in Tempeln, die mit Händen gemacht sind.« (Apg. 7, 48) »Er ist nicht ferne von einem jeglichen unter uns. Denn in ihm leben, weben und sind wir« (Apg. 17, 27.28).

Somit enthüllen die Weltbildargumente, die sich gegen den biblischen Offenbarungsglauben richten, ihre völlige Unhaltbarkeit.

c) *Die naturwissenschaftliche Kritik am theologischen Modernismus*

Die moderne Naturforschung zeigt ein feines Gespür für Grenzüberschreitungen einer Theologie, die glaubt, im Namen der Wissenschaft die biblische Glaubenssubstanz auflösen zu müssen. Wenn um angeblicher naturwissenschaftlicher Erkenntnisse willen der »Glaube an Gott als Person« nunmehr als »ein Prinzip verstanden werden soll, das sich im naturgesetzlichen Werden ebenso ereignet wie in der menschlichen Liebe« (Pastor Dr. Paul Schulz in der Hamburger Kirche St. Nicolai am 30. 3. 72, epd. 5.4.72), dann wird diese Behauptung als eine »neue Gläubigkeit«, als »eine gefährliche Zerfallserscheinung« von naturwissenschaftlicher Seite aus gebrandmarkt. Die Naturwissenschaft kann und will keine Erkenntnisse über Gott vermitteln. »Beweist etwa der Maulwurf, daß es den Sonnenschein nicht gibt? Nein, der Hamburger Pastor ist nicht auf der Höhe der Zeit . . ., er hängt überholten Vorstellungen des vorigen Jahrhunderts an, und die moderne Physik ist spurlos an ihm vorübergegangen« (J. Illies, ebd. 173f, 176f).

In gleicher Schärfe wird R. Bultmann als Repräsentant des theologischen Modernismus, der sich fälschlicherweise auf den Fortschritt in der Naturerkenntnis beruft, von der schneidenden Kritik gerade der Naturforschung getroffen. Die kritischen Urteile lauten: »So liegt etwa den gesamten Bestrebungen Bultmanns die unabänderliche Überzeugung zugrunde, die Naturwissenschaft von heute sei noch immer stehen geblieben, wo sie vor hundert Jahren stand, und die naturwissenschaftlichen Irrtümer des vorigen Jahrhunderts müßten heute von der Theologie mit tiefem Respekt als unumstößliche, der Theologie übergeordnete Wahrheit anerkannt werden« (P. Jordan, ebd. 147). Dem »protestantisch-theologischen Denken« wird der Vorwurf gemacht, an veralteten Welterkenntnissen festzuhalten und »überflüssige, nicht mehr zeitgemäße Zugeständnisse an den Naturwissenschaftler« zu machen, welcher dann . . . als ein »noch überlebender oder ausgestopfter Haeckelianer« vorgestellt wird[23]. Im Gegensatz dazu könne man sich aber heute nicht mehr auf den wissenschaftlichen »Denkzwang« berufen, wenn man etwa den »Bericht von Christi Himmelfahrt nur als fromme Legende ansehen zu müssen meint« (ebd. 293). »Alle Hindernisse, alle Mauern, welche die ältere Naturwissenschaft auf dem Wege zur Religion aufgerichtet hatte, sind heute nicht mehr da« (ebd. 357).

Da Bultmann sich an eine Weltbildvorstellung gebunden hat, die gerade nicht modern, sondern völlig antiquiert ist, muß er es sich gefallen lassen, von der heutigen Naturwissenschaft »als später Nachläufer der Aufklärung« beurteilt zu werden. »Zweifelsohne« stehen seine »Grundaxiome« (Denkvoraussetzungen) »in krassem Widerspruch zur modernen Naturwissenschaft«. Bultmanns Behauptung, die Denkweise der kausal-mechanistischen Naturwissenschaft sei »ewig

[23] P. Jordan, *Der Naturwissenschaftler vor der religiösen Frage*, 1965[3], 155 f.

unabänderlich« und die darauf fußende These, »für das wissenschaftliche Denken seien Welt und Weltgeschehen geschlossen, geschlossen nämlich gegen Eingriffe umweltlicher Mächte«, ist »ganz schlicht falsch«[24].

Ergebnis: Wir haben es hier mit der erstaunlichen Feststellung zu tun, die gerade heute nicht totgeschwiegen werden darf, daß nämlich *der theologische Modernismus von einer Denkvoraussetzung getragen wird, die heute im Aspekt der Naturwissenschaft als längst überholt anzusehen ist. Damit wird auch einer »Entmythologisierung« die wissenschaftliche Basis entzogen.* Heute kann »die religiöse Gedankenwelt ohne logischen Widerspruch mit der heutigen Naturwissenschaft zusammen bestehen« (P. Jordan, ebd. 149), denn »indem die eigentlichen, entscheidenden Aussagen der Religion dem Jenseits gelten, entziehen sie sich der Berührung mit diesseitigen Feststellbarkeiten« (ebd. 147). »Das bedeutet, daß nach dem heutigen Stand der Wissenschaft Wunder mit den Naturgesetzen nicht in Konflikt kommen können« (H. Staudinger, ebd. 129).

Die Stimmen der Naturwissenschaft zur Offenbarungsfrage sind kein Beweis für die Gültigkeit des Offenbarungszeugnisses, aber sie schaffen für den heutigen Menschen einen freien geistigen Raum, ohne ein sacrificium intellectus, ohne Opfer des Verstandes, diese biblischen Aussagen zur Kenntnis und ernst zu nehmen. »Die heutige Naturwissenschaft ... schreibt uns keine weltanschauliche Entscheidung« vor (P. Jordan, ebd. 17), aber sie ermöglicht uns die intellektuelle Freiheit, den Weg des Glaubens zu beschreiten.

Literaturhinweise

H. Aichelin/G. Liedke, *Naturwissenschaft und Theologie*, 1974²; Horst W. Beck, *Die Welt als Modell*, Gegen den Mythos vom geschlossenen Weltbild, 1973; Karl Heim, *Der christliche Gottesglaube und die Naturwissenschaft*, 1949; Werner Heisenberg, *Das Naturbild der heutigen Physik*, 1972; *Der Teil und das Ganze*, 1971; Gerhard Maier, *Das Ende der historisch-kritischen Methode*, 1974; Paul Römhild, *Weltbild und Glaube*, 1970; Nr. 6, 1971; *Schöpfung oder Evolution*, 1966; Hans Rohrbach, *Naturwissenschaft, Weltbild, Glaube*, 1967; Werner Schaafs, *Theologie und Physik vor dem Wunder*, 1973; Hans Schwarz, *Das Verständnis des Wunders bei Heim und Bultmann*, 1966, mit Bultmann-Literatur 212 f.

[24] P. Jordan, *Schöpfung und Geheimnis*, 157/158.

III. Der Zugang zum biblischen Zeugnis

Das in der Offenbarung enthüllte Geheimnis der Wirklichkeit Gottes wird in der gesamten biblischen Überlieferung bezeugt. Dieses Offenbarungszeugnis erscheint durch den von Ideologien beherrschten historischen Kritizismus bedroht. Es öffnet sich aber als Geschichtsdokument einer geschichtswissenschaftlichen Betrachtungsweise, während die Naturwissenschaft sich mit Recht auf die Immanenzwirklichkeit beschränkt und jede Zuständigkeit für eine Stellungnahme zur Offenbarungsfrage sachgemäß ablehnt, ohne sie jedoch in ihrer Gültigkeit zu bestreiten. Diese Besinnung auf die Situation des biblischen Zeugnisses im Umkreis zeitgeschichtlicher Phänomene spitzt sich in der zentralen Überlegung zu, wie ein Zugang zu diesem Offenbarungszeugnis möglich wird, wie es zu einem Verstehen des eigentlichen Inhaltes der biblischen Berichte kommen kann, die ja wesensmäßig die Geschichtszone überschreiten.

1. Die Frage der Verstehbarkeit

Es geht hier um eine Kardinalfrage der heutigen Theologie: um die Frage nach dem legitimen Verständnis der biblischen Aussagen, nach einer sachgemäßen Hermeneutik (Lehre vom Verstehen und Deuten der Texte). Ohne Frage erweckt die beinahe grenzenlose Vieldeutbarkeit der biblischen Texte einen beklemmenden Eindruck. Derselbe Schriftabschnitt der Bibel kann offenbar ganz verschieden verstanden und gedeutet werden. Die Interpretationsbreite (H. Braun spricht von einer Disparatheit = Widersprüchlichkeit der neutestamentlichen Theologie) ist schier unübersehbar geworden. Die damit gestellte theologische Frage ist von elementarem Gewicht: Welche Deutung besitzt Gültigkeit, welche Auslegung kann als »sachgemäß« beurteilt werden?

a) Standortbestimmung der Auslegung

Angesichts der bestehenden hermeneutischen Unsicherheit und Ratlosigkeit hat man den Versuch unternommen, die Frage nach der Verstehbarkeit des biblischen Stoffes in die Mitte der Überlegungen zu rücken und damit eine Schwerpunktsverlagerung von der inhaltlichen »Sachfrage« auf die »Deutungsfrage« vorzunehmen. Demgemäß erscheint nicht mehr der ursprüngliche biblische Inhalt als das Wesentliche, sondern die Methode gewinnt Priorität (Vorrang). Damit droht allerdings die Gefahr, daß die jeweilige Interpretation die Sache usurpiert (vergewaltigt) und verdunkelt.

Die maßgebende Grundeinsicht faßt folgender Satz zusammen: Ein Verstehen kann es nur von einem bestimmten Standort aus geben. Je nach dem Einsatzpunkt und der diesen Standort bedingenden Voraussetzung, die bewußt oder unbewußt in Geltung steht, entfaltet sich der jeweilige Aspekt der Auslegung. Der perspektivische Blickpunkt ist entscheidend für die nachfolgende Interpretation. Die Erkenntnis des Sachinhaltes und der Standort des Beobachters befinden sich in einem Korrelatverhältnis (entsprechen einander).

Die Folgerungen, die sich hieraus für die Verstehensmöglichkeit der biblischen Überlieferung ergeben, sind von höchstem Interesse. Die Bibel kann also nicht in neutraler Indifferenz (Gleichgültigkeit) verstanden werden. Bei der Begegnung mit dem biblischen Stoff *kommt es daher grundlegend auf die Vorentscheidung an, die sich in der unausweichlichen Frage konzentriert: Womit hat es eigentlich das biblische Zeugnis zu tun?* Gehört es in den Rahmen des allgemeinen religionsgeschichtlichen Überlieferungsmaterials, zur »Klasse philosophischer und religiöser Texte, für welche dieselben Regeln der Auslegung gelten wie für Dichtung und Kunst«[25])? Oder aber haben wir es mit einer geschichtlichen Urkunde zu tun, deren Inhalt jedoch von einer analogielosen »Offenbarung Gottes« Zeugnis gibt? In diesem Fall trägt die biblische Überlieferung die Qualität einer Größe »sui generis« (einzigartig, analogiesprengend, unvergleichbar). Dann freilich wird die Frage nach der Angemessenheit der hermeneutischen Methode in bezug auf den Wesensinhalt des biblischen Zeugnisses brennend.

Je nach der Beantwortung dieser Entscheidungsfrage ist eine Verstehbarkeit der Bibel möglich, oder der Zugang ist verbaut. Das hermeneutische Verfahren ist also selbst schon das Resultat dieser hintergründigen Vorentscheidung.

Wenn anerkannt wird, daß das biblische Zeugnis von einem Ge-

---

25 R. Bultmann, *Das Problem der Hermeneutik*, 1950; *Glauben und Verstehen* II, 1952.

schehen, nämlich der Offenbarung Gottes, redet, das nicht in der Immanenz aufgeht, sondern diese »transzendiert« (überhöht) und durchbricht, dann ist das Offenbarungszeugnis selbst richtunggebend für Art und Weise sowie für die Zielsetzung der Schriftdeutung.

b) Fehldeutungen der Auslegung

Kennzeichnend für die Unzahl der Irrwege in der Schriftauslegung sind die Leitlinien, die aus dem Immanenzhorizont gewonnen werden. Ausschlaggebend ist von vornherein die Absolutsetzung der anthropologischen Perspektive, die das Selbstverständnis des Menschen, den gegenwärtigen, durch den Zeitgeist geprägten Verstehenshorizont zum Maßstab der Deutung erhebt. Infolgedessen werden die biblischen Aussagen nach dem befragt, was sie für die Sinnbestimmung des Menschseins beitragen können, die sich in den humanitären Begriffen wie Glaube, Liebe, Freiheit, Gerechtigkeit, Friede, Hoffnung ausdrücken läßt. Diese Begriffe werden dann von ihrem offenbarungs- und heilsgeschichtlichen Ermöglichungsgrund losgelöst und erhalten den Rang von selbständigen, autonomen Deutungsprinzipien, über die der Mensch jederzeit eigenmächtig verfügt.

Die Grundfrage, die an die Bibel herangetragen wird, heißt dann nicht: »Wie lautet die Botschaft, das Evangelium?«, sondern: »Wie kann ich das biblische Wort meinen (ideologischen) Vorstellungen einordnen und für mein Daseinsverständnis gebrauchen?« *So macht sich die anthropologische Auslegungsmethode zur Herrin über die biblischen Texte.*

Folgerichtig ergibt sich hieraus das »eklektische« Verfahren, die Auswahlmethode. Für diese anthropologische Schriftauslegung muß vieles im biblischen Zeugnis unbeachtet liegen bleiben. So erwecken dann etwa die »Heilstatsachen« wie Jesu Geburt, Wunderereignisse, Kreuz, Auferstehung, Wiederkunft kein Interesse mehr. Sie werden vielmehr als Fremdkörper für das rein menschlich-diesseitige Denkschema störend empfunden. Da alle biblischen Aussagen durch den humanitären, immanenzphilosophischen Filter gepreßt werden müssen, kommt es nicht nur zu einer Reduktion, sondern zugleich zu einer Perversion des biblischen Inhalts, zu einer Substanzzerstörung. Das Bemühen, von menschlichen Grundsätzen aus sich der Schrift zu bemächtigen, blockiert ein der »Sache« gemäßes Verstehen und muß an dem Offenbarungscharakter des biblischen Dokuments scheitern.

Typisch für diese Auslegungsmethoden ist ferner die Ausklammerung der Dimension Gottes als einer metahistorischen, aber doch zugleich geschichtsmächtigen Wirklichkeit. Die vom Zeitgeist proklamierte Behauptung der *»einen«* Wirklichkeit der raum-zeitlichen Diesseitigkeit verschließt den Zugang zum biblischen Zeugnis von den Dimensionen des offenbaren Gottes. Die banale Etikettierung alles Außergewöhnlichen mit »Legende« oder »Mythus« wird zu einer Flucht vor der Wahrheit.

Der Pluralismus der Deutungsmöglichkeiten der biblischen Überlieferung vom absolut gesetzten menschlichen Standort aus entspricht dem Pluralismus der heute wirksamen Ideologien. In seinem Gefolge ereignet sich notwendigerweise die Auflösung der biblischen Offenbarungseinheit. Das Schriftzeugnis wird zu einer willkürlichen Sammlung zeitgeschichtlicher, ideologischer Vorstellungen und Werte, von religiös-ethischen-subjektiven Überzeugungen, von persönlichen Erfahrungen und von einander widersprechenden theologischen Lehrmeinungen. Dieser Zerstörungsprozeß muß dann eintreten, wenn die alle biblischen Aussagen zusammenfassende Einheitsklammer der Offenbarung Gottes in der Schriftauslegung nicht ernstgenommen oder geleugnet wird.

2. Der Schlüssel zum Schriftverständnis

Im Gegensatz zu dem wesenhaften Mißverständnis der biblischen Urkunde, das infolge unangemessener Methoden der Auslegung in die Irre führt, ist eine neue Bemühung um ein sachgemäßes Verstehen gefordert. Die Einzigartigkeit des biblischen Offenbarungsgehaltes zielt ab auf eine Interpretation, die sich aus dieser Arteigenheit und Besonderheit ergibt. Die neu gestellte Aufgabe einer »biblischen Hermeneutik« besagt: *Der Offenbarungsinhalt muß die Erkenntnismethode bestimmen.* Außerbiblisch-ideologische Kriterien sind nicht befähigt und bevollmächtigt, eine Verstehensmöglichkeit zu bieten und über die biblischen Aussagen als Zeugnisse von Gottes Offenbarung zu entscheiden. Damit stehen wir vor der Entscheidung zwischen dem anthropologisch-ideologischen Denkansatz und dem offenbarungsbedingten Denkaspekt mit dem biblischen Deutungsschlüssel.

a) Das biblische Selbstverständnis

Die bisherige Untersuchung hat deutlich werden lassen, daß es außerhalb der Offenbarungserkenntnis, und das will sagen: ohne das Rechnen mit einer Offenbarungswirklichkeit, keine neutrale Instanz geben kann, die über den biblischen Sachverhalt verfügen könnte. Der Ausgangspunkt für eine sachentsprechende Verstehensmöglichkeit ruht daher in dem Selbstverständnis des biblischen Zeugnisses. Dieser Standort ist nur dann zu gewinnen, wenn eine Drehung, *eine Umkehrung der Deutungsmethode,* vorgenommen wird. Es ist also eine prinzipielle »metanoia«, eine Kehrtwendung zu vollziehen, welche die anthropologische Deutungsmitte aus den Angeln hebt. Unerläßlich ist die Wendung von dem anthropologisch-ideologischen Denkansatz weg und hin zur Anerkennung der Dimension des Offenbarungsgeschehens. So tritt konkret an die Stelle des historisch-kritischen »Urteilens« und eines von Fremdvoraussetzungen gelenkten »Befragens« der Texte die Funktion des »Hörens« und eines aus der Sache selbst erwachsenden neuen »Sehaktes« (A. Schlatter). Wir haben es hier mit nichts Geringerem zu tun als mit der *Forderung nach einer »intellektuellen metanoia«, einer »Bekehrung der Ratio«.* So anstößig auch immer diese Aussage sein mag, so kommt doch alles darauf an, mit der biblischen Selbsterkenntnis ernstzumachen.

Es ist eine seltsame Beobachtung, daß bei der bisherigen allgemein üblichen Beantwortung der hermeneutischen Frage die Wirksamkeit des Heiligen Geistes überhaupt keine Rolle zu spielen scheint. Man muß sich jedoch darüber klar sein, daß die Ratio niemals in selbständiger Neutralität funktioniert, sondern immer durch eine dahinter stehende Autorität gesteuert wird, durch irgendwelche ideologische Potenzen, Mächte, welche die entscheidende Kursrichtung für den Erkenntnisvollzug bewirken. An dieser Stelle muß *die zentrale Bedeutung des Heiligen Geistes für die Erkenntnis der Dimension Gottes,* für das Verständnis des Offenbarungsinhaltes Gottes klar artikuliert werden. Diese hermeneutische Behauptung besagt im Widerstreit zur Vorherrschaft der Ideologien, daß ohne Mitwirken des Heiligen Geistes das Verständnis der Schriftaussagen verschlossen bleibt. Nach der Selbstaussage des biblischen Zeugnisses ist »der Verstand« des Menschen »verfinstert«, befindet sich der Mensch im Zustand der »Unwissenheit« und »Blindheit« (Eph. 4, 18), vermag die »Weisheit der Welt«, nämlich ideologisierte Ratio, das »Mysterium« der »Weisheit Gottes« nicht zu erkennen«. »Der psychische Mensch vernimmt nichts vom Geiste Gottes«, die Wirklichkeit Gottes ist ihm »eine Torheit« (1. Kor. 2, 6—15), Gottes Geist muß demgegenüber »in alle Wahrheit leiten« (Joh. 16, 13; 14, 6).

Auf Grund solcher »metanoia« wird die Interpretation der Schrift durch das Immanenzdenken ohne Gottes Geist abgelöst durch ein *»pneumatisches«* Schriftverständnis, das aus der Wesenssubstanz des Offenbarungszeugnisses selbst sich ergibt. »Pneumatologisch« (gelehrt durch das »Pneuma«, den Geist Gottes) bedeutet das Geöffnetwerden und Geöffnetsein für die neue Wirklichkeit der Offenbarungsdimension Gottes.

b) Die Schriftmitte

In dieser hermeneutischen Umkehrung des Denkens wird eine neue theologische Grundsatzerkenntnis gewonnen: Die Setzung der Schriftmitte als Deutungsschlüssel für die Ganzheit des biblischen Zeugnisses ereignet sich durch das Schriftzeugnis selbst. In der Blickrichtung dieser neuen pneumatischen Voraussetzung ist ein Herantragen eines Deutungsprinzips von außen unsachgemäß und sinnwidrig. Der jetzt vorliegende hermeneutische sog. »Cirkelschluß« ist unvermeidbar und gehört zur Sache des pneumatologischen Verstehens. Das bedeutet: *Aus dem Schriftzeugnis heraus ist die Schrift selbst zu befragen, um was es ihr geht.* Der methodische Weg führt unmittelbar in die Schrift hinein, innerhalb der Schrift zu der von der Schrift selbst aufgezeigten Mitte und von dieser Mitte aus zum Gesamtverständnis der Schrift.

Wir stehen damit vor dem Tatbestand eines *»pneumatologischen Erkenntnisringes«*. Dieser Begriff will folgendes andeuten: Das Schriftzeugnis vollzieht sich in einer Selbstinterpretation, für die eine Reihe von Erkenntnisgliedern maßgebend sind und sich zu einer Erkenntniseinheit zusammenfügen. Diese unablösbaren und unverzichtbaren Glieder des Erkenntnisringes heißen: Zeugnis-Pneuma-Glaube-Gemeinde. In dem Schriftzusammenhang ist das eine Kettenglied nicht ohne das andere gegeben und jedes einzelne verweist auf das andere. Durch den Heiligen Geist läßt demnach das Zeugnis Glauben und Gemeinde entstehen, und nur diese Größen wiederum sind kraft des Pneumas befähigt, das Zeugnis zu verstehen. *Ein Verstehen der*

Schrift als Offenbarungszeugnis ist daher nur innerhalb dieses Ringes der biblischen Selbstdeutung möglich. Der Schriftausleger muß demnach seinen Standort innerhalb dieses biblisch vorgegebenen Erkenntniszusammenhangs einnehmen im Einklang mit dem reformatorischen Schriftverständnis: »Sacra scriptura sui ipsius interpres« (die Heilige Schrift legt sich selbst aus).

Dieser pneumatische Erkenntnisring liegt und bewegt sich um die im Selbstverständnis der Schrift enthüllte und gesetzte Christusmitte. Zur näheren Umschreibung dieser Schriftmitte genügt heute nicht der Satz Luthers, der als Deutungsschlüssel für das Schriftverständnis »das, was Christus treibt«, herausstellte. Die Mißdeutbarkeit dieser Formel, die ja auch von dem theologischen Modernismus in Anspruch genommen werden kann, nötigt zu einer präzisen Kennzeichnung dieser Schriftmitte als Zeugnis von der Einheit des incarnatus (menschgewordenen), des crucifixus (des Gekreuzigten) und des resurrectus (auferstandenen) Christus. *Diese Charakterisierung der »Schriftmitte« als die »Christusmitte« markiert also das »fundamentum Christianum« (1. Kor. 3, 11) als Schlüssel zur Schrifterkenntnis.* Zugleich aber wird damit sichtbar, daß auch das Schriftzeugnis teilhat an dem Christusschicksal der »Knechtsgestalt«, »des Skandalon« (Ärgernisses) und der »Torheit« des Offenbarungszeugnisses in den Augen der Welt.

c) Die Entfaltung der hermeneutischen Schlüsselposition

Im Vollzug des durch die Setzung der Schriftmitte ermöglichten neuen Verstehensprozesses innerhalb des pneumatologischen Erkenntnisringes ergeben sich bedeutsame Einsichten. Die theologische Gültigkeit dieses hermeneutischen Schlüssels kann rational nicht nachgewiesen, aber seine Bewährung kann aufgezeigt werden. Die Bestätigung dieser Schlüsselposition erweist sich in der Möglichkeit, eine umfassende Schriftauslegung durchzuführen, ohne zu sachfremden Manipulationen und Umdeutungen der Texte greifen zu müssen, um sie für den Menschen »brauchbar« und »verstehbar« zu machen. In der Perspektive dieser neuen Schriftmitte kommt es zur vertieften Erkenntnis der heilsgeschichtlichen Linien des gesamten Schriftzeugnisses des Neuen und Alten Testaments. Von diesem Mittelpunkt des Verstehens aus wird das Neue Testament zum Kommentar (Erläuterung, Erklärung) des fundamentalen Heilsgeschehens auf Golgatha und an Ostern. In gleicher Weise wird in diesen Deutungsaspekt das Ereignis der Inkarnation (Menschwerdung) des Logos (des ewigen Wortes) Gottes gerückt. Hieraus folgt die biblisch-hermeneutische Aufgabe, in der Blickrichtung der »Christusmitte« die Schriftüberlieferung als Urkunde der Offenbarung Gottes zu erkennen, zu deuten und zu verstehen. Überaus aufschlußreich ist es, daß sich gerade der auferstandene Herr als der eigentliche Ausleger der alttestamentlichen Schriften wirksam zeigt: »Und er legte ihnen alle Schriften aus, die von ihm gesagt waren« (Luk. 24, 27.32). »Da öffnete er ihnen das Verständnis, daß sie die Schrift verstanden« (V. 45).

Diese Schriftmitte trägt nicht nur einen Ereignischarakter, sondern zugleich einen spezifischen *Personalcharakter*. Mit dieser Feststellung wird etwas überaus Wesentliches zum Ausdruck gebracht. Wenn es so steht, dann meldet sich *das biblische Offenbarungszeugnis als »Subjekt«* zum Wort, das sich in dem elementaren Selbstzeugnis zusammenfaßt: »So spricht der Herr.« Deshalb ist dieses Schriftzeugnis »Gottes Wort«. Damit bringt diese Schriftmitte, sofern eben dieser Christusgeist in ihr wirksam ist, sich selbst zu Gehör. Infolgedessen wird das Schriftzeugnis aus der peinlichen und unwürdigen Lage befreit, zu einem bloßen Objekt willkürlicher anthropologischer Befragung degradiert zu werden. Das Offenbarungszeugnis der Bibel stellt jetzt umgekehrt an den Exegeten (Ausleger) die eigentlichen Fragen, stellt den Menschen an sich in Frage. Durch diese Umkehrung der Situation, daß auf einmal aus dem Objekt ein in Anspruch nehmendes Subjekt wird, werden die anthropologischen Maßstäbe ihres Geltungsanspruches beraubt. Die Begegnung mit der Urkunde der Offenbarung läßt deutlich werden: gerade das, was der Mensch nicht hören will und wofür er angeblich kein Interesse besitzt, kann das Wesentliche und Entscheidende sein.

Für diesen Personalcharakter der Schriftmitte erscheint die Selbstbezeugung Jesu »Ich bin der Weg und die Wahrheit und das Leben« (Joh. 14, 6) überaus typisch und richtunggebend. In aller Eindeutigkeit wird das Schwergewicht darauf gelegt: »Wahrheit« ist nicht eine philosophische Idee, nicht eine ideologische Überzeugung, in der es darum ginge, allgemeine »Wahrheiten« der Menschheit zu verkündigen, sondern *die* Wahrheit ist in der Person Jesu geschichtlich verwirklicht worden, in der Wirklichkeit des Incarnatus, Crucifixus, Resurrectus inkorporiert (verkörpert). An dieser personalen Wahrheit hängt der durch das biblische Zeugnis begründete Glaube.

Im Zusammenhang mit diesem Wahrheitsverständnis ergibt sich als ein unaufgebbarer Wesenszug des biblischen Offenbarungszeugnisses die Feststellung einer *Einheit von Wahrheit und Wirklichkeit*, von Geschehnis und Deutung, von »Heilsereignissen« und Glaube. Die »Schriftmitte« selbst repräsentiert ja diese Einheit. Es ist daher für das Schriftverständnis ganz und gar nicht gleichgültig, ob das Bezeugte wirklich geschehen ist oder nicht, so daß man sich mit »Bedeutsamkeiten«, mit »Wahrheitsideen« begnügen könnte. Die biblische Nachricht von den Fundamenten des Glaubens, von geschehener Offenbarung, hat zum Inhalt beides zugleich in unauflösbarer Einheit: »Wahrheit und Wirklichkeit.« Ist nach Mk. 2, 5—12 der Gichtbrüchige nicht geheilt worden, handelt es sich nur um eine bildhafte, symbolische Einkleidung der Wahrheitsidee der »Vergebung«, dann ist auch dem Jesuswort: »Deine Sünden sind Dir vergeben« der Boden entzogen und die Vollmacht Jesu zerstört.

Von dieser Einsicht her muß auch einem heute weithin üblich gewordenen theologischen Mißverständnis widerstanden werden. In Verwerfung der Einheit von Wahrheit und Wirklichkeit glaubt man, trotzdem an dem reformatorischen Schriftprinzip der Justificatio, der Rechtfertigung des Sünders, festhalten zu können. Dabei ereignet sich aber das Unheil, daß aus dem Heilsgeschehen der Rechtfertigung ein »Rechtfertigungsprinzip«, eine »Rechtfertigungsidee« gemacht wird. So entsteht ein autonomer, letztlich ideologischer Grundsatz, dem auch, abgesehen von der Christusmitte, eine allgemeine Gültigkeit zugeschrieben wird. Dieser verhängnisvolle Verzicht auf die Wirklichkeit unter Festhalten an dem Wahrheitsgedanken steht in scharfem Kontrast zur Schriftdeutung Luthers ebenso wie zum Schriftzeugnis selbst. »Rechtfertigung des Sünders« ist ja nur auf der Grundlage des Christusgeschehens, propter Christum, um Christus willen, möglich. »Und werden ohne Verdienst gerecht aus seiner Gnade durch die Erlösung, so durch Christus Jesus geschehen ist« (Rö. 3, 24); ebenso das Fundamentalzeugnis: »so wir glauben an den, der unseren Herrn Jesus auferweckt hat von den Toten, welcher ist . . . um unserer Gerechtigkeit willen auferweckt« (Rö. 4, 25).

In Konsequenz der »Schriftmitte« erschließt sich das Verständnis für die *Einheit der Schrift*. Gerade weil die personale »Christusmitte« als Schlüssel zur Schrift keinen »Kanon im Kanon« darstellt, sondern die Qualität einer perspektivischen Mitte besitzt, wird die Einheit der Bibel als eine lebendige, dynamische Offenbarungseinheit sichtbar. Die Einheit des biblischen Zeugnisses besagt nicht Vereinerleiung aller Aussagen, nicht eine gleichwertige und gleichrangige Koordination aller Schriftstücke im Sinn eines mechanistisch-atomistischen Schriftverständnisses, auch nicht eine sachfremde Nivellierung oder eine geschichtslose Harmonisierung. Es geht vielmehr, von der Mitte her gesehen, um eine Einheit im Unterschied. Die Vielheit und Differenziertheit und mannigfaltige Akzentuierung der biblischen Aussageweisen sind bekannt, aber alles kreist — direkt oder indirekt — um das Christuszentrum, alles ist offen oder geheim auf diese Christusmitte ausgerichtet und auf die Christusvollendung abzielend.

So kann auch in dieser Christusperspektive ein unbekanntes und nebensächlich erscheinendes Schriftwort in einer bestimmten Lebenssituation eine unerhörte Leuchtkraft gewinnen. Immer aber haben wir es bei dem Reichtum und der Mannigfaltigkeit der Schriftzeugnisse zutiefst mit der Einheit im pneumatischen Bekenntnis zu dem in »Jesus Christus Kyrios«, in Jesus Christus, dem Herrn, offenbaren Gott zu tun.

3. Ein Modellfall pneumatologischer Schriftauslegung

Welche praktische Bedeutung dieser durch die Christusmitte der biblischen Überlieferung ermöglichten Schriftauslegung zukommt, soll an dem Wunderbericht über »die Stillung des Sturmes« (Mk. 4, 37—41; Mt. 8, 23—27; Lk. 8, 23—25) aufgezeigt werden. Gerade an diesem Modellfall wird der Gegensatz zwischen der Deutung, die vom Immanenzdenken aus vorgenommen wird, und dem umfassenden Verständnis aus pneumatischer Sicht eindrucksvoll deutlich.

a) Das »Wunder« Jesu in ideologischer Interpretation

Der theologische Modernismus aller Richtungen ist sich entsprechend dem von ihm als allein gültig anerkannten Immanenzstandpunkt darin einig, daß es sich bei dieser Wundererzählung — es geht ja um ein massives »Naturwunder« — nicht um eine reale Begebenheit, sondern lediglich um ein von der Gemeinde erfundenes Predigtbeispiel handeln kann. Wir haben es demnach nicht mit einem Tatsachenbericht, sondern mit einer »Verkündigung« zu tun, die keine historische

Grundlage besitzt, also von der geschichtlichen Wirklichkeit losgelöst ist, so daß ihr Predigtinhalt in allgemeinen religiösen Wahrheiten, in ethischen-seelsorgerlichen Ermahnungen zu suchen ist. Zur Illustration dieser bedeutsamen Erkenntnisse der Verkündigung dient die Episode von »der Stillung des Sturmes«. Diese »legendäre Einkleidung« und »mythologische Übermalung«, so wird hier behauptet, darf keineswegs gering geachtet werden, denn in diesem »Bild« und »Gleichnis« sind richtige Wahrheitsmomente enthalten, die sich für eine christliche Predigt gut eignen.

Im einzelnen werden in dieser modernistischen Auslegung folgende Gesichtspunkte herausgearbeitet. Selbstverständlich hat sich auf dem See Genezareth überhaupt nichts zugetragen, die »Wundergeschichte« ist eine symbolische Darstellung von Glaubenswahrheiten. »Der See Genezareth« ist in diesem Sinne nicht ein geographischer, sondern ein »theologischer Ort« (nach einem theologischen Seminarprotokoll). Daher ist es sinnlos, nach der Geschichtlichkeit des Wunders zu fragen, anstatt über den theologischen Sinn dieser Wunderlegende nachzudenken. So ist das »Schiff« Sinnbild für die Gemeinde und der »Sturm« Symbol für die Bedrängnis der kleingläubig gewordenen Christenheit, die vergeblich auf die Rückkehr des Herrn wartete. Die Entstehung dieser Wundererzählung ist das Produkt einer Tendenz, die der Kirche Jesu in einer heiklen Situation Mut und Vertrauen einflößen will.

Diese sinnbildliche Deutung will also nicht eine wirkliche Begebenheit aus dem Leben des historischen Jesus berichten, sondern nur beispielhaft den Glauben der Gemeinde aktualisieren, der auch in auswegloser Lage Angst und Furcht überwinden kann.

Für diese Interpretation ist es kennzeichnend, daß sie streng »wissenschaftlich« und »historisch korrekt« verfahren will, dabei aber übersieht, daß ihr ganzes hermeneutisch-exegetisches Verfahren unter der Herrschaft einer vorausgegebenen Ideologie steht. Wir haben es demnach hier gar nicht mit einer historisch-wissenschaftlich begründeten Auslegung zu tun, sondern mit einem Niederschlag ideologischer Phantasien. Weder die Geschichtswissenschaft noch die Naturforschung denken daran, die Möglichkeit außergewöhnlicher Ereignisse im Raum des Geschichtlichen und des Naturzusammenhanges zu bestreiten. Das »Nein« zu dem hier vorliegenden Tatsachenbericht eines geschehenen Wunders Jesu ist nicht ein wissenschaftliches, sondern ein ideologisches Ergebnis. Dem entspricht, daß die modernistische Tendenzkritik sich als völlig unhaltbar herausstellt. »Die Tendenz einer Schrift ist allein kein Kriterium (Maßstab) für die Glaubwürdigkeit oder Unglaubwürdigkeit ihres Inhaltes«. Es muß »Tendenzberichten ... gerade um ihrer Tendenz selbst willen daran liegen, historisch Glaubwürdiges zu berichten. Denn mit einer rein erfundenen Tendenzerzählung hätten sie ihre Absicht, die Kleingläubigen aufzurichten, schwerlich erreichen können. Es mußte ihnen alles darauf ankommen, historisch unbezweifelbare Fakten ins Feld zu führen.« (Hugo Staudinger, a.a.O., S. 153. 152).

Gerade dieser Modellfall dokumentiert das totale Versagen der modernistischen Schriftauslegung, welche die Christusmitte dieses Wunderberichtes ebenso verfehlt wie die »Schriftmitte« und an der Dimension der Offenbarung Gottes radikal scheitert.

b) *Die Wundererkenntnis in pneumatologischer Sicht*

In der Offenbarungsperspektive treten in diesem Wunder Jesu geradezu brennpunktartig weittragende und entscheidende Grunderkenntnisse zutage.

Erstens liegt dem dreifachen Quellenbefund entsprechend nicht der geringste Anlaß vor, den historischen Tatbestand dieses Wundergeschehens in Abrede zu stellen. Die Flucht in Legende, Symbolik oder Mythen stellt für eine ernsthafte historische Forschung ein unerlaubtes Ausweichen vor ungewöhnlichen Begebenheiten dar, die in ihrer Einmaligkeit und Besonderheit gerade Gegenstand der Besinnung sein müßten. Nicht als ob der Historiker für die geschichtliche Wirklichkeit eines solchen Geschehens einen Beweis führen könnte, aber es ist ihm versagt, unter der Vorentscheidung seines Weltverständnisses eine ideologische Umfunktionierung der historischen Berichterstattung vorzunehmen. In Konsequenz der »Schriftmitte«, also des Christusaspektes, muß für eine pneumatische Auslegung die geschichtliche Realität des Wundergeschehens der Ausgangspunkt sein. Echte Wunder Gottes sind für alle Beteiligten erregende und erschütternde Erlebnisvorgänge. Symptomatisch für die Bezeugung eines derartigen Offenbarungseinbruches ist die wiederholte Feststellung: »Und sie fürchteten sich sehr« (Mk. 14, 41), »die Menschen aber verwunderten sich« (Mt. 8, 27), »sie fürchteten sich aber und verwunderten sich« (Lk. 8, 25).

Zweitens wird hier nicht ein sinnloses heidnisches Mirakel, eine groteske mythologische Schaustellung von zauberhaften Absonderlichkeiten geboten, sondern in einer klaren und nüchternen Schilderung einer außergewöhnlichen Rettung aus Seenot, ohne jede phantasievolle Ausmalung, wird hier ein Zeichen (Wundergeschehen) gesetzt, in dem sich das Wirken des Jesus von Nazareth in konzentrierter Zuspitzung enthüllt. In dieser Wundertat Jesu, die eben nicht zu einer allgemeinen Symbolik verflüchtigt werden darf, wird die außerordentliche Vollmacht (exusia) Jesu als des Gottessohnes transparent. Die hier zur Debatte stehende entscheidende hermeneutische Frage wird in diesem Bericht selbst gestellt: »Wer ist der, denn Wind und Meer sind ihm gehorsam?« (Mk. 4, 41). Im Aspekt der »Schriftmitte« kann darauf keine andere Antwort gegeben werden als die: Hier handelt der »Sohn«, in dem Gott selbst präsent ist, der »Kyrios designatus« (der von Gott zum Herrn Ausersehene), und damit der kommende »Pantokrator«, der Herr aller Welten, der sichtbaren und unsichtbaren Dimensionen. Diese Wunderkraft wirft also die christologische Frage auf: »Was ist es um Jesus von Nazareth?«. Alle anthropologischen Interpretationsversuche des Modernismus dagegen verdunkeln den eigentlichen Sachverhalt, um den es hier geht, restlos.

Drittens muß dieses Geschehen als »Naturwunder« ernstgenommen werden. Die Angst der modernistischen Theologie vor einem tatsächlichen Eingreifen Gottes in den Naturzusammenhang zeigt, wie sehr dieses Denken in einem bibelfernen Spiritualismus, der zwischen Wort und Geist Gottes einerseits und der physischen Welt andererseits eine unübersteigbare Kluft aufreißt, steckengeblieben ist.

»Die Stillung der Sturmes« macht im Gegensatz dazu deutlich, daß hier die platonisch-philosophische Distanzierung von Geist und Materie, von Seele und Leib, von Gott und Natur überwunden ist. In der Offenbarungsperspektive erschließt sich vielmehr die Erkenntnis, daß in diesem Wundergeschehen die Dynamis (Mächtigkeit) des Schöpfers in dem Sohn sich als gegenwärtige Wirklichkeit darstellt. Es kann daher nicht mehr von einer »Natur an sich« als einer Größe, der eine eigenständige Autonomie zukäme, gesprochen werden. Hier ist, von der Gottbezogenheit alles Naturgeschehens, über dessen Energiefülle die Allmacht des Schöpfers jederzeit verfügt, die Rede. Gerade in diesem Wunderereignis wird die Naturmächtigkeit des Schöpfergeistes Gottes in Jesus Christus eindrucksvoll offenbar. Jesus tritt als souveräner Herr den Naturgewalten als seinen Untergebenen gegenüber. »Und er stand auf und bedrohte den Wind und sprach zu dem

Meer: ›Schweig und verstumme‹« (Mk. 4, 39). Das Befehlswort Jesu ruft die zerstörenden Energien des Kosmos zur Ordnung. Das ist die majestätische Bestätigung seines göttlichen Herrentums. Es steht analog zum Schöpferwort am Anfang der Weltwirklichkeit: »Es werde!« (1. Mos. 1,3). So ist dieses Wundergeschehen als Christuszeichen zugleich als ein eschatologisches Vorzeichen für die kommende Befriedung der jetzigen friedlosen Welt zu verstehen. Die lapidare Feststellung: »und der Wind legte sich, und es ward eine große Stille« (Mk. 4, 39) ist wie eine partielle Vorwegnahme der Christusverheißung »Siehe, ich mache alles neu« (Offb. 21, 5).

Viertens ergibt sich aus diesem Wunderbericht eine Interpretation des Glaubens. Glaube meint nicht eine menschlich mögliche furchtlose Haltung, nicht eine heroische Bezwingung der angsterfüllten Seele und der aufgewühlten Nerven. Daß dieses Verhalten bei den Jüngern fehlt, dafür werden sie von Jesus nicht getadelt. Der Vorwurf Jesu: »Wie seid Ihr so furchtsam? Wie, daß ihr keinen Glauben habt?« (V. 40) weist in eine andere Richtung. Glaube gibt es nur in Verbindung zu Jesus. Dieser Jesus aber war auf dem Schiff bei ihnen. Der Kleinglaube der Jünger bestand darin, daß sie trotz seiner Gegenwart in Verzweiflung gerieten und den Gewalten des Sturmes ein Herrenrecht einräumten. Ihr Glaube war zwar nicht ganz erloschen, darum »weckten sie den Meister auf« (V. 38), aber ihr Vertrauen war klein geworden. Glaube heißt demnach, das unbedingte, uneingeschränkte Vertrauen zu dem stets anwesenden Herrn aufrecht zu erhalten. Überwindung der begreiflichen menschlichen Angst und der Weltbedrohung ist keine anthropologische Möglichkeit, sondern beruht auf der lebendigen Personalbeziehung zu Jesus Christus.

Gewiß ist es erlaubt, in Anwendung der aus dem Wunderbericht gewonnenen Einsichten sinnbildlich von dem »Schiff« der Kirche auf ihrer »Sturmfahrt« durch die Zeiten zu reden, aber diese Ausweitung der Gedanken ist nur sinnvoll auf dem Grund der geschichtlichen Wirklichkeit dieses Wundergeschehens.

An diesem Modellfall wird ersichtlich, wie sinnwidrig es ist, ohne oder gegen die Offenbarungskomponente das Schriftzeugnis verstehen zu wollen.

Literaturhinweise

Herbert Braun, *Die Problematik einer Theologie des Neuen Testamentes*, in Z. Th. K., Beiheft 1961; F. F. Bruce, *Zwei Testamente – eine Offenbarung*, 1972; Hellmuth Frey, *Die Krise der Theologie*, 1971; Walter Künneth, *Jesus und das Neue Testament*, 1967; E. Lubahn, *Das Wort sie sollen lassen stahn*, 1966; G. Stählin, *Wie redet die Bibel von Gott?*, 1967; Hugo Staudinger, *Die historische Glaubwürdigkeit der Evangelien*, 1971[2].

3. Abschnitt: Die Schwerpunkte der Christuswirklichkeit

Der auf seine Fundamente sich besinnende Glaube bezeugt die Christuswirklichkeit als die zentrale Stelle, an der sich das Geheimnis der Offenbarung Gottes enthüllt hat. Worauf kommt es bei diesen christologischen Aussagen an, wo liegen ihre Schwerpunkte? Die Antwort darauf verweist auf die fundamentalen Heilsrealitäten, die Grundlage und Impuls der ersten christlichen Verkündigung in der Apostelzeit waren. Es handelt sich nicht um philosophische Wahrheitsideen, humanitäre Morallehren, nicht um religiöse Ideologien oder Mythologien, sondern um die Wirklichkeitsbezeugung des Christusgeschehens in radikaler Absolutheit. Drei Kernstücke sind es, die diese Christuswirklichkeit kennzeichnen: die Menschwerdung des Sohnes Gottes, der Opfertod des Gekreuzigten zur Welterlösung, sowie die Auferweckung des Jesus von Nazareth, die sein ewiges Herrentum deklariert. Diese drei Kardinalaussagen stellen eine innere Einheit dar, behaupten die Identität des geschichtlichen Jesus mit dem »Sohn Gottes«, mit dem gekreuzigten und begrabenen Christus, mit dem auferstandenen Herrn. Keiner dieser Schwerpunkte ist von dem anderen lösbar, sondern immer zugleich mit den beiden anderen verbunden und letztlich nur von der Auferstehung Jesu her verstehbar. So ist der Auferstandene kein anderer als der Gekreuzigte und zugleich der in Bethlehem geborene Gottessohn. Diese Christuswirklichkeit in dreifacher Gestalt ist das Zentrum des Evangeliums, Fundament des Glaubens.

I. Der »Sohn Gottes«

1. Was meint der Name »Sohn Gottes«?

a) Die Frage nach der christologischen Sprachgestalt

Der Begriff »Sohn Gottes« ist nach dem gesamten neutestamentlichen Zeugnis unlösbar mit der Christuswirklichkeit verbunden. Damit wird die Frage akut, wie dieser Name als ein zeitbedingtes Sprachphänomen in einer veränderten geistigen Situation angesichts eines Vorstellungswandels sachgemäß zu verstehen ist. Die theologische Forderung lautet heute, daß man sich um neue Denkmodelle, einen neuen Denkstil bemühen müsse, um den traditionellen Sachverhalt zur Sprache bringen zu können. Da jedoch die Christuswirklichkeit als ein Urdatum jeder theologischen Überlegung vorausgegeben ist, kommt einer adäquaten (sachentsprechenden) Sprachgestalt ausschlaggebende Bedeutung zu. Die christologische Denkverpflichtung muß sich daher um die Wiedergabe der unverzichtbaren Substanz bemühen und prüfen, ob die neuen Sprachmittel sich in Übereinstimmung mit dem biblischen Zeugnisinhalt befinden oder eine Abweichung oder gar eine Sachveränderung bedingen. So stellt etwa die Meinung der idealistischen Philosophie, »Sohn Gottes« müsse als »das Endliche selbst, wie es in der ewigen Anschauung Gottes« besteht, interpretiert werden[26]), ebenso eine Auflösung des biblischen Zeugnisses dar, wie die existentialtheologische Rede von dem »Sohn« als einer Chiffre für eine religiöse Bedeutsamkeit. Einer hemmungslosen Vertauschbarkeit neutestamentlicher Begriffe wird durch den einzigartigen Sachverhalt eine Grenze gesetzt, will man nicht das eigentliche Thema »Jesus, Gottes Sohn« verfehlen.

Die Antwort auf die Besinnung, wie es mit der rechtmäßigen Deutung des Sohnesnamens steht, kann nur im Horizont des Offenbarungsgeschehens erfolgen. *Der Begriff »Sohn Gottes« ist als eine Offenbarungsaussage qualifiziert,* die in ihrer Einmaligkeit und Unvergleichbarkeit nicht nivelliert werden darf. So bedeutet die urchristliche Behauptung »Jesus, Gottes Sohn« ein Axiom, eine Feststellung, hinter die nicht mehr zurückgefragt werden kann. Sie ist vielmehr Voraussetzung und Grundlage aller christologischen Reflexion. Infolgedessen kann es außerhalb der die Offenbarungsdimension bejahenden Glaubenshaltung keine Erkenntnis Jesu als Sohn Gottes geben. Die geschichtliche Wirklichkeit Jesu muß daher notwendigerweise unter dem Gesichtspunkt der *Zweidimensionalität* begriffen werden. Damit wird folgende Grunderkenntnis zur Aussage gebracht.

Im reinen Immanenzaspekt bloßer Geschichtlichkeit gibt es nur ein Verständnis Jesu als vere homo (wahrhaftiger Mensch). Von diesen Prämissen eines rationalen Wirklichkeitsverständnisses her kann die Bezeichnung »Sohn Gottes« nur als eine legendär-mythologische

---

[26] Schelling, *Vorlesungen über die Methode des akademischen Studiums,* 1803, Bd. 3, S. 316, Jubiläumsausgabe.

Überhöhung einer historischen Erscheinung gedeutet werden. Demgemäß besagen die nachösterlichen Hoheitstitel Jesu die nachträgliche Glorifizierung und Vergöttlichung eines hervorragenden Menschen durch die Gemeindefrömmigkeit. Der Titel »Sohn Gottes« wäre in diesem Fall als uneigentlich, nicht wesenhaft und damit letztlich als unangemessen für den wirklichen geschichtlichen Menschen Jesus zu verstehen. Ein sachlich verfälschender Traditionsprozeß hätte dann den »historischen Jesus« zu etwas gemacht, was er in Wirklichkeit nicht war. Der ganze Chor der modernistischen Theologen vertritt ihrem diesseitigen Denkansatz entsprechend mehr oder weniger diese These.

Im Gegensatz zur Absolutsetzung der Geschichtsdimension wird in der Perspektive der Offenbarung deutlich, daß der Titel »Sohn Gottes« gerade das zum Ausdruck bringt, was die Dimension der Offenbarung Gottes zum Inhalt hat. *Der geschichtliche Jesus von Nazareth ist ja gerade der Schnittpunkt zweier Dimensionen, der menschlichen und der geschichtstranszendent-göttlichen.* Wenn der offenbare Gott sich selbst in dieser Geschichtswelt in der Person des Jesus Christus zu Wort meldet, dann prägt sich in diesem Menschen zugleich die Offenbarungsdimension Gottes aus. Dann heißt sein Name »Sohn Gottes«, dann ist er nicht nur »wahrer Mensch«, sondern ebenso zugleich »vere Deus«, »wahrer Gott«. Der Hoheitstitel »Sohn Gottes« stellt also umgekehrt eine Antithese zu jeder Form mythologischer Deutungsversuche dar. Dieser Titel erweist sich als der Wirklichkeit der Offenbarung Gottes angemessen. Von diesem zweidimensionalen Schnittpunkt aus erweist sich die in der Theologiegeschichte immer wieder auftauchende Parole »zurück zu dem historischen Jesus« — im Unterschied zu dem Glauben an den Gottessohn — als eine grundsätzlich verfehlte Fragestellung. Keine dem biblischen Zeugnis gerecht werdende christologische Sprachgestalt kann die paradoxe Bekenntnisaussage der Alten Kirche »Jesus zugleich wahrer Mensch und wahrer Gott« ignorieren und in anderen Formulierungsversuchen überholen. Wo immer das geschieht, wird die neutestamentliche Christologie zerbrochen.

b) Die Wesenszüge der Gottessohnschaft

»Der Sohn als Zeiterfüllung.« »Da aber die Zeit erfüllt war, sandte Gott seinen Sohn« (Gal. 4, 4). Die Sendung des »Sohnes« in der

Geburt des Jesus von Nazareth charakterisiert das Offenbarungshandeln Gottes im Raum der Menschheitsgeschichte und eröffnet eine retrospektive (zurückschauende) Geschichtsdeutung. Damit wird ersichtlich, daß die Zeit nicht als ein Cyklus ewiger Wiederkehr in Analogie zum kosmischen Rhythmus des Werdens und Vergehens zu begreifen ist, sondern gleichsam längsgerichtet, »teleologisch«, einem Ziele zustrebend zu verstehen ist. Da Gott sich in dem »Sohn« als der in der Geschichte Handelnde zu erkennen gegeben hat, gibt es nicht mehr die Sinnlosigkeit eines unerfüllten Zeitablaufes, sondern die »Erfüllung« und »Vollendung« des Zeitablaufes. Die Epiphanie (das Erscheinen) des Sohnes bedeutet Zeiterfüllung und Zeitenwende.

Von diesem Blickpunkt aus erschließt sich die eigentliche und tiefste *Sinnerfüllung der alttestamentlichen Zeugnisse.* Der »Sohn« ist »das Ende und die Erfüllung der Thora« (»Christus ist des Gesetzes Ende«; Rö. 10, 4; 8, 3; Gal. 3, 13); der »Sohn« ist »mehr als der Tempel in Jerusalem (Mt. 12, 6), weil Gott in ihm die neue Stiftshütte, das Wohnzelt« (»und wohnte unter uns«, Joh. 1, 14) aufgerichtet hat; der Sohn ist die Umformung des messianischen politischen Königtums (Mt. 21, 5; 2, 2; 27, 11) und die Begründung des »neuen Bundes« (Jerem. 31, 31 f; Hes. 16, 60), der »Sohn« ist die Verwirklichung des leidenden »Gottesknechtes« (Jes. 53, 2—12).

In demselben Aspekt der Sendung des Sohnes ergibt sich auch ein Neuverständnis der religiösen Vorstellungswelt der Antike. Der »Sohn« manifestiert sich *zugleich* als *die Zeiterfüllung in bezug auf die mythischen Ideologien.* In Begegnung mit dem »Sohn« erfahren sie als anthropologische Phantasien und Spekulationen ihre kritische Auflösung, aber auch in ihren Heilsahnungen und Heilserwartungen ihre konkret-geschichtliche und damit entmythologisierende Beantwortung. So finden die religionsgeschichtlichen Fragen ihre Antwort in dem »Sohn«, der nicht aus der Mythenwelt stammt, sondern als der, »der von obenher«, »vom Himmel her kommt« (Joh. 3, 31), das letzte Offenbarungswort Gottes selbst darstellt. Da in dem »Sohn« die »erfüllte Zeit« angebrochen ist, sind die »Zeiten« (chronoi) der Mythologien und Ideologien prinzipiell vergangen und entmächtigt und »der Sohn« zu ihrer »Krisis« und Erfüllung geworden. »Gott hat die Zeit der Unwissenheit übersehen; nun aber gebietet er allen Menschen an allen Enden, Buße zu tun«, sich zu dem offenbaren Gott in dem Sohn zu bekehren (Apg. 17, 30.31).

»Der Sohn als Ort der Anwesenheit Gottes.« Die Behauptung der

Anwesenheit Gottes widerspricht der allgemeinen menschlichen Erfahrung und jeder anthropologischen Konstatierbarkeit, der Möglichkeit einer Überprüfung durch die Vernunft. Die Rätselhaftigkeit und Stummheit der Welt machen das Fehlen der Gegenwart Gottes deutlich. Das Zeugnis von der Anwesenheit Gottes in dem »Sohn« bedeutet daher einen Generalangriff gegenüber zwei extremen Ideologien des jeweiligen Zeitgeistes:

Zunächst gegenüber der idealistisch-pantheistischen Verallgemeinerung des Gottesgedankens, so daß das Göttliche überall und in allen Phänomenen der Weltwirklichkeit immanent vorfindbar und erlebbar erscheint. Diese Konzeption verwechselt das universale, aber verborgene Wirken Gottes mit seinem Offenbarwerden.

Sodann stellt die Botschaft von der Anwesenheit Gottes in dem »Sohn« die harte Antithese gegenüber all den Formulierungen einer »Gott ist tot-Theologie« oder einer »Theologie nach dem Tode Gottes« (s. Dorothee Sölle) dar, die die Rede von einer totalen »Abwesenheit« Gottes in der Welt zu einem verabsolutierten, bleibenden Grundsatz des Daseinsverständnisses erhebt.

Im Gegensatz zu derartigen Fehldeutungen behauptet die Proklamation der Gottessohnschaft Jesu folgendes: *Der »Sohn« ist die einzige Stelle* in der gesamten Daseinswirklichkeit, an der Gott selbst sich der Welt zugewendet hat, *in der Gott selbst in der Welt geschichtlich existent geworden ist.* An keinem anderen Ort als in dem »Sohn« ist Gott wirklich zu finden. »Niemand kommt zum Vater denn durch mich« (Joh. 14, 6). Dieser »Sohnes-Ort« der Anwesenheit Gottes ist ein geschichtlich-konkretes Ereignis, in dem der Allmächtige seine Gegenwart verwirklicht. So wird in dem »Sohn« aus dem fernen, unbekannten, verborgenen Gott, aus dem sphinxhaften Schicksal, der nahe, anwesende, präsente Gott, denn »Ich und der Vater sind eins« (Joh. 10, 30).

Wenn sich Gottes Wirklichkeit in der geschichtlichen Existenz des Sohnes enthüllt, dann ist dieser »Sohn« in der Dimension der Menschheitsgeschichte schlechthin ein Novum, etwas noch nie Dagewesenes, Neues. Er steht nicht an der Spitze der Menschheitspyramide, ist nicht mit den »maßgebenden Persönlichkeiten« der Geistesgeschichte, etwa mit Buddha, Sokrates, Mohammed zu vergleichen (K. Jaspers), ihm gebührt nicht, wie die Anthroposophie (R. Steiner) meint, ein Ehrenplatz im Tempel der großen Geister, sondern *der »Sohn« steht unvergleichbar auf der Seite Gottes.* Von keinem religiösen Genie oder auch nicht von der größten prophetischen Gestalt kann das Bekenntnis lauten: »Du bist Christus, des lebendigen Gottes Sohn« (Mt. 16, 16; Joh. 6, 69). Die »Gottessöhne«, von denen die antiken Mythologien sprechen, waren Personifikationen menschlicher Ideen, waren »Halbgötter«, die in Rivalitätskämpfen miteinander in einer geschichtslosen Phantasiewelt ihr Wesen trieben; sie sind das Gegenteil der personalen Geschichtswirklichkeit des »Sohnes«. Er ist das biblisch-geschichtlich gewordene »Wort Gottes«, der ewige »Logos« Gottes selbst, von dem allein es heißt: »Wir sahen seine Herrlichkeit ... als des eingeborenen Sohnes vom Vater« (Joh. 1, 14).

Der Sohn als die Heilspräsenz Gottes. In Jesus Christus als dem »Sohn« ist das ganze Heil Gottes in personaler Realität gegenwärtig, er ist »voller Gnade und Wahrheit« (Joh. 1, 14). In dieser Aussage wird deutlich, daß *die »Soteriologie«, Lehre vom Heil, die andere Seite der Christologie selbst ist,* so daß wohl eine Unterscheidung, aber keine Trennung möglich ist. Der Name »Sohn Gottes« kennzeichnet die gegenwärtige Heilswirklichkeit Gottes zur Rettung der Welt, und zwar nicht in der Form einer allgemein religiösen Wahrheit, sondern in personaler Konkretheit. Die Ganzheit der Heilszuwendung Gottes an die Menschen, das barmherzige Vatertum Gottes, das allen gelten soll, ist in dem »Sohn« gegenwärtig und vollendet. Daher ist *der »Sohn« der einzige, dem allein anstelle Gottes die Vollmacht der »Sündenvergebung« gegeben ist.* Immer wieder wird in dem Handeln und im Wort des geschichtlichen Jesus die absolut gültige Heilspräsenz Gottes durchscheinend und wirksam. In der majestätischen Vollmacht des Gottessohnes erfolgt der Freispruch: »Deine Sünden sind dir vergeben.« Die Reaktion der Schriftgelehrten in ihrer Offenbarungsblindheit konnte nur sein: »Wie redet dieser solche Gotteslästerung? Wer kann Sünden vergeben denn allein Gott?« (Mk. 2, 5—7). Die Entscheidungsfrage »Gottes Sohn« oder nur ein Mensch wie andere auch, wird hier in aller Schärfe akut. Gerade in der Vollmacht der Sündenvergebung durchbricht der »Sohn« das Schema der heute so viel gerühmten mitmenschlichen Solidarität. Er tritt aus der Reihe der Sünder heraus und steht als der erlösende Herr, als der einzige Heilbringer (Heiland, Lk. 2, 11), allen Menschen gegenüber. Damit wird klar, daß die heutigen Formeln, mit denen man Jesus deuten zu können glaubt, wie »Vorbild«, »der Mensch für andere«, »der Rebell der Liebe«, nicht in der Lage sind, Wesen und Sendung Jesu zu charakterisieren. Sie scheitern an der Offenbarungsqualität der Sohnschaft

Jesu, an die das Heil Gottes ein für allemal gebunden ist. Die Heilspräsenz Gottes in dem »Sohn« ist das einzigartige Angebot Gottes für jeden Menschen, für jede Zeitstunde (Apg. 4, 12).

Der Sohn als der »Präexistente«. Dieser vierte Wesenszug der Gottessohnschaft Jesu stellt nachdrücklich eine Absicherung gegen die mannigfachen Konstruktionen eines »Phantasiechristus« dar, die nach subjektivem Geschmack und vorgegebener Ideologie seit langem ihre Jesusbilder entwerfen. Es ist überaus kennzeichnend, daß sämtliche Thesen des frühen theologischen Liberalismus bis hin zu der heutigen modernistischen Theologie den Präexistenzgedanken in der Christologie eliminieren, ausklammern, da er »über das Erfahrbare hinaus« gehe, und »nicht zu den unaufgebbaren Stücken der christlichen Erkenntnis« zu zählen sei[26a]). Trotzdem kann nicht geleugnet werden, daß sich diese Flucht vor der Präexistenzaussage im klaren Widerspruch zum neutestamentlichen Christuszeugnis befindet, das gerade die Unablösbarkeit der Sendung des Sohnes von einer Präexistenz eindeutig akzentuiert. So wird folgerichtig die Inkarnation, wenn es sich nicht mehr um die Fleischwerdung des ewigen Logos Gottes handelt, von Grund auf verfälscht und zu einer bloßen Idee der Humanität umgedeutet. Ebensowenig kann das Osterereignis als die Auferweckung eines beliebigen Menschen Jesus begriffen werden anstelle der zentralen Verkündigung, daß sich der Herrschaftsanspruch des präexistenten Gottessohnes in seiner Erhöhung (Phil. 2, 9f) erfüllt. Das Offenbarungszeugnis von der Präexistenz des Sohnes besitzt demgemäß keineswegs den Rang einer bloß beiläufigen Randbemerkung, auf die man jederzeit ohne Schädigung des christologischen Sachgehaltes verzichten könnte. Vielmehr hängt wesentlich und grundlegend das Verständnis der Gottessohnschaft Jesu von seiner Präexistenz ab.

Hieraus ergibt sich folgende Entfaltung der präexistenten Wirklichkeit des Sohnes. Darin prägt sich brennpunktartig die einzigartige Stellung, das unvergleichliche Verhältnis von Jesus zu Gott aus. Sie bedeutet die Antithese zu der banalen Behauptung der grundsätzlichen »Gleichläufigkeit mit allen Glaubenden als Gottes Söhnen« und stellt umgekehrt die transzendente vor-, außer- und überweltliche Zugehörigkeit des »Sohnes« zu Gott heraus, die in innerweltlichen, zeitlichen und anthropologischen Vorstellungs- und Denkformen nicht zu erfassen ist. Entsprechend dem biblischen Gottesbegriff muß auch in

[26a] E. Hirsch, *Jesus der Herr,* 1927, 85f.

bezug auf den »Sohn« eine ontologische Aussage vollzogen werden. Die in der Theologie so beliebte Anwendung der Kategorie des »Funktionalen«, nach der in der Gottessohnschaft Jesu nur die Funktion (Auswirkung) einer speziellen Erwählung und Bevollmächtigung eines Menschen durch Gott, aber keine Wesens- und Seinsbestimmung zum Ausdruck gebracht wird, reicht hier nicht aus. Die präexistente Sohnschaft schließt vielmehr die dogmengeschichtlich bekannte Lehre von der »Adoption« des Menschen Jesus durch Gott aus und betont seine wesenhafte, analogielose Gemeinschaft mit dem »Vater«, die göttliche Seinswirklichkeit des Sohnes jenseits der Zone erwählter prophetischer Menschen oder »Zeugen des Glaubens« (G. Ebeling). Das kardinale Zeugnis darf nicht verschwiegen werden: »Jesus Christus war in göttlicher Gestalt« (Phil. 2, 5.6), »ehe denn Abraham ward, bin ich« (Joh. 8, 58).

Diese vorkreatürliche und vorgeschichtliche *Wirklichkeit des präexistenten Sohnes besitzt eminente Auswirkungen für das biblische Schöpfungs- und Weltverständnis überhaupt.* Wiederum wird hier in aller Prägnanz deutlich, daß der »Sohn« eben nicht ein anthropologisches Geschichtsphänomen repräsentiert, sondern die wesenhafte Überlegenheit des Erstgeborenen vor allen Kreaturen (Kol. 1, 15), »ehe der Welt Grund gelegt war« (Eph. 1, 4; Hebr. 1, 2; Joh. 1, 3) gegenüber der kreatürlichen Weltwirklichkeit. Darum kann der »Sohn« als »Ebenbild des unsichtbaren Gottes« (Kol. 1, 15) die »Klarheit« und »Herrlichkeit« Gottes bezeugen, an der er teilhatte, »ehedem die Welt gegründet ward« (Joh. 17, 24.5).

Literaturhinweise

E. Brunner, *Der Mittler,* 1927; O. Cullmann, *Jesus und die Revolutionäre seiner Zeit,* 1970; H. Frey, *Die Frage nach dem Zeugnis von Jesus Christus heute,* 1966; R. Mayer, *Christuswirklichkeit, Grundlagen, Entwicklung und Konsequenzen der Theologie Dietrich Bonhoeffers,* 1969; O. Rodenberg, *Der Sohn,* 1963; R. Slenzka, *Geschichtlichkeit und Personsein Jesu Christi,* 1967.

2. Die »Jungfrauengeburt« — heute »erledigt«?

Keine ernsthafte theologische Besinnung auf die Gottessohnschaft Jesu darf es sich leisten, an der Frage nach der Glaubwürdigkeit und der Gültigkeit des neutestamentlichen Zeugnisses über die Jungfrauengeburt vorbeizugehen. Diese notwendige Überlegung trifft heute auf zwei auffallende Tatbestände. *Einmal* kann nicht übersehen werden, daß die Bekenntnisse aller christlichen Konfessionen in dem »natus ex virgine«, »geboren aus Maria der Jungfrau« übereinstimmen, daß diese Aussagen auch von der Reformation uneingeschränkt bejaht wurden und daß gerade dieses Bekenntnis als ein Einheitsband ein ökumenisches Faktum ersten Ranges darstellt. *Sodann* ist heute die mehr oder weniger radikale theologische Infragestellung gerade dieses Bekenntnissatzes nicht zu verschweigen. Diese theologische Bestreitung ist keineswegs neu, sondern ist als eine Folgeerscheinung des historischen Kritizismus für die modernistische Theologie aller Schattierungen zur Selbstverständlichkeit geworden, so daß auch nicht wenige biblisch orientierte Theologen dieser Ansteckung erlegen sind. Die theologische Diskussion erweckt den peinlichen Eindruck, daß es sich überhaupt nicht mehr lohnt, die Fragen um die Jungfrauengeburt zur Kenntnis zu nehmen.

Damit aber wird die Gemeinde, die im Glaubensbekenntnis, in den Kirchenliedern und am Weihnachtsfest ständig diesem Bekenntnis begegnet, von der Theologie in Stich gelassen und in begreifliche Unruhe versetzt. Die Frage wird unerhört brennend: Kann auch von dem heutigen Menschen mit gutem Gewissen dieses Zeugnis bekannt werden, oder muß man sich mit der Lieblingsparole des Modernismus abfinden, daß wir es hier »natürlich« mit einer poetischen Ausschmükkung, mit einer wundervollen Legende, mit dem Niederschlag mythischer Ideen zu tun haben? Ist die Rede von der Jungfrauengeburt wirklich heute erledigt?

In dieser Situation sind wir verpflichtet, der mit dieser Bekenntnisaussage aufbrechenden Problematik nüchtern und klar ins Auge zu sehen.

a) Die kritischen Einwände

Das rationale Argument. Für den »modernen« Menschen, dessen Leben und Wirken durch das rationale Aufklärungsdenken in seiner ganzen Tiefe und Breite geprägt ist, wehrt sich der Verstand gegen das Wunder der Jungfrauengeburt. Das hier berichtete Geschehen erscheint seltsam und der Naturgesetzlichkeit zu widersprechen. Es ist, wie R. Bultmann behauptet, contra naturam, gegen die Natur, und muß daher vom christlichen Glauben preisgegeben werden.

Dieser rationale Einwand ist jedoch in seinem Anspruch auf Modernität prinzipiell anfechtbar und muß vielmehr in seiner naturwissenschaftlichen Antiquiertheit durchschaut werden. Er stellt sich als ein Produkt der heute längst überholten Anschauungen des 19. Jahrhunderts heraus. Die heutige Naturerkenntnis, der wir ja schon eine spezielle Berücksichtigung geschenkt haben, weiß sehr wohl um die Möglichkeit unberechenbarer und außergewöhnlicher Vorgänge und des Aufbrechens neuer Energien. Das gilt auch für das Gebiet der Biogenetik, der Lehre von der Entstehung des Lebens, ohne daß deshalb von einer Durchbrechung des Naturgesetzes gesprochen werden müßte. Heute wird die Einwirkungsmöglichkeit geistiger Kräfte auf die Materie (ganz abgesehen von der parapsychologischen Forschung) auch naturwissenschaftlich anerkannt, so daß auch, rein biologisch geurteilt, eine rationale Bestreitung einer »Jungfrauengeburt« (Parthenogenesis) ausgeschlossen ist.

Überdies würde sich ein derartiger, auf Verstandeserwägungen sich gründender Einwand in gleicher Weise gegen sämtliche Wundererscheinungen der Offenbarung Gottes überhaupt richten. Daß die menschliche Ratio jedoch überhaupt keine legitime Instanz sein kann, gegen die Dimension der Offenbarung Einspruch zu erheben, wurde schon an anderer Stelle nachgewiesen.

Das religionsgeschichtliche Argument. Gewichtiger ist der Hinweis auf Parallelen, Analogien, Ähnlichkeiten im Raum der Religionsgeschichte, die einen Einfluß außerchristlicher Motive auf die biblische Überlieferung nicht als undenkbar erscheinen lassen. Wir finden in der Tat in der hellenistischen Antike Ideen, die die Geburt von »Göttersöhnen« durch eine Jungfrau aussagen. Sollte also der neutestamentliche Bericht unter dem Einfluß von Göttermythologien stehen, dann freilich wäre die Zuverlässigkeit der Geburtsgeschichte schwankend geworden.

Die kritische Überprüfung dieses Einwandes muß von dem geschichtswissenschaftlichen Grundsatz ausgehen, daß ein Vergleich angenommener Ähnlichkeiten nur dann sachgemäß ist, wenn zugleich auch die Unterschiede erkannt werden. Formale Entsprechung bedeutet ja noch keine inhaltliche Gleichheit. Danach muß folgendes bedacht werden: *Erstens* kennt das Neue Testament überhaupt keine »Göttersöhne«, »göttliche Heroen« oder »Halbgötter«, so daß schon dieser Vergleichspunkt unhaltbar geworden ist. *Zweitens* sprengen vielmehr die neutestamentlichen Berichte nach ihrer ganzen Struktur, ihrem Sprachstil und ihrer Geschichtsgebundenheit den mythologischen Horizont der Religionsgeschichte. Sie haben es mit konkreten historischen Menschen, mit der arteigenen israelitischen Geistes- und Gedankenwelt, mit einer bestimmten Geschichtssituation zu tun, die durch Orts- und Zeitangaben klar fixiert ist. *Drittens* stellt das Vorhandensein des Begriffes »Jungfrau« überhaupt kein Argument dar, da sich ja sämtliche biblische Begriffe überall in der religionsgeschichtlichen Umwelt finden. Der wissenschaftliche Vergleich verpflichtet, das Einzigartige und Einmalige dieser Erzählung herauszustellen und nicht allzu primitiv religionsgeschichtlich zu nivellieren. *Viertens* redet der biblische Text von dem Vorgang der »Empfängnis« völlig anders als die Mythologie. Diese handelt von der physisch-materiellen Vereinigung der Gottheit in der Gestalt eines Tieres (Stier, Schwan) oder auch eines Tempelpriesters mit der Jungfrau. Nach Lk. 1, 35 aber heißt es: »Der Heilige Geist wird über dich kommen, und die Kraft des Höchsten wird dich überschatten.« Hier geht es also um das Wirksamwerden des Geisteswortes, der Dynamis des allmächtigen Schöpfers, und nicht um eine biologische Vergegenständlichung. Damit wird jede Analogie zum Mythus als sinnwidrig erwiesen[27]).

Die textkritische Frage. Ihre Beantwortung darf nicht außer acht gelassen werden. Das Neue Testament bietet nur zwei Fundstellen: Mt. 1, 18 f und Lk. 1, 35, die den Bericht über die »Jungfrauengeburt« überliefern, der sich überdies in einem zeitlich größeren Abstand zu dem Geschehen befindet als die anderen Erzählungen. Auffallend erscheint das Schweigen sämtlicher apostolischer Briefe. Joh. 1, 14 redet zentral von der Inkarnation des Logos, aber nicht von einer Jungfrauengeburt. Auch Paulus erwähnt (Gal. 4, 4 »geboren von einem Weibe«) nicht ausdrücklich Maria. Weiß er von dieser Geschichte nichts, oder interessiert er sich nicht dafür, oder ist es für ihn selbstverständlich, daß mit dem Begriff »Weib« Maria gemeint ist und ihre besondere Nennung ihm unnötig erscheint? Sicher ist, daß es Paulus auf die Fundamentalbotschaft von der Menschwerdung des »Sohnes« ankam, den näheren Vorgang ohne Akzentuierung läßt, ohne daß seine Aussagen die »Jungfrauengeburt« ausschließen. Auf

---

[27] Siehe die Spezialuntersuchung von H. Staudinger, *»Bei Gott ist kein Ding unmöglich«*, Überlegungen zum Dogma von der Jungfrauengeburt, in Katholische Frauen-Bildung, 1973, H. 12, 641 ff, sowie *»Die historische Glaubwürdigkeit des Evangeliums«*, 1971², 37 f.

jeden Fall wird hier deutlich, daß die Inkarnation nicht ohne weiteres mit Jungfrauengeburt gleichgesetzt werden kann.

Alle diese Erwägungen führen jedoch zu der theologischen Feststellung, daß unter der Voraussetzung, daß das biblische Zeugnis Offenbarungsqualität besitzt, auch eine relativ spärliche Berichterstattung kein Anlaß ist, das Zeugnis von der Jungfrauengeburt unbeachtet zur Seite zu schieben. Die Wahrheit der Offenbarung Gottes beruht nicht auf einer Quantitätsfrage, bei der die Menge der Textstellen entscheidend ist. Auch eine zeitlich spätere Tradition ist historisch gesehen noch kein Beweis für die Fragwürdigkeit dieser Aussagen. Lukas hat bei seiner Quellenforschung (Lk. 1, 1—4) auf jeden Fall die Geburtsgeschichte für keineswegs nebensächlich, sondern für bedeutungsvoll gehalten. So ergibt auch die textkritische Lage keine Berechtigung, diese Berichte auszuklammern, will man nicht überhaupt die Evangeliumsüberlieferung in Zweifel ziehen.

Die dogmatische Überlegung. Man glaubte auch im Kreis positiv eingestellter Theologen, im Neuen Testament zwei nebeneinander laufende christologische Denklinien feststellen zu können, mit denen man die Inkarnation darzubieten versuchte. Die *eine* prägt sich demnach in der sog. »Präexistenzchristologie« aus, wie sie von Paulus und Johannes vertreten wird und die offenbar den Gedanken einer »Jungfrauengeburt« nicht kennt. Die *zweite* Denkform, späteren Datums, spricht hinwieder nicht von Präexistenz, sondern von der Jungfrauengeburt. Dabei wird die Ansicht vertreten, daß die beiden Denklinien nicht miteinander in Einklang zu bringen seien.

Diese Überlegung ist jedoch keineswegs zwingend, da sich eine Synthese (Zusammenschau) beider christologischer Aussageweisen sehr wohl denken läßt. Das Neue Testament selbst empfindet diesen angeblichen Widerspruch nicht. Es ist deshalb nicht einzusehen, weshalb der präexistente Sohn nicht durch das Medium der Jungfrauengeburt Fleisch geworden sein soll. Diese die Jungfrauengeburt ablehnende dogmatische Konstruktion entbehrt der Schlüssigkeit und der Überzeugungskraft. Sie besitzt kein Gewicht bei der Beantwortung der hier aufgeworfenen Frage nach der prinzipiellen Möglichkeit und Bedeutung der Jungfrauengeburt.

Die Auseinandersetzung mit den kritischen Einwänden führt zu dem Ergebnis, daß eine wissenschaftlich gültige Argumentation gegen die Jungfrauengeburt nicht gegeben ist. Ihre Verwerfung hat letztlich nicht rationale, sondern ideologische Gründe.

b) Die geschichtliche Überlieferung

Die Einsicht in die Unhaltbarkeit der kritischen Infragestellung der Jungfrauengeburt verpflichtet erst recht zur Überprüfung des überlieferten Sachverhaltes. Dabei geht es um folgende Feststellungen:

Der historische Hintergrund der Berichterstattung: Prinzipiell ist es von hohem Interesse, der schriftstellerischen Methode des Evangelisten Lukas Aufmerksamkeit zu schenken. Mit Nachdruck hebt Lukas hervor, daß er als ein gewissenhafter »historischer Forscher« (Luk. 1, 1-3) intensive Nachforschungen bei den »Augen- und Ohrenzeugen« angestellt hat, die über die Vergangenheit und das Geschick dieses Jesus von Nazareth Bescheid wußten. Nicht Märchen, nicht Legenden, nicht Mythen will er sammeln, sondern so genau wie möglich einen Bericht über Geschehnisse, über Tatsachen erstatten, also den geschichtlichen Hintergrund erhellen.

Im Zusammenhang damit spielt die Betonung der geographischen Lage eine eminente Rolle. Nazareth und Bethlehem sind ja keine Erdichtungen, sondern Orte, die in der Geschichte Israels ein maßgebendes Gewicht besitzen. Nazareth wird von allen Evangelien als Wohnort Jesu bezeichnet. Matthäus und Lukas stimmen darin überein, daß der Geburtsort Jesu Bethlehem gewesen ist. Mit größter Wahrscheinlichkeit muß historisch angenommen werden, daß »die Kunde von der Geburt in Bethlehem« alt und allgemein verbreitet gewesen ist und in der ältesten »christlichen Tradition unbestritten feststand« (H. Staudinger, ebd. 643; kennzeichnend auch dafür Joh. 7, 41 f). Von Bethlehem war die berühmte »Davidtradition« nicht zu trennen, und darum war Josef als Nachkomme Davids nicht an Nazareth, seinen Wohnort, wohl aber an Bethlehem, an die Familienheimat, gebunden. Auch davon weiß die antichristliche Polemik der Juden. Archäologisch aufschlußreich ist es ferner, daß in Bethlehem zahlreiche Höhlenställe mit Futterkrippen gefunden wurden. So bewegt sich die Geburtsgeschichte nach Lk. 2 auf geographisch und historisch feststellbarem Boden.

Dazu kommt noch die Berücksichtigung der weltpolitischen Situation. Allein schon dieser Sachverhalt widerlegt die Legendenhypothesen. Die Geburt Jesu in Bethlehem ist in ein historisches Geschehen von bedeutenden Ausmaßen eingegliedert. Sie steht unter dem Volkszählungsdekret (dem »Gebot des Kaisers Augustus«) des Römischen Reiches. Es wurde unter dem Prokurator Quirinus in den orientalischen Provinzen, zu denen Israel gehörte, durchgeführt. Nach unseren heutigen Kenntnissen über das römische Steuerrecht erstreckte sich diese allgemeine statistische Erfassung der Bevölkerung auf viele Jahre, vielleicht auf ein Jahrzehnt. Ein persönliches Erscheinen zur Registrierung am Geburtsort, einschließlich der Frauen, war gesetzliche Pflicht. Die Reise von Nazareth nach Bethlehem ist also kein Produkt der Phantasie. Diese Geschichte verschwimmt demnach nicht im Nebel mythologischer Spekulationen, sondern ereignet sich auf der Arena historisch erfaßbarer Weltpolitik.

Die personale Konkretisierung der Berichterstattung. Die Untersuchung der verschiedenen Erzählungen über Maria kann nicht übersehen, daß wir es hier mit einer psychologisch echten Schilderung der Verhaltensweise der Maria zu tun haben. Lk. 1, 34 zeigt das Erschrecken, das tiefe Erstaunen der Maria angesichts der außergewöhnlichen Ankündigung kommender Geburt. Die Schockwirkung ist unverkennbar. Maria ist in eine höchst peinliche, aufregende Lage geraten. Hier wird nichts beschönigt, sondern die menschliche Realistik enthüllt. Die Mutterschaft von Maria fällt aus dem Rahmen der biologischen Vorgänge heraus. Maria wird auserwählt als Trägerin und Vollstreckerin des Heilsratschlusses Gottes. Dieser Gnadenakt der Erwählung fordert bedingungslose Hingabe an Gottes Willen. »Mir geschehe, wie du gesagt hast!« (Lk. 1, 38).

Dem entspricht die besondere Hervorhebung von Maria im Stammbaum des Matthäus-Evangeliums, in dem es heißt: »Maria, von welcher ist geboren Jesus, der da heißt Christus« (Mt. 1, 16), während im Gegensatz zu den sonstigen Formulierungen des Stammbaumes, in dem immer der Mann und nicht die Mutter genannt wird, von Josef allein bemerkt wird, daß er der Mann der Mutter Maria war, aber als Vater des Sohnes Jesus wird er nicht erwähnt. (Bei den in dem Stammbaum außer Maria noch genannten vier Frauen »handelt es sich nicht um normale eheliche Verhältnisse, sondern um Sonderfälle«. H. Staudinger, ebd. 645.)

Das geheimnisvolle Erwählungserlebnis von Maria schimmert noch durch die Episode, die Joh. 2, 3 über »die Hochzeit zu Kana« berichtet. Maria greift ein in der Erinnerung daran, daß ihr Sohn einen unvergleichlichen Sendungsauftrag empfangen hat. »Was *er* euch saget, das tut!« (Joh. 2, 5). Das Hervortreten einer Frau war ungewöhnlich und ihre Anweisung nicht alltäglich, aber ein beachtlicher Niederschlag der ihr zuteil gewordenen Verheißung Gottes.

Auch in bezug auf Josef begegnet uns in der Berichterstattung nicht eine klischeehafte Rahmenerzählung, sondern eine personale Konkretisierung. Die prekäre Lage des Verlobten der Maria wird vom Evangelium nicht vertuscht. Josef ist in eine seelische Spannung geraten zwischen vornehmer persönlicher Haltung, die ihn verpflichtet, und der Gefährdung seines öffentlichen Rufes (Mt. 1, 19). Josef beugt sich dem göttlichen Mysterium und nimmt Maria trotz der unehelichen Geburt als seine legitime Ehefrau auf. Damit aber wird Jesus, das Kind der Maria, als rechtmäßiger Sohn anerkannt. Dieser Rechtsakt war von höchster Bedeutung. Nunmehr gilt die davidische Abstammung des Josef auch für Jesus, den von Josef anerkannten Sohn. Damit wurde der Sohn der Maria nach jüdischer Rechtsvorstellung zum Glied des Hauses David.

Die Bestätigung der Jungfrauengeburt durch die Umwelt: Das Urteil der jüdischen Umwelt verdient besondere Beachtung. Schon Markus 6, 3, also in dem ältesten Evangelium, wird erstaunlicherweise Jesus nicht als Sohn des Josef, sondern als »Sohn der Maria« bezeichnet. Es erscheint anomal, daß hier der Vater verleugnet wird. Ohne Zweifel stoßen wir hier auf ein verächtliches, herabsetzendes Urteil der feindlich gesinnten jüdischen Umwelt, die die Mutterschaft der Maria als eine anstößige Angelegenheit disqualifizierte. Der Makel des unehelich geborenen Kindes sollte damit gebrandmarkt werden. Die jüdische Polemik versuchte demnach, Jesus als Sohn einer »Ehebrecherin« zu diffamieren. »Schon vor dem Jahre 70 gab es jüdische Streitschriften, die von Jesus als ›Bastard von einem Eheweib‹ sprechen ... Darüber, daß es mit den Familienverhältnissen eine besondere Bewandtnis hat, sind sich alle Quellen einig« (H. Staudinger, ebd. 645; E. Stauffer, Jesus, Dalp 332, 23).

Alle diese gewiß am Rande liegenden Hinweise bestätigen, daß wir uns bei dieser biblischen Berichterstattung nicht in der Sphäre mythologischer Ideen befinden, sondern auf dem Boden realer Geschichte und konkreter Wirklichkeit. Indem wir diese geschichtlichen Begebenheiten ernst nehmen, soll nicht etwa die Jungfrauengeburt historisch bewiesen werden. Aber *es ist wissenschaftlich nicht erlaubt, so zu tun, als ob es derartige historische Fakten überhaupt nicht gäbe, und oberflächlich diese ganze Berichterstattung beiseitezuwischen.* Die theologische Kritik muß sich den Vorwurf der Gedankenlosigkeit gefallen lassen, wenn sie es sich zu leicht macht und solchen Erkenntnissen keine Beachtung schenkt.

c) *Der christologische Sinngehalt*

Der Zeichencharakter. Die Selbstbesinnung der christlichen Verkündigung sowie des biblisch fundierten Gemeindeglaubens muß sich fragen, welcher Bedeutungsrang dem Bekenntnis zur Jungfrauengeburt zuzumessen ist. Dabei zeigt sich, daß sich die zentrale neutestamentliche Thematik nicht um die Jungfrauengeburt bewegt, sondern daß sich die Geister an der Botschaft von der wirklichen Auferstehung des Gekreuzigten scheiden gemäß der Kardinalaussage: »Ist aber Christus nicht auferstanden, so ist unsere Predigt vergeblich, so ist auch euer Glaube vergeblich« (1. Kor. 15, 14 f). So sehr auch im Bekenntnis der Christenheit Inkarnation und Jungfrauengeburt unlösbar zusammengefügt sind, so legt doch das gesamte apostolische Zeugnis den klaren Akzent auf das Heilsereignis der Menschwerdung des Sohnes. Es wäre jedoch ein fatales Mißverständnis, deshalb die Bezeugung der Jungfrauengeburt als christologisch gleichgültig oder nebensächlich zu beurteilen. Sie trägt vielmehr *die Qualität eines klassischen Zeichens für das Urwunder der Inkarnation*. Es ist ein einzigartiges Signum für das Mysterium der Herablassung und Selbsterschließung Gottes in Jesus von Nazareth. In der dogmatischen Begriffssprache heißt das ein signum praebens et exhibens = Zeichen, durch das Gott selbst wirksam ist, und nicht bloß ein signum significans = Zeichen, das wie ein Wegweiser auf Gott hindeutet, ohne daß etwas geschieht. Es ist die einmalige und unverzichtbare Dokumentation dafür, daß nicht biologische Gesetzmäßigkeiten dieser Welt Heil und Rettung für die Menschheit bewirken, sondern allein Gottes Kommen in die Geschichtlichkeit, das damit alle menschlichen Denk- und Vorstellungsmöglichkeiten durchbricht und aufhebt.

Die Ausschließlichkeit des Heilshandelns Gottes. Es ist von unübersehbarem Gewicht, daß das Schriftzeugnis von der Jungfrauengeburt die »Fleischwerdung« des »Logos« (Joh. 1, 14) kommentiert und damit einen »Kontext« (Nebentext) zu Gal. 4, 4: »geboren aus einem Weibe«, darstellt. In dieser Näherbestimmung des Geburtsgeschehens wird gerade hier vernehmbar, daß in seiner Mitte das souveräne Handeln Gottes in absoluter, von Menschen unabhängiger Wirkweise steht. Der menschliche Wille wird hier bewußt ausgeschaltet. Gott allein ist das Subjekt der Inkarnation. Hier wird die ausschließliche Aktion Gottes zur Errettung der Welt sichtbar, denn »Heiliger Geist«, der das Heilswerk in Szene setzt, ist keine menschliche Möglichkeit.

Darum ist die Ausschaltung einer Mitwirkung des Mannes zwar nicht eine Vorbedingung, aber ein sinnvoller Hinweis und eine geisterfüllte Verdeutlichung des Inkarnationswunders. Die überragende Majestät Gottes, die das sola gratia = allein die Gnade begründet, findet hier eine konzentrierte Ausprägung.

Die passive Haltung der Maria. Der alleinigen Heilswirksamkeit Gottes in der Jungfrauengeburt entspricht die rezeptive (aufnahmebereite) und passive Verhaltensweise der Maria. Gegenüber dem Herabkommen der Gnade Gottes in diese sündige Menschheit erweist sie sich als das empfangsbereite Organ und Instrument des göttlichen Heilswirkens. Damit aber wird gerade nicht zum Ausdruck gebracht, daß Maria ein von Sünde befreiter Mensch sein müßte, ebensowenig wie die Sündlosigkeit Jesu durch das Fehlen des Mannes bei der Geburt begründet werden kann. Maria steht nach wie vor in der Solidarität des menschlichen Sündenzusammenhanges, aber gerade darin offenbart sich Gottes Gnade, daß er einen sündhaften, schwachen Menschen als Heilsträger auserwählt. Wiederum wird an dieser Stelle deutlich, daß die Liebe des »offenbaren Gottes« sich nicht in einer geschichtsfremden und zeitlosen Idee darstellt, sondern daß er einen konkreten Menschen des Alltags in sein heilsgeschichtliches Wirken mithineinzieht. Die Jungfrau Maria repräsentiert nicht einen »Übermenschen«, sondern sie wird zur auserwählten »Magd Gottes«, die nicht selbst eine Leistung vollbringt, sondern das Wirken Gottes »geschehen läßt« (fiat mihi), die die »Kraft des Heiligen Geistes« »empfängt« und dem göttlichen Verheißungswort »gehorsam« ist in einem unbedingten Vertrauen. In dieser Haltung wird Maria zum bleibenden Vorbild des reformatorischen »allein durch Gnade« (»sola gratia«) und »allein durch Glauben« (sola fide). In ihrer heilsgeschichtlichen Rolle als Mutter des Herrn aber kommt ihr im Bekenntnis der christlichen Kirche ein unaufgebbarer Platz und eine verehrende Erinnerung in der Gemeinde zu.

Theologische Folgerungen. Die Untersuchung hat gezeigt, daß die Infragestellung des Bekenntnisses »natus ex virgine« prinzipiell grundlos ist, will man nicht willkürlich nach dem Geschmack der jeweiligen »Modernität« von dem Bekenntnis der Christenheit Abstriche machen. Der heute um sich greifende Prozeß einer säkularistischen Verflachung, die meint, die Jungfrauengeburt unbekümmert preisgeben zu können, führt notwendigerweise dazu, daß aus der Menschwerdung Gottes in der Christusgeburt in Bethlehem eine

»Menschwerdung des Menschen« gemacht und damit das Weihnachtsfest zu einer nichtssagenden Feier der Humanität, der Familie, der Freundschaft und Mitmenschlichkeit umgefälscht wird. Dann steht der Mensch wieder in dem Zirkel des bloßen »Humanum«, Jesus ein Mensch wie andere, aber nicht der Gottessohn; der Mensch dreht sich in seiner Verlorenheit wieder um sich selbst.

Im Kontrast dazu gewinnt das Zeugnis von der Jungfrauengeburt die Bedeutung eines Warnzeichens, nur ja nicht in die Mißachtung dieses Geschehens auch die Wundertat Gottes in der Inkarnation einzubeziehen. Keine christliche Verkündigung und keine theologische Aussage kommt an der Wunderwirklichkeit des offenbaren Gottes vorbei. Es ist deshalb nicht einzusehen, weshalb gerade der Jungfrauengeburt gegenüber ein »Nein« gerechtfertigt erscheint. Ohne dieses Bekenntnis aber wird nur zu leicht die Grenze zur Ideologisierung der Fleischwerdung des Gottessohnes verwischt, indem man sich mit der blutleeren und geschichtslosen Idee eines die Menschen suchenden Gottes begnügt. Darum wird das »geboren aus Maria, der Jungfrau« geradezu richtunggebend für den Glauben, der sich zu der Realität des göttlichen Heilshandelns in der Geburt des Gottessohnes bekennt. Der Glaube steht auch hier vor dem Wunder und Geheimnis der göttlichen Offenbarung. Er kann nicht ergründen, sondern nur anbeten.

Literaturhinweise

E. Stauffer, *Jesus war ganz anders,* 1967; H. Düfel, *Luthers Stellung zur Marienverehrung,* 1968; F. W. Künneth, *Maria — das römisch-katholische Bild vom christlichen Menschen; Der Zusammenhang von Anthropologie und Mariologie in der röm.-kath. Theologie des deutschen Sprachraumes,* 1961; *Maria in der evangelischen Frömmigkeit,* in »Maria im Kult«, 1964, 192f; R. Kilian, *Die Geburt des Immanuel aus der Jungfrau,* 1970.

II. Der Gekreuzigte

Daß die Einheit der Christuswirklichkeit eine unlösbare Größe darstellt, faßt sich in der Grunderkenntnis zusammen: Der Sohn Gottes ist zugleich der Gekreuzigte. Wir haben den »Sohn« nur, wenn wir den Gekreuzigten haben, und in ihm finden wir keinen anderen als den Sohn. Dieser präexistente Gottessohn wurde ja zu dem »Menschen in Knechtsgestalt«, er trug die Lebensform eines Sklavenschicksals, denn er »erniedrigte sich selbst und ward gehorsam bis zum Tode, ja zum Tode am Kreuz« (Phil. 2, 7.8).

Im Blick auf dieses Kreuz des Jesus von Nazareth stoßen wir heute auf eine auffallende Erscheinung. Es gibt in der Welt kaum einen Menschen, der nicht dem Kreuz Jesu in irgendeiner Weise Achtung und Respekt bezeugt. Es gibt eine Art geheimer Anerkennung oder gar eine allgemein-menschliche Glorifizierung dieses Sterbens. Gerade die modernistische Theologie ist bemüht, das Kreuz Jesu in die Mitte zu rücken, und sich als Nachfolgerin der Theologia crucis (Theologie des Kreuzes) Luthers zu präsentieren. Dieser Vorgang darf uns jedoch nicht darüber hinwegtäuschen, daß mit wohlwollenden Bemerkungen und einer formalen Hervorhebung des Kreuzes der eigentliche Sinn des Golgathageschehens noch lange nicht erfaßt ist. Alles kommt darauf an, was man unter diesem Christuskreuz versteht und wie die Karfreitagsverkündigung lautet. Es gilt daher, bei diesem Schwerpunkt der Christologie zu prüfen, was die heute üblich gewordenen Umschreibungen des Kreuzes eigentlich meinen; ob sie in neuer Sprache tatsächlich das Gleiche wie die Bibel sagen, oder ob dieselben Begriffe als irreführend und täuschend durchschaut werden müssen.

1. Die Entleerung des Kreuzes

»Das Wort vom Kreuz« ist wie jedes biblische Offenbarungszeugnis unter der Einflußsphäre des Zeitgeistes der Gefahr einer Entschärfung und Entleerung ausgesetzt. Der Widerstreit der Meinungen und Mißverständnisse aufgrund verschiedenster Begründungen führten zu Fehldeutungen, die sich zu einem Berg verhängnisvoller Irrtümer auftürmen. Weitgespannte Urteile legen sich wie ein trübender Schleier über das Kreuz Jesu.

a) Die Fehldeutungen

Der Boden dafür wurde durch den radikalen Angriff des theologischen Modernismus auf die biblische Kreuzesbotschaft bereitet. So mußten die zahllosen Behauptungen — die Lehre von der stellvertretenden Genugtuung durch den Tod Jesu »nicht zu verstehen«, oder: »wie kann die Schuld durch den Tod eines Schuldlosen gesühnt werden«, oder: es sei eine »primitive Mythologie, daß ein Mensch gewordenes Gotteswesen durch sein Blut die Sünden der Menschen sühnt« (R. Bultmann) — niederreißend und verwirrend wirken. Wenn folgerichtig erklärt wird, »daß wir nicht wissen können, wie Jesus sein Ende, seinen Tod verstanden hat . . . Es muß vielmehr mit der Möglichkeit gerechnet werden, daß er zusammengebrochen ist«[28]), dann muß sich eine »Theologie des Kreuzes« eine totale Umwandlung gefallen lassen, und die Rede vom Kreuz ist der menschlichen Deutungswillkür preisgegeben.

Die bekannten und immer wieder ergänzten Deutungsbegriffe lauten dann: Der Gekreuzigte hat das Schicksal eines Märtyrers erlitten, der für seine Überzeugung stirbt. Dieses Sterben ist ein Zeichen menschlicher Ohnmacht und zugleich eines Glaubens, der in letzter Bewährung durchhält und »Gott ganz zur Sprache gebracht hat« (G. Ebeling). Er ist somit ein Vorbild dafür, daß Jesus am Kreuz das erste Gebot ganz erfüllt hat[29]). Das Kreuz ist ein Symbol für jeden ungerecht und unschuldig leidenden und sterbenden Menschen, ein Ausdruck der Solidarität Gottes mit den Gottlosen und schließlich der Ruf zur Nachfolge, denn »an das Kreuz glauben heißt, das Kreuz Christi als das eigene übernehmen, heißt sich mit Christus kreuzigen lassen« (R. Bultmann).

Dazu treten heute alle jene Formulierungen, die im Aspekt einer sozialrevolutionären und allgemein humanitären Weltdeutung dem Kreuz einen Sinn abzugewinnen suchen. So wird der Gekreuzigte zum Sinnbild der Mitmenschlichkeit, die er durch seine Fürsorge für seine Mutter und seinen Jünger noch vom Kreuz herab verwirklichte. Jesus wurde ja gerade von den »Herrschenden« verworfen, weil er sich auf die Seite der Armen und Deklassierten gestellt hat, er »wurde ans Kreuz geschlagen«, weil er es wagte, »die Auflösung der bestehenden Ordnungsgewalt, und zwar sowohl der politisch-gesellschaftlichen als auch der kirchlich-religiösen«, zu betreiben (H. Zahrnt, ebd. 95). Darum »starb Jesus als ein politisch Verfolgter«[30]). So wird das Kreuz Jesu gleichsam zu einem gesellschaftspolitischen und sozialkritischen Mahnmal umfunktioniert.

---

[28] R. Bultmann, *Das Verhältnis der urchristlichen Christusbotschaft zum historischen Jesus*, Heidelberg 1960.

[29] E. Käsemann, *Die Gegenwart des Gekreuzigten.* Vorträge des Deutschen Kirchentages Hannover 1967.

[30] E. Käsemann 1974, Vortrag in Frankfurt; vgl. auch *Der Ruf der Freiheit*, 1968³.

b) *Das Ärgernis des Kreuzes*

Gewiß enthalten diese und jene Aussagen Wahrheitsmomente. Das Leiden und Sterben Jesu auf Golgatha war ein komplexes Geschehen, dessen rein menschliche Züge nicht zu übersehen sind. Niemand bestreitet die tiefste Einsamkeit dieses Menschen am Kreuz, seine unausdenkbare Gottverlassenheit, seine Glaubensbewährung im Gebet des Psalmes 22, 2, seine beispielhaft hingebende Liebe für andere. Zweifellos war das Kreuz ein Politikum, denn Jesus wurde ein Opfer des Hasses der jüdischen Obrigkeit, ein Opfer der römischen Diplomatie, ein Opfer der Verleugnung und des Verrates durch Menschen. Aber der Gekreuzigte starb gerade nicht als ein Sozialrevolutionär, nicht als ein »Systemveränderer«, nicht als ein politischer Aufrührer und Widerstandskämpfer wie Barrabas. Alle diese Deutungsversuche, welche Prägung und Tendenz sie auch immer tragen, verfehlen das Eigentliche und Wesenhafte des Kreuzestodes. Sie bestätigen vielmehr den unerbittlichen Ärgernischarakter des Kreuzes, wie er vom ersten Augenblick an in der apostolischen Verkündigung mit aller Schärfe herausgestellt wurde: »Denn das Wort vom Kreuz ist eine Torheit denen, die verloren werden« (1. Kor. 1, 18), »wir aber predigen den gekreuzigten Christus, den Juden ein Ärgernis, den Griechen eine Torheit« (V. 23).

Für dieses Scheitern der heutigen Interpretationen an dem Ärgernis des Kreuzes lassen sich vierfache Gründe geltend machen, die alle miteinander verzahnt sind.

Zum ersten ist es kennzeichnend, daß alle diese Deutungsurteile entweder an dem biblischen Zeugnis vom Kreuz achtlos vorbeigehen oder nur diejenigen Aussagen herausgreifen, die der vorgefaßten ideologischen Meinung entsprechen und so durch Vereinseitigung und Umdeutung das »Wort vom Kreuz« verfälschen. Es bedarf keines theologischen Rätselspieles, um festzustellen, weshalb Jesus von Nazareth zum Tode verurteilt wurde. Die klare Antwort wird durch die Selbstaussage Jesu vor dem Hohenpriester gegeben. Die entscheidende Frage des Anklägers lautete: »Bist du Christus, der Sohn des Hochgelobten?« Jesus aber sprach: »Ich bin es« (Mk. 14, 61). Die Reaktion des Hohenrates auf dieses Selbstzeugnis Jesu zur Gottessohnschaft ist eindeutig. »Ihr habt gehört die Gotteslästerung ... Sie aber verdammten ihn alle, daß er des Todes schuldig wäre« (V. 64). So lange man glaubt, an diesen Passionsberichten vorbeigehen zu können, hat man sich den Zugang zum Verständnis selbst verbaut und bewegt sich in der Sphäre menschlicher Phantasien.

Sodann urteilt man über das Kreuzesgeschehen, ohne die Dimension der Offenbarung Gottes mit einzubeziehen. Das Kreuz erscheint als eine Stätte, an der Gott nicht dabei sein kann, als ein Beweis seiner Abwesenheit. Man kann nicht einsehen, daß Gott etwas mit dem Leidensweg und Todesschicksal, daß der Weg Jesu zum Kreuz etwas mit Sühne und Opfer zu tun haben könnte und von Gott als Heilsweg ausersehen war. Deshalb kann der Rationalist R. Augstein als Sprachrohr des Modernismus deklamieren: »... Es gibt keinen Gott, der ... seinen Sohn für uns opfert« (ebd. 406).

Zum dritten ist es neutestamentliche Erkenntnis, daß das Kreuz so lange im Dunkeln bleibt, nichts als sinnloses Ärgernis und sinnlose Torheit darbietet, so lange es nicht in das Licht der Auferstehung Jesu gestellt wird. Wenn Jesus nach dem Urteil der modernistischen Ideologie »nur ein Mensch und nichts als ein Mensch war«, wurde er ja auch nicht von Gott auferweckt. Dann kann er auch nicht als Erlöser gestorben sein, dann ist es ausgeschlossen, den Kreuzestod Jesu als Versöhnungs- und Opfertod anzuerkennen.

Schließlich ist die Auflösung der biblischen Kreuzesbotschaft dadurch bedingt, daß der heutige Mensch in Selbsttäuschung verharrt, von Sünde und Schuld nichts wissen will und die Aussagen über Gericht oder gar über den Zorn Gottes weit von sich weist. Ist Sünde nur eine Mangelerscheinung und gibt es Verantwortlichkeit nur gegenüber der Gesellschaft, dann kann es keine verdammende Schuld und kein Bedürfnis nach Vergebung und Versöhnung mit Gott geben. Symptomatisch für diese Verdunkelung der Selbsterkenntnis der dem Zeitgeist verfallenen Menschen ist das Urteil: »Ich glaube nicht an die Art von Vergebung, die von oben kommt, ich möchte hier unten gern vergeben bekommen, und wenn das nicht geht, dann soll dieser Gott seine Vergebung für sich behalten.«[31]) Angesichts solcher menschlichen Überheblichkeit ist es auch erklärlich, daß sich der Mensch von dem abgrundtiefen Ärgernis des Kreuzes abwendet, daß ihm die Botschaft von dem Sühneopfertod Jesu nichts zu sagen hat.

---

[31] D. Sölle, *Das Recht, ein anderer zu werden,* nach H. Zahrnt, ebd. 243.

2. Das Heilsgeschehen am Kreuz

a) Das Kreuz im Lichte der Auferstehung

Das Geheimnis der Offenbarung Gottes konzentriert sich in einzigartiger Gestalt in dem Mysterium des Kreuzes auf Golgatha. Dieses Kreuz ist eine geheimnisvolle Setzung Gottes, die eine Rückfrage, warum Gott gerade auf diesem Weg das Heil der Welt begründet hat, nicht gestattet. Dieses Geschehnis kann man nicht rational in den Griff bekommen, es ist logisch nicht verstehbar. Für Argumente menschlicher Vernunft ist der Zugang verschlossen. Daher ist das »Wort vom Kreuz« nicht andemonstrierbar. Der Kreuzestod Jesu ist auch nicht historischen Fakten vergleichbar, etwa mit dem Sterben des Philosophen Sokrates, der in imponierendem Gleichmut den Giftbecher leerte und von dem kein Schrei nach Gott wie bei dem Gekreuzigten (Mk. 15, 34) überliefert ist. Der menschlichen Verstandesgläubigkeit ist jedes Eindringen in das Mysterium des Kreuzes unmöglich.

Wenn es so steht, *muß sich dieses Geheimnis selbst erschließen, muß der Gekreuzigte selbst die Decke wegziehen. Diese Enthüllung ereignet sich durch die Selbstbezeugung des Gekreuzigten an Ostern.* Erst in dem Scheinwerferlicht der Auferstehung Jesu leuchtet das Kreuz als das grundlegende Heilswerk Gottes auf. Erst in diesem Lichte erwachsen die Erkenntnisse über das Heilsgeschehen am Kreuz und werden Sinn und Botschaft des Kreuzes offengelegt.

Wir haben es demnach mit einer unzertrennbaren Einheit von Kreuzestatsache und Auferstehungsereignis zu tun, so daß die Auferstehung Jesu zum Erkenntnisprinzip des Kreuzes wird. Eine »Theologie des Kreuzes« (Theologia crucis) hat ihren Grund in einer »Theologie der Auferstehung« (Theologia resurrectionis). Damit wird klar, daß hinter dem rätselhaften Kreuz der Heilswille Gottes selbst steht, der durch den Tod dieses Jesus die Welt retten will. Die Auferwekkung Jesu aber ist die entscheidende Dokumentation dafür, daß Gott sein Ja zu dem Tod dieses Menschen Jesus gesprochen hat, der ja der »Sohn des Vaters« ist und deshalb ohne Sünde, ohne Trennung von Gott, ganz mit Gott eins war. In dem Auferstandenen wird erkennbar, daß der Sohn Gottes zum Passionschristus und zum Gekreuzigten werden mußte, daß am Kreuz das Heilswerk »vollbracht« wurde (Joh. 19, 30). So wird im Licht der Auferstehung das schauerliche Fluchzeichen des schmachvoll Gehenkten zum Sieges- und Heilszeichen.

b) *Das Kreuz als Sühne- und Opfertod*

Die neutestamentliche Botschaft macht über das Ereignis auf Golgatha vielerlei Aussagen in mannigfachen Bildern, Gleichnissen und Vorstellungskreisen. Sie alle bewegen sich um *eine* Mitte, um das von dem Gekreuzigten vollzogene Sühne- und Versöhnungsopfer, um die geschehene Weltversöhnung (2. Kor. 5, 18—21).

Das Opfer. In dreifacher Form wird das Opfergeschehen am Kreuz bezeugt: Jesus Christus ist *»das Lamm Gottes,* das der Welt Sünde trägt« (Joh. 1, 29.36; Jes. 58, 7) und das sich selbst opfert. An die Stelle der immer aufs neue wiederholten Tieropfer der vor- und außerchristlichen Religionswelt tritt das Selbstopfer Jesu als »Lamm«, in dem Gottes versöhnende Wirklichkeit gegenwärig wird. »Das Lamm, das erwürget ist« (Apok. Joh. 5, 12), vollzieht die ungeheure Umdrehung von den Opferleistungen der Menschheit weg zu dem Opfer am Kreuz für die Welt. So ist der Gekreuzigte Subjekt und Objekt des Opfergeschehens, das die Versöhnung begründet, was für die bisherigen Opfer aller Zeiten unerreichbar war.

Sodann redet das Thema des Hebräerbriefes von dem Opfer des *Hohenpriesters.* Der Hohepriester Israels opferte Jahr um Jahr das Blut des Lammes durch Besprengung des Sanctissimum, des Allerheiligsten Altars, zur Versöhnung des Volkes mit Gott. Im Kreuz Jesu ereignet sich die Umwandlung des Versöhnungsgeschehens, indem Jesus selbst als der »Hohepriester« sein eigenes Blut zur Versöhnung ein für allemal opfert. Der Gekreuzigte ist hier Spender und Opfergabe zugleich. Damit kommt es zur Erfüllung und zum Ende alles Opferkultes der Menschheit durch den Opfertod Jesu, in dem Gott selbst als der Versöhnende handelt. Hier wird nicht ein »zorniger« Gott durch Blut versöhnt, sondern Gott selbst ist Subjekt der Versöhnung, die sich durch die Hingabe seines Sohnes als Hoherpriester verwirklicht (Hebr. 10, 19.29; 13, 12.20; 9, 12.14).

Derselbe Opfergedanke kommt in dem Bild des *»Guten Hirten«* zum Ausdruck. »Ich bin der gute Hirte, der gute Hirte läßt sein Leben für die Schafe« (Joh. 10, 12.15). In dem Kreuz Jesu vollendet sich der Hirtendienst in der sich opfernden Hingabe für »die Seinen« und für die Welt. Auch hier bedeutet das Opfer das Geschenk der Errettung und des Lebens für andere.

Was aber besagt der für den Opfertod am Kreuz so zentrale Begriff des *»Blutes«?* Im Raum einer durch den Rationalismus vergifteten Theologie hat schon immer das Bekenntnis zum »Blute Jesu« Entsetzen und Abwehr hervorgerufen. Man spricht von einer materialistischen, primitiven, moralisch unterwertigen Vorstellungswelt und möchte sich gerne mit der Idee eines alles verzeihenden Vaters nach Lk. 15, 11 ff begnügen. Bei diesem Verfahren aber wird im Widerspruch zum gesamten Neuen Testament aus dem Faktum der Versöhnung eine allgemeine ideologische Wahrheit, eine moralische Forderung ohne Realitätswert, ganz abgesehen davon, daß »der Vater«, der den »verlorenen Sohn« aus Barmherzigkeit aufnimmt, das Selbstporträt des Gekreuzigten ist. Der Begriff »Blut« meint nicht einen magisch-materiellen Vorgang, sondern bedeutet die uneingeschränkte Lebenshingabe bis zum letzten. »Blut« ist das reale Zeichen des personal-geistigen Tatvollzugs einer Ganzheitshingabe, also ein eminent geistiges Geschehen. »Das Blut Jesu Christi, seines Sohnes, macht uns rein von aller Sünde« (1. Joh. 1, 7; Apok. Joh. 1, 5; 7, 14) — das ist die objektive Ausprägung wirklich geschehener Versöhnung (Apg. 20, 28; Rö. 3, 25; 5, 9; 1. Petr. 1, 18f; Eph. 2, 13; Kol. 1, 20).

Das Strafleiden. Im Hintergrund dieser Vorstellung steht die Erkenntnis der Gerechtigkeit und Heiligkeit Gottes, die Schuld und Abfall nicht verharmlosen kann, sondern Strafe zur Sühnung begangener Schuld fordert. In der Tat, in einer Zeit wie der unsrigen, in der sich die Begriffe von Schuld, Strafe und Sühne auflösen, ist dies eine schwer verständliche Aussage. Aber um so notwendiger ist gerade heute eine Rückbesinnung darauf, daß trotz allem die ethische Weltordnung Gottes im Blick auf das Kreuz in Kraft bleibt. Demnach ist das Kreuz ein Gerichtsereignis, in dem der Fluch Gottes wie ein Blitz auf den unschuldigen »Sohn« niederfährt. Das Kreuz verkündet: »Christus aber hat uns erlöst von dem Fluch des Gesetzes, da er ward ein Fluch für uns« (Gal. 3, 13). Der Unschuldige und Gerechte tritt an die Stelle des Schuldigen und Gottlosen und nimmt in *Stellvertretung* das Strafleiden auf sich (s. Jes. 53, 5; Rö. 1, 18; 5, 9; 4, 15; Eph. 5, 6; Kol. 3, 6; 1. Tess. 1, 10; 2, 16).

Gegen diese biblisch begründete und von dem reformatorischen Bekenntnis aufgenommene Lehre von der »satisfactio vicaria«, der »stellvertretenden Genugtuung« durch den Sühnetod Jesu, richtet sich die modernistische Theologie mit leidenschaftlicher Heftigkeit. Man ist zwar bereit, an den Bezeichnungen Jesu als »Mittler« oder »Stellvertreter« festzuhalten, aber unter entschlossener Beseitigung jeder

Aussage über Sühne- und Opfertod Jesu[32]). Diese Beschränkung auf den Begriff »Stellvertretung« geht an dem Kern der Kreuzesbotschaft vorbei, denn eine »stellvertretende« Verhaltensweise kann auch als ein rein menschliches, innerweltliches Geschehen gedeutet werden, so wie auch Martin Luther King »stellvertretend« für die Freiheit seiner Rasse gestorben ist. Worin aber hat heute diese kompromißlose Verwerfung einer stellvertretenden Sühne und Genugtuung ihren Grund? Man glaubt folgende Argumente vorbringen zu können: »Die Vokabel ›Opfertod‹« stamme »aus der kultischen Sprache«, die für uns heute nicht mehr verständlich sei. Es sei daher notwendig, »hier kirchliche und biblische Überlieferung zu verlassen«. Im übrigen handle es sich nur um eine »Vokabel«, nicht um die Sache selbst, die man auch anders formulieren könne (E. Käsemann)[33]).

Eine derartige Beweisführung stellt sich jedoch als unhaltbar heraus. Zunächst bedeuten die Begriffe »Sühneopfer«, »stellvertretende Genugtuung« eben nicht beliebig auswechselbare Vokabeln, sondern kennzeichnen in strenger Einmaligkeit und geschichtlicher Konkretheit die eigentliche Heilsdimension des Kreuzestodes des Sohnes Gottes. Diese Begriffe sind die unaufgebbare Sprachform, welche die Wirklichkeit der Versöhnung zum Inhalt haben. Die vom Modernismus versuchten neuen Übersetzungen des am Kreuz gebrachten »Schuldopfers für uns« bewegen sich im Unterschied zum biblischen Zeugnis auf der Ebene der menschlichen Denkweisen, ohne die »Satisfaktion für uns« (Versöhnung, Sühne, Genugtuung), auf die alles ankommt, deutlich werden zu lassen. Mit der Preisgabe dieser Begriffe aber geht das Heilsgeschehen am Kreuz verloren.

Sodann wird in der modernistischen Kritik eine »zeitgebunden-kultische Vorstellung« mit einer anthropologischen Grunderkenntnis verwechselt, die immer und überall gilt und zeitlos verstanden wird. Die Begriffe »Opfer«, »Schuld«, »Sühne«, »Genugtuung« bringen keineswegs antiquierte Vorstellungen zum Ausdruck, sondern sind Elementaraussagen, die Schicksal und Sinn der menschlichen Existenz bestimmen. Das stellvertretende Strafleiden Jesu zeigt an, daß es keine menschliche Wiedergutmachung, keine Rettung durch menschliche Leistungen geben kann. Gott selbst ist es, der durch den Gekreuzigten die Sühne und damit das Versöhnungswerk vollbracht hat.

---

[32] D. Sölle, *Stellvertretung*, 1965².

[33] *Erwägungen zum Stichwort »Versöhnungslehre«*, in Zeit und Geschichte, 1964, S. 47—59.

Das »Lösegeld«. Diesem Begriff liegt wiederum ein anderer Deutungsaspekt des Kreuzes zugrunde. Die Menschheit ist durch den Abfall von Gott unter widergöttliche Fremdmächte versklavt. Ihre Befreiung kann nicht umsonst geschehen. »Es kostet zuviel, ihre Seelen zu erlösen« (Ps. 49, 9). Ein Loskauf aber ist unerläßlich. Das geschieht durch den Gekreuzigten. Er gibt »sein Leben zu einer Erlösung für viele« (Mt. 20, 28). Der sich selbst opfernde Sohn Gottes ist selbst das »Lösegeld«, und das heißt die befreiende Kraft Gottes, die das Gefängnis der Menschheit zerbricht. Somit wird das Golgathakreuz zum Zeichen der Erlösung aus der Knechtschaft, Zeichen der Freimachung von Schuld und Gewissensanklage, zum Taterweis der Liebe Gottes, welche die Welt nicht verloren gehen läßt, sondern in dem Gekreuzigten das Heilsangebot an die Menschen ergehen läßt: »Laßt euch versöhnen mit Gott« (2. Kor. 5, 20).

c) Das Kreuz als Trost der Welt

Die Menschen aller Zeiten stehen vor dem Faktum des Christuskreuzes in einer fragenden und urteilenden Haltung. In dem Vorstellungshorizont des jeweiligen Zeitgeistes versuchen sie, das Todesschicksal des Gekreuzigten ihren eigenen Ideen und Erwartungen einzugliedern. Sobald aber das biblische Zeugnis vom Kreuz ohne Anpassung an den Zeitgeist die Menschen trifft, wird allen Nivellierungstendenzen der Boden entzogen und eine Umkehrung der Fragestellung bewirkt. Aus Fragenden werden durch die Begegnung mit der Kreuzesbotschaft gefragte, in Frage gestellte Menschen. Das Heilsgeschehen des Kreuzes spricht über die Menschheit das Generalurteil der totalen Verlorenheit, zugleich aber die Verheißung der totalen Gnade Gottes aus. *In dieser Radikalität des »Nein« Gottes und des »Ja« Gottes zur Welt manifestiert sich das Kreuz als der einzige Trost der Welt.* In dem Gekreuzigten faßt sich das provokatorische Gottesurteil zusammen: die Welt kann sich nicht selbst retten, aber die Rettung für sie ist schon am Kreuz perfekt geworden.

In dem Begriff »Trost« prägt sich das für den Einzelnen wie für das Weltganze heilbringende Sterben Jesu aus, wobei es von entscheidendem Gewicht ist, daß im Gegensatz zu allen religiösen Ideologien das Kreuzesgeschehen eine geschichtlich-konkrete Tatsache darstellt.

Während zwar die indische Bhakti-Frömmigkeit auch von der Bedeutung von »Hingebung, Liebe, Glaube, Gnade« im Unterschied zu den menschlichen Leistungen durch intellektuelles Wissen und Werke zu reden weiß, handelt es sich bei diesen Ideen um religiöse Vorstellungen und Spekulationen jenseits der geschichtlichen Wirklichkeit[34]). *Das geschichtliche Faktum des Kreuzes ist jedoch die personale Verwirklichung des Heils in dem Gekreuzigten.* Das in dem Stimmengewirr der Religionsgeschichte einzigartige »für euch« des Passionschristus wird zum Fundament des Trostes, den die Welt selbst nicht finden kann.

Ein Wortführer des heutigen modernistischen Denkens schreibt im Widerspruch dazu: »Wir können uns nicht damit begnügen, daß ein Anderer für uns ans Kreuz geht.«[35]) Gerade das jedoch ist die Voraussetzung und der Grund unserer Rettung. Der Gekreuzigte allein hat das für die Welt vollbracht, was kein Mensch zu tun vermag. Das elementare »für uns« offenbart das Kreuz als das Rettungswerk Gottes extra hominem, »außerhalb des Menschen«, außerhalb seiner Erkenntnisse, Erlebnisse, Erfahrungen und Leistungen. Dieses »extra nos« (außerhalb unserer Möglichkeiten) und damit das »pro nobis« (für uns) ist die stärkste Zuspitzung der christlichen Versöhnungsbotschaft, der unerschütterlichen Begründung eines bleibenden Trostes. Verlassen kann sich der Mensch nur auf die Realität des für ihn vergossenen Blutes des Gekreuzigten, das allein in allen Ängsten dieser Weltzeit das angefochtene Gewissen zu trösten vermag (Apok. 1, 5; Rö. 8, 32; Apok. 7, 14). In dem Vollzug persönlicher Hingabe an den Gekreuzigten aber wird erfahrbar, daß »das Wort vom Kreuz« sich selbst als »eine Gotteskraft« bestätigt (1. Kor. 1, 18)[36]).

Literaturhinweise

Paul Althaus, *Die Bedeutung des Kreuzes im Denken Luthers,* Luther 8, 1926, 97 ff; Ulrich Asendorf, *Gekreuzigt und auferstanden.* Luthers Herausforderung an die moderne Christologie, 1972 (mit Literaturangaben); Sven Findeisen, H. Frey, W. Johanning, *Das Kreuz Jesu und die Krise der Evangelischen Kirche* = Liebenzeller Studienhefte Nr. 5, 1967; Martin Kähler, *Zur Lehre von der Versöhnung,* 1898², Neudruck 1937; B. Klappert, *Diskussion am Kreuz und Auferstehung,* 1967; Adolf Schlatter, *Vergebung und Versöhnung* = Calwer Hefte Nr. 120, 1972; Osmo Tillilä, *Das Strafleiden Christi,* 1941; Fritz Viering, *Der Kreuzestod Jesu,* 1969.

---

[34] Tiele-Söderblom, *Kompendium der Religionsgeschichte,* 1920⁵, 277.
[35] H. Zahrnt, ebd. 197.
[36] Zu verweisen ist auf Conf. Augustana 3 und 4, in der die unaufgebbare Bedeutung der Satisfactio hervorgehoben wird.

III. Der Auferstandene

Alle Aussagen über die Christuswirklichkeit haben ihre Voraussetzung und ihre Mitte in dem Zeugnis über den Auferstandenen. Gerade aber in der Rede von der Auferstehung Jesu begegnet uns heute im Raum von Theologie und Kirche ein Höchstmaß von Verworrenheit und Gegensätzlichkeit. Die Flut der Mißdeutungen und massiven Irrlehren ist an dieser Stelle stärker und tiefer, als die kirchenamtliche Publizität wahrnehmen und zugeben will. Die Aufgabe muß daher darin gesehen werden, so klar und profiliert wie nur möglich die biblischen Grundlinien herauszuarbeiten, auf die alles ankommt.

1. Die Zentralbotschaft

Das urchristliche Zeugnis »der Herr ist wahrhaftig auferstanden« (Lk. 24, 34) ist die alles umstürzende Meldung von einem konkreten Ereignis, das allen bisherigen Erfahrungen zuwiderläuft. Diese Botschaft besitzt eine zentrale Bedeutung für die apostolische Verkündigung, für die Erweckung des Glaubens und die Entstehung der christlichen Gemeinde. Die völlig irrationale Behauptung der Auferstehung des Gekreuzigten schlägt jeder Vernunftgläubigkeit ins Gesicht, sprengt den diesseitigen Immanenzraum radikal auf und offenbart eine neue Wirklichkeit. *Das eigentliche Ärgernis des Kreuzes besteht ja gerade darin, daß von dem gehenkten Jesus ausgesagt wird, er ist der Auferstandene, der Lebendige, der Welterlöser.* Das Auferstehungsgeschehen besitzt demnach einen *unüberbietbaren Fundamentalcharakter,* den Rang eines Schlüsselpunktes für das gesamte biblische Zeugnis.

Wer wissen will, was denn nun der entscheidende Inhalt des Evangeliums sei, bekommt eine unmißverständliche Auskunft: »Das Evangelium, das ich euch verkündigt habe, welches ihr auch angenommen, in welchem ihr auch stehet, durch welches ihr auch gerettet werdet«, lautet: »daß Christus gestorben ist für unsere Sünden nach der Schrift, und daß er begraben ist, und daß er auferstanden ist am dritten Tage nach der Schrift, und daß er gesehen worden ist ...« (1. Kor. 15, 1—5). Das glaubenbegründende und erlösende Evangelium hat sein Herzstück in dem Auferstandenen. Diese Zentralbotschaft ist aber nicht nur paulinische Theologie, sondern der cantus firmus, der tragende Grundakkord der Theologie aller Apostel (1. Kor. 15, 3). Demgemäß ist das Grundthema der ersten christlichen Predigt das Ereignis der Auferstehung (Apg. 2, 24. 32f. 36), ebenso bestimmt es den Inhalt des urchristlichen Bekenntnisses: »So du mit deinem Munde bekennest Jesus, daß er der Herr sei, und glaubst in deinem Herzen, daß ihn Gott von den Toten auferweckt hat, so wirst du errettet« (Rö. 10, 9). Dem entspricht die unerhörte Ausschließlichkeit der Bedeutung der Auferstehung Jesu, denn mit ihrer Wirklichkeit steht und fällt alles, was an christlichen Aussagen überhaupt denkbar ist (1. Kor. 15, 14—20).

Unsere bisherigen Darlegungen über das Offenbarungsgeschehen, über die »Schriftmitte« sowie über die Christologie standen daher immer schon unter der Prämisse des Osterereignisses als des direkten oder geheimen Beziehungspunktes der biblischen Urkunde. Die Entstehung des neutestamentlichen Schrifttums vollzieht sich im österlichen Horizont und beantwortet die Frage: »Wer war dieser Jesus, den Gott auferweckt hat?« Hieraus ergibt sich erneut die Bestätigung der Identität, der personalen Einheit des Auferstandenen mit dem geschichtlichen Incarnatus, dem menschgewordenen Sohn, und dem Crucifixus, dem Gekreuzigten. Der auferstandene Herr kann aber nicht mit dem sog. »kerygmatischen Christus« (R. Bultmann) gleichgesetzt werden, da dieser Begriff nicht die personale Wirklichkeit des Auferstandenen ausdrückt, sondern nur eine Chiffre für eine allgemeine Heilsverkündigung ist. In dem Auferstandenen ist vielmehr der historische Jesus von Nazareth präsent, dessen vorösterliche Sohnesvollmacht die Würde des kommenden Kyrios antizipiert (vorwegnimmt). Die Identität des Auferstandenen mit dem Gekreuzigten aber besagt, daß einerseits das Kreuz und das Grab nicht das Ende des geschichtlichen Jesus sind, und andererseits in dem auferstandenen Herrn der gekreuzigte Weltversöhner zur bleibenden Wirklichkeit für Zeit und Ewigkeit geworden ist.

2. Die unaufgebbaren Grundelemente

Die heutige theologische Rede über die Auferstehung Jesu befindet sich in einer offenkundigen Anfälligkeit gegenüber dem Zeitgeist. Dieser Umstand nötigt den Verkündiger und auch den reifen und mündigen Christen, sich darüber klar zu werden, was zu den unaufgebbaren Elementaraussagen gehört, und die vieldeutig schillernden Umschreibungen der Auferstehungsbotschaft in ihrer Abwegigkeit und Auflösungstendenz zu durchschauen. Dabei sind drei Fundamentalerkenntnisse ins Auge zu fassen:

a) Die Tat Gottes in der Auferweckung Jesu

Zwei Fragen sind es, die sich seit fast zweitausend Jahren stellen und eine eindeutige Beantwortung verlangen: Ist an Ostern überhaupt etwas geschehen? Was hat sich, wenn sich etwas ereignet hat, zugetragen? Solange man sich, was heute der Fall ist, mit der Auferstehung als bloßer Idee begnügt, mit der Feststellung, die Auferstehung bedeute, daß Jesus wie andere große Persönlichkeiten eine bleibende Wirkungsgeschichte ausgelöst habe, dann sind beide Fragen zugleich negativ beantwortet. Dann ist »am dritten Tage« nach Karfreitag nichts geschehen. Dann ist die Erkundigung nach dem Inhalt eines Ereignisses, das ja gar nicht stattgefunden hat, überflüssig geworden. Diese Nivellierung des Auferstehungszeugnisses zu einer bloßen Symbolik, zu einer Versinnbildlichung der Bedeutsamkeit Jesu und seines Kreuzestodes und damit zu einer substanzlosen christlichen Ideologie steht nun allerdings in schroffem Widerstreit zu sämtlichen biblischen Bezeugungen der Auferstehung Jesu. Sie alle haben in ihren mannigfachen Formulierungen und Aussageweisen ein und denselben zentralen Inhalt, nämlich die Wirklichkeit des tatsächlichen Geschehenseins der Auferweckung des gekreuzigten und gestorbenen Jesus von Nazareth. Dieses Ereignis aber wurde herbeigeführt durch das *konkrete Eingreifen Gottes,* der den ins Grab gelegten Gekreuzigten zu einem »neuen«, geschichtstranszendenten Auferstehungsleben erweckte. Die Auferweckung Jesu ist Gottes souveräne, majestätische Allmachtstat, die an dem Gottessohn als dem Passionschristus und Gekreuzigten handelt. »Diesen Jesum hat Gott auferweckt, des sind wir alle Zeugen« (Apg. 2, 32). Die Aktivität des allmächtigen Schöpfers führt das Ostergeschehen herbei und macht gerade dieses Auferstehungsereignis zum Höhepunkt seines Offenbarungshandelns. Dem biblischen Zeugnis gemäß kann nicht stark genug betont werden, daß *die Proklamation des »offenbaren Gottes« zutiefst durch die Gottestat in der Auferweckung Jesu gekennzeichnet ist.* Es gibt keinen anderen Gott als den Gott, der den Gekreuzigten aus dem Tode erweckt hat. Alle anderen Gottesideen und Gottesbilder sind menschliche Konstruktionen, aber keine offenbar gewordene Wirklichkeit. Wer daher die Ostertat Gottes »am dritten Tag« leugnet, verfehlt zugleich den Glauben an den »offenbaren Gott«.

Indem Gott am Ostermorgen selbst am Werke ist, setzt er in dem Auferstandenen einen Neuanfang für das im Abfall von dem Schöpfer befindliche Weltganze. Die Auferweckung des Sohnes besitzt universale, weltumspannende Züge, trägt eine »metahistorische«, d. h. die menschliche Geschichtszone übersteigende Wesensbestimmtheit. Dementsprechend gehört auch der Bekenntnissatz »niedergefahren zur Hölle« in den Wirkungsbereich des Auferstehungsgeschehens. Er bringt die universale Niederwerfung der widergöttlichen Gewalten und die Befreiung der Totenwelt zum Ausdruck (s. 1. Petr. 3, 19—22). Daher berichten die Auferstehungszeugen auch nicht von dem »Wie« des Auferstehungswunders, sondern deuten auf eine neue Dimension hin, in der sich der Anbruch und Durchbruch des Ewigkeitslebens, also das Geschehnis jenseits der Todeslinie, ereignet hat. Der Auferstandene »hat dem Tode die Macht genommen und das Leben und ein unvergängliches Wesen ans Licht gebracht« (2. Tim. 1, 10). Diese neue Lebenswirklichkeit jenseits der Todeswelt entzieht sich der Erfassung durch innerweltliche, historische Kategorien. Von ihr kann sachgemäß nur gesprochen werden im Sinne einer *Neuschöpfung*. So bricht in der Auferweckung Jesu analog der Weltschöpfung der Morgen einer zweiten neuen Schöpfung an, also der Beginn einer geheimen Weltverwandlung. Das Geschehnis der Auferweckung kann darum im Unterschied zu den Wundern im Bereich des diesseitigen — geschichtlichen Daseins *nur* als Urwunder charakterisiert werden.

Dieser neuen schöpferischen Tat Gottes entspricht, daß das Zeugnis von der Auferweckung wesenhaft durch die Aussage über eine »neue«, »verklärte« *Leiblichkeit* gekennzeichnet ist. Folgerichtig kann auch niemals von der Wiederherstellung des geschichtlichen Leibes Jesu durch die Auferweckung die Rede sein, sondern es geht um die Wirklichkeit einer neuen »pneumatischen Leiblichkeit«, einer geschichtstranszendenten »pneumatischen« Existenzweise (s. 1. Kor. 15, 44.47.49). Dieses Ganzheitsgeschehen der Auferweckung, das auch die Leiblichkeit umgreift und nachdrücklich akzentuiert, erweist damit zugleich seine antiplatonisch-antispiritualistisch-antiidealistische Ausrichtung, wendet sich also gegen eine allgemein philosophisch-ideologische Denkgestalt, die nur ein »unsterbliches Seelentum« und nur geistige Werte anzuerkennen bereit ist.

In bezug auf dieses Offenbarungshandeln Gottes in der Auferwekkung sind jede neutrale Feststellbarkeit und jede historische Beweisführung grundsätzlich ausgeschlossen. Dieser Wirklichkeit einer Neuschöpfung, eines »neuen Äons«, entspricht nur die Entscheidung und Haltung des herausgeforderten *Glaubens.* Es muß daher auch unterschieden werden zwischen dem vorösterlichen Glauben der Jünger, der in der Anfechtung nicht standhielt, sondern zusammenbrach, und dem unerschütterlichen Osterglauben. Das Auferstehungszeugnis von dieser Großtat Gottes kann nur ein Glaubenszeugnis sein, dessen Einzigartigkeit darin besteht, daß es von einem schlechthin unvergleichbaren Ereignis handelt, das jedem Vernunfturteil und jeder menschlichen Erfahrung zuwiderläuft. Daher muß auch jedes Bemühen scheitern, von einem anthropologischen Wirklichkeitsverständnis aus die neue Wirklichkeit der durch Gottes Tat heraufgeführten Auferstehungswelt begreifen und beurteilen zu wollen. Die Konfrontation der Ostertat Gottes mit dem Glauben gehört zu dieser »Sache« und ist unvermeidbar. Das Selbstzeugnis Jesu und zugleich seine Rückfrage markieren diese Situation: »Ich bin die Auferstehung und das Leben, wer an mich glaubt, der wird leben, ob er gleich stürbe ... Glaubst du das?« (Joh. 11, 25).

b) Geschichtliche Fakten im Ostergeschehen

Die neue Wirklichkeit des Auferstandenen ereignet sich in Raum und Zeit geschichtlicher Begebenheiten. So sehr diese Osterwirklichkeit geschichtsüberlegen bestimmt ist, so sehr ist ihre Geschichtsbezogenheit grundlegend für das Auferstehungszeugnis. Der Niederschlag dieses Geschehens repräsentiert sich in ganz bestimmten, konkreten, persönlichen, nichtauswechselbaren historischen Fakten.

Die »Erscheinungen« des Auferstandenen. Beim Verständnis der Kette dieser Ereignisse, die sich in einer bestimmten Zeitperiode bis zur Himmelfahrt Jesu abspielten — abgesehen von dem Sonderfall der Offenbarungserscheinung des Auferstandenen vor Paulus, 1. Kor. 15, 5—10; Gal. 1, 12.16 —, kommt es in erster Linie darauf an, sich darüber klar zu werden, daß diese Geschehnisse nicht mit psychologischen Phänomenen wie Träumen, Halluzinationen, Visionen aller Art gleichgesetzt werden dürfen. Sie tragen einen völlig außergewöhnlichen Charakter und sprengen auch jeden Vergleich mit der visionären Schau der Propheten. In der Person des Auferstandenen tritt vielmehr die neue Dimension der Welt Gottes in Erscheinung, wird punktuell sichtbar und erlebbar. Dieses Hervortreten und Sichzeigen der Auferstehungswelt in der Begegnung mit dem lebendigen Herrn, der die Wundenmale des Gekreuzigten trägt, wird zu dem eigentlichen geschichtlichen Ermöglichungsgrund der Osterverkündigung.

In dieses Geschehen werden daher bestimmte Menschen als die »auserwählten Zeugen« mithineingezogen. Sie alle werden von der neuen Wirklichkeit betroffen und überwältigt, daß der Auferstandene sich ihnen persönlich zeigte. Der Auferstandene ist nicht eine »stumme und gespensterhafte« Erscheinung (A. Schlatter), sondern ein redendes und handelndes Subjekt, das sich als der gekreuzigte Jesus von Nazareth zu erkennen gibt, das zugleich als der »Kyrios« neue Gemeinschaft stiftet, Befehle erteilt und Verheißungen schenkt (Mt. 28, 18f). Diese Augenzeugenschaft des Auferstandenen ist für das Apostelamt von elementarer Bedeutung und die Vorbedingung für die apostolische Bevollmächtigung (s. Apg. 1, 22).

Dieses Offenbarwerden des Auferstandenen, in dem beides sich zugleich enthüllt: die geschichtstranszendente und die in geschichtlicher Begegnung sich dokumentierende Realität, findet seinen kennzeichnenden Ausdruck in der paradoxalen Berichterstattung der Osterevangelien.

»Paradoxal« bedeutet die widersprüchlich erscheinende Doppellinigkeit der Ostererzählungen. So ereignen sich ein Wiedererkennen des geschichtlichen Jesus, des Passionschristus, ein Gespräch mit ihm, ein Essen und Trinken in einer neuen Mahlgemeinschaft (Lk. 24, 13—31). Zugleich aber ist diese konkrete Leiblichkeit des Auferstandenen durchscheinend für die total göttliche Andersartigkeit der »Doxa«, der Lichtherrlichkeit des erhöhten Kyrios, die nicht mehr an Raumschranken und Zeitgrenzen gebunden ist. Das neue Sein des Auferstandenen hat die Abhängigkeit von der materiellen Existenz unserer Immanenzwelt hinter sich gelassen, wiewohl es in den Epiphanien die materielle Wand zu durchdringen vermag.

»Das leere Grab«. Es ist überaus aufschlußreich, daß im Zeitalter des Modernismus die urchristliche Überlieferung vom leeren Grab einer harten theologischen Bestreitung ausgesetzt ist. So ist seltsamerweise gerade die Anerkennung oder die Verwerfung dieses Faktums zu einem Prüfstein dafür geworden, ob man in der Theologie die

Wirklichkeit der Auferstehung Jesu ernstnimmt oder spirituell-ideologisch verflüchtigt.

So richtig es ist, daß der Osterglaube seinen Grund nicht in der Vieldeutigkeit eines festgestellten leeren Grabes hatte — die einzige Ausnahme bildet Joh. 20, 8, wo es heißt, daß Johannes in das Grab hineinging, »und sah und glaubte es« —, so steht doch unbezweifelbar die Kunde vom leeren Grab in engstem Zusammenhang mit dem Zeugnis von den Erscheinungen des Auferstandenen. Rein historisch gesehen ist es auch schlechterdings undenkbar, daß in Jerusalem verkündigt wurde, der Gekreuzigte sei auferstanden, wenn jedermann sich von dem noch im Grab befindlichen Leichnam Jesu hätte überzeugen können. Ebenso ist es historisch von Gewicht, daß schon die frühe jüdische Polemik gegen den christlichen Glauben das »leere Grab« keineswegs bestreitet, sondern ihm nur eine andere Deutung (»Diebstahlshypothese«) gab.

Es müßte ferner zu denken geben, daß *in sämtlichen Evangelien* (s. Mk. 16, 1—6.8; Mt. 27, 64; Lk. 24, 1—12; Joh. 20, 13) *das historische Faktum des leeren Grabes einhellig bezeugt wird* und es in der Urgemeinde eine Auferstehungsverkündigung ohne Wissen um das leere Grab überhaupt nicht gab und nicht geben konnte. Das gilt auch von Paulus, der keineswegs, wie immer wieder fälschlicherweise behauptet wird, vom leeren Grab schwieg, sondern selbstverständlich mit dieser Tatsache rechnete. Die älteste Bekenntnisformel, die Paulus 1. Kor. 15, 4 zitiert: »und daß er begraben sei«, verliert ja völlig ihren Sinn, wenn die ihr entsprechende Behauptung: »und daß er auferstanden sei am dritten Tag« nicht zugleich eine Aussage über das leere Grab wäre. Für Paulus war die Öffnung des Grabes durch Gottes Macht ein Bestandteil seiner Auferstehungsverkündigung, ohne daß dieses Faktum einer besonderen Erwähnung bedurfte. Jedoch ist seine Gleichnisrede zur Interpretation des Taufgeschehens — einerseits »Begrabenwerden« und andererseits »Auferwecktwerden« (Rö. 6, 4; Kol. 2, 12) — ein gewichtiger Hinweis dafür, daß das neue Christusleben die Überwindung der Gewalt des Grabes bedeutet, also das »leere Grab« von der Auferstehung nicht zu trennen ist (kennzeichnend auch Apg. 2, 31).

Die vorliegende Quellenlage widerspricht demnach eindeutig einer Bestreitung der geschichtlichen Tatsache. Seine Infragestellung ist wiederum nicht durch geschichtswissenschaftliche Untersuchungen, sondern durch eine vorausgegebene ideologisch-weltanschauliche Vorentscheidung bedingt. Dazu tritt noch die nicht zu übersehende, prinzipielle theologische Bedeutung des »leeren Grabes«. So wenig es sich um eine Beweiskraft dieses Faktums handeln kann, so sehr trägt es einen prägnanten Zeichencharakter. Es bezeugt das schöpferische Eingreifen Gottes zur Neugestaltung und Verwandlung der individuellen Leiblichkeit des ins Grab gelegten Jesus von Nazareth. Dieses Signum richtet zugleich eine Schranke auf gegen jede Verflüchtigung der personalen Auferstehungswirklichkeit zu einer bloßen, subjektiven Glaubensidee. Der Zweifel am »leeren Grab« ist daher ein folgenschwerer Beitrag, der dazu Anlaß gibt, an der Realität des Auferstehungsgeschehens zu rütteln.

c) Die Person des Auferstandenen

Ob die Rede von der Auferstehung Jesu ernsthaft von dieser Wirklichkeit überzeugt ist oder dieser Begriff zu einer bloßen Aussage über die fortdauernde Bedeutsamkeit Jesu verfälscht wird, dafür ist *ein* Kriterium entscheidend, nämlich das Zeugnis von der Person des Auferstandenen. Schon die Besinnung auf die Erscheinungen müßte erkennen lassen, daß diese Geschehnisse ihre Einzigartigkeit gerade in der personalen Selbstbezeugung und Selbstkundgabe des Auferstandenen besitzen. An diesem vom Tode auferweckten Jesus aber ist etwas geschehen. Er wurde von Gott selbst zum »Kyrios« erhöht, dem »alle Gewalt im Himmel und auf Erden gegeben ist« (Mt. 28, 18). »Gott hat diesen Jesus ... zu einem Herrn und Christus gemacht« (Apg. 2, 36), der in göttlicher Vollmacht zum Apostolat beruft (Apg. 9, 5.15; Gal. 1, 12) und in einem universalen Sendungsauftrag seine Gemeinde auf Erden gründet (Eph. 2, 20). Die in der theologischen Diskussion viel erörterte Frage der Spannung zwischen der »Kontinuität« (Zusammenhang) der nachösterlichen Verkündigung mit dem vorösterlichen Jesus einerseits und der »Diskontinuität« (Andersartigkeit) des Auferstandenen mit dem historischen Jesus andererseits findet hier ihre Beantwortung. Der Auferstandene ist zwar derselbe geschichtliche Jesus, der am Kreuz starb, aber zugleich mehr und anders, denn »Gott hat ihn erhöht und ihm einen Namen gegeben, der über alle Namen ist« (Phil. 2, 9).

Durch diesen göttlichen Akt der »Inthronisation« zum universalen Weltherrn wird aus dem vergangenen Jesus Christus der allgegenwärtige Herr, dessen Majestät in dem »Himmelfahrtsfest« — Himmelfahrt besagt die letzte Erscheinung des Auferstandenen vor seiner Wiederkunft — gefeiert wird. Dieser Auferstandene vollzieht als der himmlische und zugleich als der gegenwärtige Kyrios sein Amt der »Intercessio«, des fürbittenden Eintretens, in dem sich die permanente erlösende Wirksamkeit des erhöhten Weltversöhners für seine Gemeinde ereignet. Dieser hohepriesterliche Dienst des erhöhten Erlösers (Hebr. 7, 25) dokumentiert die ewige Gegenwart der rettenden Kraft des Gekreuzigten. »Und ob jemand sündiget, so haben wir einen Fürsprecher (Anwalt) bei dem Vater, Jesus Christus, der gerecht ist« (1. Joh. 2, 1). Der Erhöhte, »welcher ist zur Rechten Gottes und vertritt uns« (Rö. 8, 34), besitzt das göttliche Herrschaftsrecht und die gültige Regierungsvollmacht, die weder zeitlich noch räumlich gebunden ist, denn »dextra Dei ubique est« — »die Rechte Gottes ist überall«.

So begründet der Auferstandene ein Personalverhältnis, eine personhafte Ich-Du-Beziehung zwischen sich und den an ihn Glaubenden. *Das unbedingte Rechnen mit der ewigen, aber gegenwärtigen Person des Auferstandenen ist Kriterium und Kennzeichen für die Echtheit des Osterglaubens.* Das Zeugnis von der Auferstehung Jesu meint daher nicht ein »neutrales« Geschehen, kein »Es«, auch nicht das bleibende Wort Gottes oder eine allgemeine Heilsverkündigung, sondern die Person des Auferstandenen selbst. Darauf hat die Urgemeinde mit dem Gebet zu dem erhöhten Herrn geantwortet. Gerade dieser auffallende Tatbestand, daß »Christen jene Leute sind, die einem Menschen Jesus göttliche Verehrung« erweisen, »carmina quasi Deo« — »als ob er Gott wäre« (Brief des Statthalters Plinius an Kaiser Trajan in Rom im Jahr 96 (97), hat die Verwunderung der damaligen heidnischen Umwelt erregt. So ist die Christuswirklichkeit eine über alle Zeiten und Wandlungen der Geschichte greifende personale Wirklichkeit, die in eine Situation des persönlichen Gesprächs im Gebet zu Jesus und der Anbetung Jesu versetzt. »Sie aber beteten ihn an« (Lk. 24, 52; 2. Kor. 12, 8).

Literaturhinweise

W. Künneth, *Theologie der Auferstehung*, 5. erweiterte Auflage, 1968; W. Künneth, *Entscheidung heute*. Jesu Auferstehung — Brennpunkt der theologischen Diskussion, 1966; Hans von Campenhausen, *Der Ablauf der Osterereignisse und das leere Grab*, 1958[2]; Wolfhart Pannenberg, *Grundzüge der Christologie*, 1964, 97 ff.

4. Abschnitt: Die Realität des Glaubens

Christlicher Glaube ist seinem Wesen nach Offenbarungsglaube. Der »offenbare Gott« und der Glaube des Menschen stehen in einer unlösbaren Verbundenheit. Glaube ist daher die zustimmende Reaktion auf die Botschaft einer geschehenen Offenbarung Gottes. *Nur im Aspekt dieses Glaubens ist die Wirklichkeit des offenbaren Gottes zu erkennen, und die Wirklichkeit des Glaubens selbst ist nur als Folge vorausgegebener Offenbarung Gottes zu verstehen.* Unsere bisherigen Aussagen vollzogen sich demgemäß schon immer unter der Voraussetzung des Glaubens an Gottes Offenbarung. Ohne Offenbarung kann sinnvollerweise nicht vom Glauben geredet werden, so wie umgekehrt das Offenbarungsgeschehen selbst nur der Glaubenserkenntnis zugänglich ist. Daher ist ein legitimes Glaubensverständnis identisch mit einer eindeutigen Offenbarungserkenntnis. Eine sachentsprechende Theologie muß eine Offenbarungstheologie sein.

I. Die große Wende

Sobald »Glaube« sich ereignet, kommt es in der Existenz des Menschen zu der entscheidenden Lebenswende. Damit aber stellen sich zwei elementare Fragen: Wie kommt es zu solchem Geschehen, das wir »Glauben« nennen? Was bedeutet die neue Glaubensexistenz?

1. Wie kommt es zum Glauben?

a) Der mißverstandene Glaube

Der Begriff »Glaube« ist keineswegs eindeutig. In einer Zeitphase, in der alles ins Wanken gekommen ist, ist begreiflicherweise auch das Glaubensverständnis in eine fortschreitende Verschwommenheit hineingezogen worden. Wir sind daher genötigt, die wesentlichen Mißverständnisse des Glaubens anzusprechen, um damit von vornherein eine falsche Blickrichtung in der Beurteilung des Glaubens auszuschalten. Dabei gilt es, drei spezifische Erscheinungsformen des mißverstandenen Glaubens zu bedenken.

Glaube und Religiosität. Ein erstes Mißverständnis begegnet uns in der naiven Gleichsetzung von Glaube und Religiosität. Die traditionelle Rede von einer »christlichen Religion« ist an diesem Irrtum nicht unbeteiligt. Der religiöse Mensch erhebt den Anspruch, »gläubig« zu sein, und der Glaubende versteht sich als ein Vertreter der Religiosität. Der religiös empfindende Mensch aber muß bei aller Ernsthaftigkeit seiner Frömmigkeit deshalb noch lange kein Christ sein. Der diametrale Unterschied zwischen christlichem Glauben und allgemeiner Religiosität besteht ja darin, daß die Religion im Gegensatz zum Offenbarungsglauben eine Möglichkeit des menschlichen Seelentums, das Produkt einer religiösen Veranlagung analog etwa einer ästhetischen oder technischen Begabung darstellt. Der homo religiosus, der religiöse Mensch, verfügt selbständig über die Inhalte seiner Frömmigkeit, schöpft seine religiösen Erlebnisse aus seinem eigenen Sein oder aus den geistigen Brunnenstuben der Menschheit. Seine Religiosität ist völlig unabhängig von einer vorausgehenden Offenbarung Gottes und nicht interessiert an geschichtlichen Tatbeständen eines Offenbarungsgeschehens. Die Religiosität ist daher nicht an das biblische Offenbarungszeugnis gebunden, sondern »wortfrei«, letztlich »wortlos« und bewegt sich in der Sphäre des Emotionalen, der Gefühlsschichten und seelischen Erlebnisse. Gewiß vermag auch ein Bibelwort für die Erweckung eines religiösen Prozesses wertvolle Anregungen zu geben, aber es besitzt nur den Rang einer »Geburtshilfe« (mäeutische Bedeutung), wie auch ein Weisheitsspruch des Konfuzius, Buddhas, des Korans oder der Lyrik Goethes denselben Dienst zu leisten vermag. Das biblische Zeugnis hat hier eine vorübergehende, partielle Bedeutung, während der Erlebnisfülle des Religiösen selbst das absolute und maßgebende Gewicht zukommt.

Der Glaubensformalismus. Darunter ist jene Deutung des Glaubens zu verstehen, die unter »Glauben« die Anerkennung einer bestimmten Anzahl kirchlicher Bekenntnissätze und dogmatischer Formulierung biblischer Inhalte begreift. In diesem Falle besagt Glaube das Ja zu einer Summe kirchlich überlieferter und als heilsnotwendig herausgestellter Lehren, ohne daß auf der persönlichen Inanspruchnahme der entscheidende Akzent liegt. Im Glauben vollzieht sich dann so etwas wie ein bloßes Fürwahrhalten außergewöhnlicher, in der Bibel bezeugter Vorgänge und kirchlich-traditioneller Dogmen. Der Glaube wird damit zu einer quantitativen Größe, indem gefragt wird: Was muß ich denn glauben? Was gehört alles zu den Dingen, die ich zu glauben verpflichtet bin?

So gewiß es richtig ist, daß der christliche Glaube von einer Erkenntnis der Offenbarung Gottes lebt, so erschöpft er sich doch keineswegs in diesem formalen Wissen. Diese Veräußerlichung und Vergegenständlichung des Glaubens verfälscht die lebendige Wirklichkeit des Glaubens zu einer menschlichen Leistung, zu einem frommen Werk, das geradezu eine Perversion des Offenbarungsglaubens bedeutet. Bei diesem verfehlten Glaubensverständnis wäre die Glaubenserkenntnis der Reformation nur eine Verkürzung der mittelalterlichen Gläubigkeit, also durch ein »Minus«, durch Substraktionen gewonnene verkürzte Glaubensinhalte bestimmt. Dieser Irrtum äußert sich dann in der primitiven Meinung, der Protestant müsse weniger glauben, als es den katholischen Christen zugemutet wird, wobei übersehen wird, daß die protestantische Allerweltsreligion mit christlichem Glauben überhaupt nichts zu tun hat.

Der Glaubensaktualismus. Bei diesem Begriff haben wir es mit einem Phänomen zu tun, das ein typisches Resultat theologisch-modernistischen Denkens darstellt und sich heute besonderer Beliebtheit erfreut. In Konsequenz der modernistischen Grundthese, daß im Horizont des reinen Immanenzdenkens von einer Offenbarungsrealität im eigentlichen Sinn nicht geredet werden kann, ergibt sich die neue Behauptung, daß sich ausschließlich im Glauben selbst Offenbarung ereignet, daß Glaube und Offenbarung ein und dasselbe bedeuten. Dieser so verstandene Glaube fragt nicht mehr nach der Wirklichkeit einer außerhalb des Menschen geschehenen Heilsoffenbarung Gottes, sondern ist selbst das aktuelle Ereignis — hic et nunc = hier und jetzt —, in dem der Mensch seine eigene Situation und seine Umwelt religiös deutet. Der Glaubensaktualismus repräsentiert sich in dem »Hören« auf Impulse und Ansprüche, die in einer bestimmten Lage, bedingt durch Umweltverhältnisse, an ihn ergehen und seine Verantwortung beanspruchen. In dem Beziehungsgefüge von »Ich und Mitmensch», von »Ich und Situation« ereignet sich Offenbarung und damit die eigentliche Entscheidung des Glaubens. Diese »gläubige« Verhaltensweise besagt jedoch nichts anderes als die Gewinnung eines neuen Selbstverständnisses, für welches das Wort »Glaube« verwendet wird. Diese neue Gläubigkeit ist als Situationsgläubigkeit inhaltlich nicht fixiert, sondern zeitbedingt variabel und flexibel. Für sie ist die Offenbarungsbotschaft der Bibel gleichgültig geworden, denn dieser aktualisierte Glaube befindet sich in einem progressiven Wandel und verändert sich zugleich mit dem soziologisch bedingten Zeitbewußtsein. Dieser Glaubensaktualismus vollzieht sich in einem Schwebezustand, für den die Unverbindlichkeit seiner Aussagen kennzeichnend ist. Deshalb sind für ihn biblisches Zeugnis, Lehre und Bekenntnis, also jede inhaltliche Bestimmtheit des Glaubens, ohne jedes Interesse.

Dieser Verlust biblischer Offenbarungssubstanz treibt zur Aufnahme von Offenbarungssurrogaten und Ersatzinhalten, die aus situationsbedingten Quellen gewonnen werden. So wird heute, dem Zeitgeist entsprechend, der Glaube als soziales Engagement, als Realisierung der Nächstenhilfe, als Aktionsbereitschaft zur Strukturveränderung, als Wille zur humanitären Weltverbesserung interpretiert. Der Glaube versteht sich damit als eine rein menschliche Funktion der zeitbedingten Psychologie und Soziologie. In dieser Ausrichtung besitzt er futurische Züge und proklamiert die Hoffnung auf die kommende Perfektion einer neuen Gesellschaft und Menschheit.

Diese Gläubigkeit, die sich in der richtigen moralisch-sozialen Verhaltensweise erschöpft und sich in dem Vertrauen auf menschliche Leistungen gründet, muß in einer antibiblischen Gesetzlichkeit oder in der Schwärmerei enden.

b) Glaube als Werk des Heiligen Geistes

Das Verständnis des Offenbarungsglaubens ist durch die Fundamentalaussage gekennzeichnet: »Der christliche Glaube ist im Gegensatz zu sonstigen ›Gläubigkeiten‹ durch das Vorausgegebensein geschehener Offenbarung bedingt.« Wenn Glaube also nicht aus der Immanenzsphäre des Menschseins stammen kann, dann prägt sich in ihm selbst das Wirksamwerden des »offenbaren Gottes« aus, dann ist er Werk des Heiligen Geistes.

Die Wortgebundenheit ist für den Glauben konstitutiv, d. h. existenz- und wesensbestimmend, denn der Heilige Geist, eben der Geist »Gottes des Vaters« und »Gottes des Sohnes«, ist nicht eine frei schwebende Größe eines allgemeinen »Weltgeistes«, sondern unabdingbar an das Offenbarungszeugnis gebunden. Es gehört zum Mysterium der Herablassung Gottes, daß sein Heiliger Geist unzertrennbar mit der Proklamation des Heilsgeschehens in und durch Jesus Christus verknüpft ist. *Dieses Offenbarungswort, das Wort Gottes, stellt das pneumatische Kraftfeld, die Wirkungszone des Heiligen Geistes, dar, in der er sich selbst bezeugt* und interpretiert, sich also selbst auslegt und den Menschen zu verstehen gibt, wer er — der Heilige Geist — ist und was er will. Damit wird ersichtlich, daß sich *dieses geisterfüllte Gotteswort als der einzige Ermöglichungs- und Realgrund des Glaubens darstellt,* und daß seine Arteigenheit und Einzigartigkeit durch die Geschichtsgebundenheit der biblischen Offenbarungsüberlieferung geprägt wird. In dieser grundlegenden Charakterisierung des Glaubens ist ein Zweifaches beschlossen:

Der Glaube wird durch das Wort *erweckt.* Die Entstehung des Glaubens setzt daher nicht eine seelische Veranlagung des Menschen voraus, sondern ist das irrationale Ereignis der Begegnung mit dem offenbaren Gott, das sich jeder menschlichen Erklärbarkeit entzieht. Diese Begegnung aber wird durch das »Wort« als der pneumatischen Wirkungsmacht Gottes vermittelt. Der Glaube ist daher das Betroffenwerden durch den Anspruch des Offenbarungswortes.

Dieses Verkündigungswort aber ist die Anrede des Heiligen Geistes, die den Menschen aus seiner Neutralität oder Abwehrhaltung gegenüber Gott herausreißt und ihm das »Ja« des Glaubens zu diesem Heilsangebot Gottes schenkt. »So kommt der Glaube aus der Predigt, das Predigen aber durch das Wort Gottes« (Rö. 10, 17; Joh. 17, 20).

Sodann wird der Glaube durch das Wort *erhalten.* Für den Glauben kommt daher alles auf den bleibenden Kontakt mit dem Offenbarungswort an. »So ihr bleiben werdet an meiner Rede, so seid ihr meine rechten Jünger« (Joh. 8, 31). Die Konstanz (das Bestehenbleiben) des Glaubens ist gleichbedeutend mit der Konstanz der Wortverbundenheit des Glaubens. Jede Kontaktstörung bedroht notwendigerweise den Glauben selbst, da der Glaube nicht aus seinen eigenen menschlichen Möglichkeiten heraus zu existieren vermag. Der Glaube hängt an dem »Wort Gottes«, nährt sich aus diesem Kraftfeld des Heiligen Geistes. Der Glaube versteht sich daher nicht als eine neue subjektive Instanz, als eigenmächtiger Quellort, sondern er empfängt seine Möglichkeit und Kraft nur in beständiger Rückbeziehung auf das Offenbarungszeugnis. Der Glaube sieht sich daher genötigt, die Gültigkeit seiner Aussagen durch das »Wort« auszuweisen und durch das »Wort« jederzeit korrigieren zu lassen. Da der Glaube niemals in Reinheit an sich existiert und durch falsche Töne, Mißverständnisse, Irrtümer und Anfechtungen gefährdet ist, muß er sich immer wieder erneut durch die Orientierung am »Wort« ausrichten und seine Fahrtrichtung bestimmen lassen. Daher dic Bitte: »Herr, ich glaube, hilf meinem Unglauben« (Mk. 9, 24).

Aus dieser Sachlage ergibt sich das vitale Anliegen des Glaubens, daß eine offenbarungsgemäße Verkündigung, eine »pura doctrina« (reine Lehre), sein Wachstum und seine Bewahrung ermöglicht. Wer daher die biblische Lehre von der Offenbarung, das Wort Gottes, angreift, kritisch zersetzt oder bagatellisiert, muß sich darüber im klaren sein, daß er damit den Glauben selbst antastet und dessen Grundlagen zerstört.

Das Erwähltsein im Glauben. Wenn der durch das Wort wirkende Heilige Geist Gottes den Glauben entstehen läßt, so ereignet sich das Erwähltwerden des Menschen. Dieses Geschehen gehört zum Geheimnis der Offenbarung Gottes, das die Warumfrage verbietet. Weshalb der eine Mensch mit dem Glaubenkönnen und Glaubendürfen beschenkt wird, während dem Mitmenschen dasselbe Geschenk allem Anschein nach versagt ist, kann nicht mit der menschlichen Anfrage »ist denn Gott ungerecht?« (Rö. 9, 14) beantwortet werden. Das Offenbarungszeugnis verweist vielmehr auf das souveräne Herrsein Gottes: »Denn er spricht zu Mose: ›Welchem ich gnädig bin, dem bin ich gnädig; und wessen ich mich erbarme, des erbarme ich mich.‹ So liegt es nun nicht an jemandes Wollen oder Laufen, sondern an Gottes Erbarmen« (Rö. 9, 15.16).

Die Entstehung und Erhaltung des Glaubens ist daher die Realisierung der unbegreiflichen Gnade Gottes, die einzigartige Gabe des göttlichen Erbarmens in dem Werk des Heiligen Geistes. »Dieser tat der Herr das Herz auf« (Apg. 16, 14). Diese biblische Grunderkenntnis läßt deutlich werden, daß der Glaube nicht durch eine menschliche Aktion gewonnen werden kann, sondern daß es sich bei dem Gläubigwerden um ein passives Geschehen handelt, das sich am Menschen in seinem Erwähltwerden vollzieht. Dem entspricht das Bekenntnisurteil in der Confessio Augustana 5: »ubi et quando visum est Deo« — »wo und wann es Gott gefällt«, wird durch das Evangelium der Glaube erzeugt. Es darf jedoch nicht übersehen werden, daß dieses Erwähltsein im Glauben tiefste Gewißheit und Geborgenheit begründet. Die Zusage Jesu: »ihr habt mich nicht erwählt, sondern ich habe euch erwählt« (Joh. 15, 16), ist der Grund des weltüberlegenen Glaubenstriumphes: »Wer will die Auserwählten Gottes beschuldigen? Gott ist hier, der da gerecht macht« (Rö. 8, 33; 1. Joh. 5, 4).

c) Glaube als persönliche Entscheidung

Die Zentralfrage, wie es zum Glauben kommt, wäre jedoch einseitig und damit unvollständig beantwortet, wenn nicht die zweite Seite derselben Realität des Glaubens die gleiche Akzentuierung erfahren würde. Wir haben es also auch bei dem sachgemäßen Verständnis der Glaubenswirklichkeit mit einer paradoxen Doppellinigkeit zu tun. Sie darf nicht verstandesmäßig derart aufgelöst werden, daß nur die *eine* Aussage Berücksichtigung findet. Die Grundstruktur des biblischen Glaubens ist demnach durch zwei Aspekte gekennzeichnet: Erstens durch die pneumatologisch-objektive Blickrichtung auf das Werk des Heiligen Geistes, und zweitens durch die psychologisch-subjektive Blickrichtung auf die persönliche Entscheidung. Beide Aussagen besitzen ihre Notwendigkeit und ihr Eigenrecht.

Die Bekehrung. Ohne Frage gilt es zu erkennen, daß jedem Menschen wesensmäßig die Möglichkeit offen steht, zum Glauben zu kommen. Der Mensch als eine von Gott zur »Ebenbildlichkeit« Gottes (1. Mos. 1, 27) berufene Kreatur ist auf den Glauben hin ansprechbar. Der Mensch ist demnach durch das Glaubenkönnen vor jeder anderen Kreatur ausgezeichnet. Die Glaubensfähigkeit dokumentiert gerade ein charakteristisches Merkmal der menschlichen Personhaftigkeit, das Eigentliche seiner Existenzbestimmung. Der Aufruf des Offenbarungswortes zum Glauben verlangt eine verantwortliche Stellungnahme vom Menschen. Damit ist jeder Mensch in einem bestimmten »Kairos« (Entscheidungsstunde) zur persönlichen Glaubensentscheidung aufgefordert. »Entscheidung« besagt das Heraustreten des Menschen aus seiner Scheidung, seinem Getrenntsein von Gott, denn »alles, was nicht aus dem Glauben kommt, ist Sünde« (Rö. 14, 23). Das Verfehlen dieses Anspruchs muß zur Scheidung von Gott und zum Verderben des menschlichen Personseins führen. Die Glaubensentscheidung verlangt eine persönliche, individuelle Willenshaltung. Wer nicht glauben will, kann nicht erwarten, daß ihm das »Glaubendürfen« geschenkt wird. Nicht glauben bedeutet daher nicht Neutralität, sondern vielmehr Unglauben; nicht als ein ungewolltes und unverdientes Schicksal, sondern als Schuld des Menschen.

Dieser unauswechselbare persönliche Akt der Glaubensentscheidung ist die Bekehrung zu der dreifaltigen Wirklichkeit des offenbaren Gottes. Bekehrung ist das »Nein« zu allen ideologischen Angeboten und Lebensmöglichkeiten ohne Gottes Offenbarung und zugleich das »Ja« zu der von Gott in Jesus Christus angebotenen Rettungsaktion der Welterlösung. Wer zum Glauben gelangen will, muß sich daher dieser Offenbarungsbotschaft, dem Einfluß- und Wirkungsbereich des Wortes Gottes und damit dem Kraftfeld des Heiligen Geistest aussetzen. In dieser Haltung nimmt die Bekehrung (metanoia, conversio) ihren Anfang.

Diese Bekehrung als persönliche Glaubensentscheidung trägt eine Doppelgestalt. Sie kann sich in einer besonderen Lebenswende verwirklichen und damit Einmaligkeit besitzen. Dieser Vorgang ist für jede missionarische Situation typisch. In ihr vollzieht sich stets der Übergang von einer Existenz ohne Glauben zu einem neuen Leben, für das die Offenbarung Gottes maßgebend geworden ist. Die Unterscheidungen zwischen »Einst« und »Jetzt«, einem »Vorher« und »Nachher« kennzeichnen diesen Bekehrungsvollzug.

Die in der Bekehrung akut werdende persönliche Entscheidung kann sich aber auch als eine Entscheidung in Permanenz, nämlich in fortgesetzter Wiederholung, ereignen. Hier geht es um immer neue Entscheidungen, sofern der Glaube in täglicher Abkehr von den Fremdbindungen und in täglicher Hinkehr zu dem offenbaren Gott sich als lebendig erweist und bewährt. Nach Luther kommt es gerade darauf an, den »alten Adam« (den Menschen ohne Glauben) »durch tägliche Reue und Buße zu ersäufen«. Die einmalige und die permanente Form der Bekehrung stehen demnach nicht in Spannung zueinander, sondern sind die beiden Seiten derselben Wirklichkeit. Auch eine Bekehrung als Anbruch des Lebens ist stets auf die neue Bewährung im Laufe der Lebensgestaltung angewiesen.

Die Imperative des Glaubens. Die Offenbarungsbotschaft in allen ihren Verkündigungsgestalten zielt auf die Entstehung des Glaubens ab. Diese Nachricht vom Heilsgeschehen ist daher niemals eine bloß neutrale Wissensmitteilung, sondern stets die personenbezogene Aufforderung zur Glaubensentscheidung: »Laßt euch versöhnen mit Gott« (2. Kor. 5, 20). Die Thematik dieses missionarischen Imperativs lautet: »Glaubet an das Evangelium!« (Mk. 1, 15; 9, 24; 16, 16; Mt. 8, 13; Joh. 3, 16.18). Dieser Aufruf verlangt die eindeutige Entscheidung für oder gegen den offenbaren Gott. Damit aber verbindet sich für die glaubende Gemeinde der spezielle Imperativ: »Halte, was du hast!« (Offb. 3, 11; 2. Tim. 2, 8: »Halte im Gedächtnis Jesus Christus«; Jes. 7, 9). Damit wird ausgesagt, daß die Entscheidung in der

Bekehrung nicht eine vorübergehende Haltung darstellt, sondern fortgesetzt zu vollziehen ist, damit der Glaube erhalten bleibt, sich mehrt, sich vertieft, ausreift und Früchte bringt.

Zusammenfassung

Die Beantwortung der Frage nach der Entstehung des Glaubens verlangt eine Feststellung, die nur in zwei gegensätzlichen Aussagen von gleichem Gewicht die Wirklichkeit des Glaubens umschreiben kann. Einmal ist *der Glaube,* prinzipiell-theologisch geurteilt, *allein peumatisches Werk Gottes,* womit jeder Eigenruhm des Glaubenden und jeder Gedanke an Verdienstlichkeit des Glaubens ausgeschlossen wird. Sodann fordert der Glaube, psychologisch-seelsorgerlich und missionarisch gesehen, die *persönliche Entscheidung* des Einzelnen, der sich eben nicht leichtfertig darauf berufen kann, daß ihm diese Gnade des Glaubens nicht zuteil geworden sei. Die Gültigkeit dieser beiden Faktoren findet ihre biographische Bestätigung in der Einsicht von Menschen, die gläubig wurden. Einerseits sind sie in der Lage, alle seelischen und schicksalhaften Verästelungen des Weges, der sie durch Willensentscheidung zum Glauben führte, anzugeben. Andererseits bezeugen sie zugleich in allen diesen Vorgängen und Lebensführungen die verborgene, aber wirkende Gnade Gottes. Ihr biblisches Lebensbekenntnis faßt sich in dem Zeugnis zusammen: »Meine Entscheidung für den Glauben ist nicht mein Werk, sondern allein Gottes Gnade.«

2. Die »neue« Existenz

a) Die Schicksalswende

Die aufgeworfene Frage, was es denn um das Wesen der Glaubensexistenz sei, erfährt im biblischen Zeugnis eine überaus charakteristische Beantwortung. Das »neue« Sein im Glauben kann nur als eine totale Schicksalswende umschrieben werden. Der offenbare Gott ist der Gott, »welcher uns errettet hat von der Obrigkeit der Finsternis (exousia) und hat uns versetzt in das Reich seines lieben Sohnes« (Kol. 1, 13). »Aber Gott . . . hat uns samt Christus lebendig gemacht und hat uns samt ihm auferweckt, und samt ihm in das himmlische

Wesen (Daseinswirklichkeit) gesetzt in Christus Jesus« (Eph. 2, 4-6). Der Glaube dokumentiert eine umfassende Existenzveränderung, nämlich das Herausgenommensein aus der Situation der Offenbarungslosigkeit und damit der Gottesferne und das Hineingestelltsein in die Gottverbundenheit. In dem Ereigniswerden des Glaubens vollzieht sich die Scheidung von dem Herrschaftsbereich der widergöttlichen Macht, von der Apostasie (Abfall von Gott) einerseits und andererseits das Versetztwerden in die Dimension Gottes, die sich in Jesus Christus als dem Auferstandenen eröffnet hat (Gal. 1, 4). Glaube ist daher als eine »neue« Existenz, als das Sein »durch« Christus, »in und mit« Christus zu verstehen, und bedeutet eine Ganzheitsbeschlagnehmung durch den lebendigen Herrn. Somit meint *Glaube* nicht nur eine neue Erkenntnis und Verhaltensweise des Menschen, sondern grundsätzlich *eine neue Situation, eine umstürzende Lageveränderung.* Der Glaubende steht nicht mehr unter dem Zwang seiner Ichhaftigkeit, ist nicht mehr »egozentrisch« ausgerichtet und nicht mehr den Gewalten der Immanenzwelt unterworfen, sondern sein Leben bewegt sich um die neue Christusmitte, es orientiert sich an dem neuen Herrn, der Glaubende steht als »Bürger einer neuen Welt« unter der Christusherrschaft. Denn »unsere Reichsbürgerschaft ist im Himmel« (in der Christusdimension, Phil. 3, 20; Hebr. 12, 22). Das christliche Selbstverständnis besteht in der neuen Lage- und Seinserkenntnis: »Ich lebe, aber doch nun nicht ich, sondern Christus lebt in mir« (Gal. 2, 20). Da der Glaube die Selbstherrlichkeit des Menschen entmächtigt und die Fremdherrschaft der Welt überwindet, tritt in ihm eine »neue« Existenz in Erscheinung. Diese elementare Schicksalswende ereignet sich in der neuen Existenzgemeinschaft mit Christus. »Darum, ist jemand in Christus, so ist er eine neue Kreatur, das Alte ist vergangen, siehe, es ist alles neu geworden« (2. Kor. 5, 17).

b) Die Wesensbestimmtheit des neuen Seins

Der Glaube als Seinsveränderung trägt eine Personalstruktur, da alles auf die dreifaltige Gotteswirklichkeit des »Vaters«, des »Sohnes« und des »Heiligen Geistes« ausgerichtet ist. Der durch den Heiligen Geist ermöglichte Glaube ist der Glaube »an« Jesus Christus, in dem sich der offenbare Gott erschlossen hat und gegenwärtig ist. Dieser Glaube aber ist das Hineingenommensein in das Auferstehungsleben, in die neue Christusdimension, die sich in bestimmten Wesensmerkmalen zeigt. Spezifisch biblische Aussagen charakterisieren dieses neue Sein »im Glauben«. Es handelt sich hier um verschiedene Begriffe, die zwar mannigfache Akzente und Blickpunkte setzen, wesenhaft jedoch dieselbe neue Glaubensexistenz verdeutlichen.

Rechtfertigung ist die grundlegende Näherbestimmung des Glaubensinhaltes. Das »Christus gewinnen« (durch den Glauben) zeigt, daß das In-Ordnung-kommen vor Gott, nämlich das »Gerechtwerden«, das »Richtigwerden«, wie es Gottes Willen entspricht, nicht durch menschliche Leistungen, nicht »aus dem Gesetz« geschehen kann, »sondern durch den Glauben an Christus« (Phil. 3, 9; Rö. 3, 21—25). Der Freispruch des Schuldigen, das Gerechterklären sowie das Gerechtwerden ist das Gnadenwerk Gottes »durch die Erlösung, so durch Christum Jesum geschehen ist« (Rö. 3, 24; 8, 33). Der Offenbarungsglaube kann daher seinem eigentlichen Wesen nach kein anderer Glaube sein als Rechtfertigungsglaube. So sehr es in der »Existenz im Glauben« ein Wachsen, eine Vertiefung und ein Reifwerden gibt — der biblische Christusglaube kann doch niemals über das fundamentale Bekenntnis »Gott sei mir Sünder gnädig« hinauskommen.

In diesem Rechtfertigungsgeschehen aber ereignet sich zugleich die *Wiedergeburt*. Dieser oft mißverstandene Begriff darf nicht in den Zusammenhang mit einem menschlichen Willensakt gebracht werden. Er bezeichnet vielmehr das neue schöpferische Handeln Gottes am Menschen. Gott »hat uns wiedergeboren ... durch die Auferstehung Jesu Christi von den Toten« (1. Petr. 1, 3). Indem Gott den Sünder gerecht spricht, die Sünde vergibt, schenkt er ihm zugleich »das ewige Leben«. Die Wiedergeburt geht also nicht vom Menschen aus, sondern ist das Kennzeichen der neuen Existenz, der Christusverbundenheit. So ist gerade die Wassertaufe der Hinweis auf das objektive Heilsgeschehen, das allein der Heilige Geist wirkt (Joh. 3, 5; Kol. 2, 12; Eph. 5, 26; Tit. 3, 5).

Jeder Glaubende ist durch Rechtfertigung und Wiedergeburt in eine neue Beziehung zu dem offenbaren Gott gerückt worden, nämlich in die *Gotteskindschaft*. Der Geistempfang durch Sündenvergebung und Wiedergeborenwerden versetzt in die Reichsunmittelbarkeit der Kindschaft Gottes. »Denn welche der Geist Gottes treibt, die sind Gottes Kinder« (Rö. 8, 14); »Ihr seid alle Gottes Kinder durch den Glauben an Jesus Christus« (Gal. 3, 26; 4, 5). Jetzt ist den Glaubenden das außerordentliche Vorrecht zuteil geworden, den allmächtigen

Gott mit »Abba, lieber Vater« anzurufen (Rö. 8, 15; Gal. 4, 6). Darin dokumentiert sich das durch die Liebe Gottes geschenkte Kindesrecht und die Kindespflicht des Glaubenden, sich bittend an Gott, »den Vater im Himmel«, zu wenden. Diese Bitten sind der Vollzug der Gegenliebe des Kindes zum Vater: »Lasset uns ihn lieben, denn er hat uns zuerst geliebt« (1. Joh. 4, 19 [Mt. 7, 7; 18, 19; 21, 22; Joh. 14, 13; 15, 7; 16, 24; Rö. 8, 14.16; Gal. 3, 26; 4, 6f; Eph. 3, 20; Jak. 1, 5]). Die Gotteskindschaft verleiht aber zugleich ein ewiges Erbrecht, die Garantie, an der kommenden Christusherrlichkeit teilhaben zu dürfen. »Sind wir denn Kinder, so sind wir auch Erben und Miterben Christi, so wir anders mit leiden, auf daß wir auch zur Herrlichkeit erhoben werden« (Rö. 8, 17; Tit. 3, 7).

Auch der Begriff *»Heiligung«* muß in die Besinnung auf die Wesensmerkmale des neuen Seins einbezogen werden. Auch hier gilt primär die grundlegende Heilserkenntnis, daß die neue Glaubensexistenz in Christus schon den Zustand des Geheiligtseins durch Gottes Geist bedeutet. Die fundamentale Gewißheit lautet: »Ihr seid abgewaschen, ihr seid geheiligt, ihr seid gerecht geworden durch den Namen des Herrn Jesus und durch den Geist unseres Gottes« (1. Kor. 6, 11; Eph. 5, 26). »Christus hat selbst durch sein Sühneopfer die Heiligung perfekt gemacht und ist für uns zur Heiligung geworden« (1. Kor. 1, 30). Dieses Geschehensein der Heiligung aber hat zur Folge, daß die »Durchheiligung« des Lebens gemäß der neuen Existenz täglich zu vollziehen ist, nicht als dazu kommende sittliche Aufgaben, sondern als eine fortgesetzte Realisierung der Verbundenheit mit Christus. Daher gilt es, »fortzufahren in der Heiligung in der Furcht Gottes« (2. Kor. 7, 1). »Erneuert euch aber im Geist eures Gemüts und ziehet den neuen Menschen an, der nach Gott geschaffen ist in rechtschaffener Gerechtigkeit und Heiligkeit« (Eph. 4, 23—24; Rö. 12, 2; Kol. 3, 10). Dem entspricht die Bitte — im Wissen darum, daß »Heiligung« nicht ein Werk sittlicher Aktivität sein kann —: »Er aber, der Gott des Friedens, heilige euch durch und durch« (1. Tess. 5, 23). Die konkrete Realisierung der Heiligung aber geschieht in dem *Gehorsam des Glaubens.* Abraham und Jesus galten der urchristlichen Gemeinde als Vorbilder des unbedingten Glaubensgehorsams (Phil. 2, 8; Rö. 4, 2.3; 5, 19; 2. Kor. 10, 5.6; Gal. 3, 6; Hebr. 5, 8; 11, 8). Der Glaube erweist seine Echtheit, die Bewährung der »Heiligung«, indem er den Befehlen und Weisungen seines Herrn folgt und im Dunkel der Welt ihm »dennoch« die Treue hält (Ps. 73, 23; 1. Sam. 15, 22).

Zur Wesensbestimmtheit der neuen Existenz gehört zentral der Begriff der *»Liebe«* (Agape). Diese Liebe ist die dem Mitmenschen und der Welt zugewandte und in besonderer Aktivität geöffnete andere Seite des Glaubens. Die Existenz »im Glauben« ist daher zugleich eine Existenz »in der Liebe«, also die Verwirklichung des neuen »Seins in Christus« und damit als Wirken des Heiligen Geistes ein pneumatisches Geschehen. Mit allem Nachdruck muß daher dem Irrtum widersprochen werden, die christliche Liebe sei nichts anderes als eine, auch außerhalb des Glaubens vorfindbare, humanitäre Gesinnung. Diese »Agape« ist daher auch nicht zu verwechseln mit den biologisch bedingten menschlichen Möglichkeiten der Liebe als Freundschaft, Sympathie (philia) oder Eros. Die aus dem Glauben kommende Liebe ist Frucht der Christusgemeinschaft, und darum trägt sie den Stempel der neuen Gotteswelt, des »neuen Äons«, in den der Glaubende hineinversetzt ist. Demgemäß kann diese »Glaubensliebe« nur analog der Gottesliebe in Jesus Christus verdeutlicht werden. So wie Gott in dem Sohn, dem Gekreuzigten und Auferstandenen, die Welt geliebt hat (Joh. 3, 16), so ist *die Liebe des Glaubens das Zeichen der in der Welt fortwirkenden Retterliebe des offenbaren Gottes.* Diese pneumatische Liebe bekundet, daß das »neue Sein« den Glaubenden nicht in einem Ghetto von der Welt isoliert, sondern daß der Standort in der Christusdimension umgekehrt den Angelpunkt und Ermöglichungsgrund für die Weltaktivität des Glaubens darstellt. Es geht ja um »den Glauben, der durch die Liebe tätig ist« (Gal. 5, 6). »Denn wir sind sein Werk, geschaffen in Christus Jesus zu guten Werken« (Eph. 2, 10). So kommt es durch die Realität dieser Liebe aus Glauben zu einer Umwandlung der anthropologischen Situation, zu einer innersten Bewußtseinsänderung und einem totalen Gesinnungswandel, wie sie nur durch Gottes Geist herbeigeführt werden können (siehe Philemonbrief sowie die heidenchristliche Kollekte für die judenchristliche Gemeinde in Jerusalem).

Die Merkmale dieser Liebe sind daher zugleich die Wesensbezeichnungen der Christusliebe, nämlich Unbedingtheit, Unbegrenztheit und Unaufhörlichkeit (1. Kor. 13). Die Liebe des Glaubens ist unabhängig von der Werthaltigkeit des Menschen, nicht bedingt durch menschliche Vorzüge und Leistungen. Sie ist universal und umfaßt alle Menschen, gleich welcher Rasse. Diese Liebe sieht nunmehr die Menschen nicht unter dem Gesichtspunkt des Nutzens oder der Sympathie, sondern in der Perspektive Gottes, der sich gerade des minderwertigen, lebensunwert erscheinenden, elenden Menschen erbarmt. Ihre Grenzenlosigkeit bestätigt sich daher in der Feindesliebe. Die Liebe aus Glauben hat kein Ende, »sie höret nimmer auf« (V. 8), »sie bleibt« (V. 13) ebenso wie die neue Existenz des Glaubens.

c) Die Gefahr des Enthusiasmus

In einer durch die Geister der Zeit infizierten Atmosphäre droht auch dem Bereich des christlichen Glaubens eine besondere Gefährdung durch den Einbruch enthusiastischer Strömungen verschiedenster Prägung. Wir haben es zweifellos mit Reaktionserscheinungen gegenüber einem öden Materialismus und geistlosen Rationalismus zu tun, so daß es zu einem Pendelausschlag hin zur Betonung und Übersteigerung spiritueller Phänomene kommt. Zugleich aber ist nicht zu übersehen, daß gerade in jenen christlichen Kreisen, in denen die Wirklichkeit des Glaubens ernst genommen wird, eine Anfälligkeit für »Geistigkeiten« besteht, die enthusiastische Züge tragen. Schon das Urchristentum kennt derartige spezielle »geistige« Vorgänge wie das »Zungenreden«, das einerseits als eine Geistesgabe Gottes (1. Kor. 12, 12-30) nicht verachtet werden soll, gemäß der Mahnung: »den Geist dämpfet nicht« (1. Tess. 5, 19), das aber andererseits eine Zweideutigkeit trägt und darum der beständigen Kontrolle und prüfenden Überwachung bedarf (1. Joh. 4, 1). Heute strömen schwarmgeistige Ideen ein, die weithin in mannigfachen christlichen Gemeinschaften und Gruppen Amerikas beheimatet sind, und schaffen eine innerste Gefahrenzone für die biblisch begründete Glaubensexistenz. So wie einst die großartige Entdeckung des Rechtfertigungsglaubens in der Reformationszeit begleitet war durch ein Schwärmertum, das den neuen evangelischen Glauben in Mißkredit brachte und verfälschte, so stoßen wir heute auf ein Vordringen enthusiastischer Bewegungen, die vielfach als Zeichen einer neuen »Erweckung« begrüßt und mißverstanden werden.

Im Blick auf diese den Glauben verwirrende Situation gilt es arteigene Merkmale aufzuzeigen, die eine klare Unterscheidung zwischen enthusiastischer Geistigkeit und der Präsenz des Heiligen Geistes ermöglichen und einer verhängnisvollen Verwechselung wehren. Es geht dabei um die Erkenntnis folgender Symptome:

Enthusiastische Ausbrüche einer »Geistigkeit« sind Formen seelischer Erlebnisse, wie sie sich überall finden: in den Zonen heidnischer Religiositäten, in den Frömmigkeitskulten der allgemeinen Religionsgeschichte, in mystischen Ekstasen, in denen sich psychische Erregungen bis zu einem Siedepunkt steigern. Wir haben es hier schlechthin mit irrationalen Vorgängen zu tun, die jenseits intellektueller Einsehbarkeit liegen und verstandesmäßigen Argumenten nicht zugänglich sind. Infolgedessen erweist sich ein aufklärendes Gespräch mit der Schwarmgeistigkeit meistens als aussichtslos.

Der Enthusiasmus zielt auf eine Unmittelbarkeit der Seele des Menschen mit dem Göttlichen ab. Man ringt um das Erlebnis der Gottesnähe, wobei alle Grenzen des Menschseins übersprungen und durchbrochen werden. Es ist hier streng zu unterscheiden zwischen der Gottesgemeinschaft des Glaubens in Jesus Christus, in der ein deutlich personales Ich-Du-Verhältnis begründet und die Majestät Gottes nicht angetastet wird, und dieser Vereinerleiung, einer Identifizierung des Menschen mit dem Göttlichen. Dieses Einheitserlebnis hat das Wissen um die Heiligkeit Gottes und damit jede »Gottesfurcht« (Ehrfurcht) hinter sich gelassen. Die enthusiastische Geistigkeit ist ein völlig anderer Geist als der Geist Jesu, des Kyrios.

In dem Enthusiasmus, auch wenn er den Anspruch auf Christlichkeit erhebt, kommt es gleichwohl zu einer Verdunkelung des biblischen Fundaments und damit zu einer Entfernung von der alles beherrschenden Christusbotschaft. Überaus *charakteristisch ist* daher *die Geringschätzung des Wortes Gottes, die Verachtung der Lehre und der Sakramente.* An ihre Stelle treten emotionale Verhaltensweisen, religiöse Hochstimmung, Gefühlsüberschwang bis hin zu ekstatischen Rauschzuständen, die jede Klarheit der Verkündigung unmöglich machen und eine Atmosphäre der Unordnung um sich verbreiten. Derartige Erscheinungen stehen im Widerspruch zu dem apostolischen Glaubensverständnis.

Für diesen Glauben ist es kennzeichnend, daß der klaren, verständlichen Rede, der deutenden und aufklärenden Weissagung, der überzeugenden Lehre der Vorrang eingeräumt wird, während das *»Zungenreden«* für ihn nur eine untergeordnete Randbedeutung besitzen kann. Die Offenbarungsbotschaft erfordert die unbedingte Klarheit der verkündigenden Sprache. Demgemäß bestand auch das »Pfingstwunder« nicht in einem unartikulierten, unverständlichen Zungenreden, sondern in dem »Hörwunder«, daß jeder »in seiner Sprache« die großen Heilstaten Gottes verstehen konnte. Zungenreden ist daher in der Urgemeinde nur unter zwei Bedingungen gestattet. Einmal, wenn eine Auslegung erfolgt, die eine wirkliche Danksagung ermöglicht (1. Kor. 14, 2—24 f); sodann, wenn jede Unordnung, die eine Erbauung der Gemeinde stört, vermieden wird. Die missionarische Zielsetzung der Verkündigung, welche Ungläubige zur Erkenntnis der Offenbarungswahrheit bringen will, wird durch das Zungenreden jedoch verfehlt. Die Voraussetzung und das begrenzte Recht dieser besonderen Geistgabe liegen einzig und allein in der Christuspredigt (Apg. 10, 34-46).

Wo immer sich das Zungenreden oder andere Formen des Enthusiasmus als eine außergewöhnliche, das biblische Zeugnis noch ergänzende oder sogar ersetzende Spezialoffenbarung Gottes verstehen, ereignet sich eine folgenschwere Gewichtsverlagerung. Damit wird die an das Wort gebundene Christusmitte an die Peripherie gerückt, und alles auf das neue »Geisterlebnis« konzentriert, ohne Ausweis durch das biblische Zeugnis. Dieser Vorgang aber bedeutet die innerste Auflösung des christlichen Glaubens selbst, denn jetzt begnügt man sich nicht mehr mit dem Glauben an das Gotteswort, sondern man sucht krampfhaft nach einem »mehr« als Glauben, einem »mehr« als die schon geschehene Heilsoffenbarung Gottes. Das Spektakuläre, das Aufsehenerregende ist allein erstrebenswert und erfährt eine derartige Hochschätzung, daß man der Illusion erliegt, in diesen Erlebnissen schon in den Genuß der himmlischen Welt gekommen zu sein und eine Vorwegnahme des verheißenen »Schauens« bewirkt zu haben. Nach der biblischen Lehre aber steht der Christ »im Glauben« und »nicht im Schauen«. »Es ist noch nicht erschienen, was wir sein werden« (1. Joh. 3, 2).

Aus dieser enthusiastischen Fehlhaltung ergibt sich die hochmütige Verachtung aller Glaubenden, die solche Geistphänomene noch nicht erfahren haben. Der Vorwurf heißt dann: »Ihr habt noch nicht die ›Geistestaufe‹ empfangen«, »ihr seid noch nicht im Besitz des ›Zungenredens‹, und damit habt ihr die höchste Stufe des Glaubensstandes noch nicht erreicht«.

Derartige Urteile widersprechen in vollem Umfang der Wesensbestimmung des biblischen Glaubens, denn dieser selbst ist schon Gabe des Heiligen Geistes, ist »die Salbung« durch den Christusgeist (1. Joh. 2, 27), der keiner Vervollständigung bedarf (1. Kor. 12, 3-13).

Diese Irrtümer machen sich immer dann geltend, wenn der Maßstab des biblischen Wortes, wenn die »Christusmitte« verloren gegangen ist oder an den Rand verschoben wurde. In diesem Fall kommt es zu dem Herrschaftsanspruch eines neuen »Icherlebnisses«, eines dominierenden Subjektivismus, in dem das menschliche Ich in das Zentrum gerückt wird. Der Glaubende will nicht mehr unter dem Kreuz stehen, nicht mehr dem Wort gehorsam sein. Insofern hat auch die modernistische Theologie einen Beitrag zum Enthusiasmus geliefert, indem sie das »scriptum est« (»Es steht geschrieben«) auflöste und durch die Besinnung auf das neue Selbstverständnis des Menschen ersetzte.

Die vom Enthusiasmus ausgehende Ansteckungsgefahr ist deshalb so groß, da seine Losungen dem »alten Adam«, dem ursprünglichen Menschenwesen ohne Gottes Geist, entsprechen und seinen Wünschen entgegenkommen. Durch die verschiedensten Manipulationen versucht diese enthusiastische Geistigkeit, sich des Seelentums des Menschen zu bemächtigen, eine Bewußtseinsänderung, auch durch Inanspruchnahme moderner »gruppenpsychologischer« Methoden (z. B. »Gruppendynamik«) herbeizuführen und auf diese Weise eine Integration (Eingliederung) in den jeweiligen Zeitgeist zu bewirken. Wir stehen damit vor dem Tatbestand einer Perversion des Rechtfertigungsglaubens zu einer anderen, nämlich »nomistischen« (gesetzlichen) Erlebnisgläubigkeit, der Umwandlung einer »geistgewirkten Wiedergeburt« zu einer psychisch bedingten »Selbstgeburt«, und letztlich einer Verwechslung des im Offenbarungswort wirkenden Heiligen Geistes Gottes mit einem widergöttlichen Fremdgeist.

Religiöser Enthusiasmus trägt den Schein des Glaubens, in Wirklichkeit aber vollzieht er das Werk der Glaubenszerstörung. Diese Verführung muß heute auch als ein Vorzeichen der Endzeit durchschaut werden. Die »große Wende« des Glaubens vom Tod zum Leben darf nicht rückgängig gemacht werden.

Literaturhinweise

Werner de Boor, *Die Frage nach dem Heiligen Geist*, 1974; Karl Heim, *Glaube und Leben*, 1926; H. M. Helbich, *Der Glaube im Kreuzverhör*, 1968; A. Köberle, *Rechtfertigung, Glaube und neues Leben*, 1965; *Der Herr über alles*, 1957; Walter Künneth, *Glauben an Jesus?* Christologie und moderne Existenz, 1969[3], 66 ff; Wolfhart Pannenberg, *Was ist der Mensch?* Anthropologie der Gegenwart im Lichte der Theologie, 1962; Otto Rodenberg, *Wort und Geist*, 1969; Werner Schilling, *Glaube und Illusion*. Von gegenwärtiger Theologie und evangelischer Glaubensbegründung, 1960; Jörg Zink, *Erfahrung mit Gott*, 1974.

II. Was ist und was will die Kirche?

Wenn sich im Glauben die »große Wende« ereignet, die eine totale Bewußtseinsveränderung des Menschen herbeiführt, so bedeutet das nicht, daß der Glaubende nunmehr für sich selbst, d. h. in subjektiver Isolation existiert. Im Offenbarungsglauben vollzieht sich vielmehr der Eintritt in die Gemeinschaft derer, die an denselben dreifaltigen Namen des offenbaren Gottes glauben, nämlich das Eingegliedertwerden in die communio sanctorum, die Gemeinschaft des Glaubens, »Gemeinde der Heiligen«, also der Menschen, die in die Dimension Gottes gehören. *Daher ist christlicher Glaube von dem Teilhaben an der »einen christlichen Kirche«, der Kirche des Herrn Jesus Christus auf Erden (ecclesia Kyriaké), nicht zu trennen.*

Mit diesem Begriff »Kirche« stoßen wir heute allerdings in ein weites Feld problemreicher, kritischer Diskussionen über das rechte Kirchenverständnis vor. Wir kennen ja nicht nur die drei großen konfessionsbestimmten Weltkirchen, die pauschal mit den Namen »evangelisch« — »römisch-katholisch« — »griechisch-orthodox« bezeichnet werden, sondern auch die verfaßten einzelnen Amtskirchen (z. B. Landeskirchen, EKD), die große Zahl der sog. »Freikirchen« aller Art und christlichen Institutionen und Gemeinschaftsbildungen, die alle in ihrer Weise »Kirche« zu sein beanspruchen. Hinzu kommen noch solche christlichen Gruppen, die umgekehrt den Begriff »Kirche« als geschichtlich belastet und mißverständlich ablehnen und lieber von »Gemeinde« reden. Dazu treten heute noch Reformbestrebungen und Änderungsvorschläge, die bestrebt sind, die Traditionsgestalten der Kirche den gegenwärtigen Zeitbedürfnissen zu öffnen und anzugleichen. Diese Unsicherheit und Ratlosigkeit innerhalb und außerhalb der Kirchenmauern in bezug auf das, was Kirche ist und sein soll, sind fatal und irreführend.

Dieser Problemfülle gegenüber ist es dringend geboten, das Selbstverständnis der »Kirche« nach neutestamentlichen Grundsätzen, in der Perspektive biblischer Lehre, zu bedenken und ernst zu nehmen.

Das Interesse muß sich daher darauf konzentrieren, was *diese Kirche Jesu Christi,* in der der Glaubende sich vorfindet und in die er wesensmäßig hineingestellt ist, *eigentlich ist und will, was sie nicht ist und nicht wollen darf.* Die Grundfragen nach ihrer Wesensexistenz, ihrem Auftrag, ihrer effektiven Wirkungsweite verlangen nach einer Beantwortung.

1. Die Gemeinde des Auferstandenen

a) Herkunft und Selbstverständnis der Kirche

Es ist von elementarem Gewicht, sich darüber klar zu werden, was die Voraussetzung für die Entstehung der Kirche, die den Namen des »Jesus Christus«, des »Kyrios«, trägt, überhaupt ist. Was ist der entscheidende Hintergrund jener geschichtlichen Sammlung christusgläubiger Menschen? In der Beantwortung dieser gewichtigen Frage fallen die Würfel über das Kirchenverständnis und die sich bis heute daraus ergebenden Konsequenzen. Das biblische Zeugnis antwortet darauf völlig eindeutig: »Der Ermöglichungsgrund und Seinsgrund der Kirche ist in dem konkreten Offenbarungsereignis der Auferstehung Jesu von den Toten ein für allemal gelegt. *Die Auferweckungstat Gottes, die den Gekreuzigten zum Herrn erhöht, ist das Fundament der Kirche.*« Die Leugnung oder die modernistische Umdeutung in Chiffren, Symbolen, Interpretamenten (Deutungszeichen) zerstört die Voraussetzung und die Grundlage, auf welcher die christliche Kirche erbaut ist (1. Kor. 15, 20).

Nach dem gesamten neutestamentlichen Zeugnis besteht kein Zweifel darüber, daß die Auferstehungsbotschaft die Gemeinde begründet und sammelt (Apg. 1, 22; 2, 32.36). Der Glaube der Urgemeinde entstand und befindet sich unmittelbar im Kraftfeld des Ostergeschehens. Die Auferstehungskunde der Augen- und Ohrenzeugen wird zum Sammelpunkt der durch das Golgathageschehen verschüchterten, fliehenden und zerstreuten Jünger Jesu. An ihrem vorösterlichen Glauben sind die Jünger irregeworden (Lk. 24, 21.25), aber die Bezeugung des Auferstandenen bewirkt den neuen Osterglauben; sie hatte die Kraft der neuen Gemeinschaftsbildung. Damit ist *christliche Kirche* ihrer Herkunft und ihrem Wesen nach die Gemeinde des Auferstandenen.

Die Realität dieser neuen Glaubensgemeinschaft wird von dem biblischen Zeugnis durch eine Reihe von Namen und bildhaften Gleichnisaussagen gekennzeichnet. Die Auferstehungsgemeinde hat ihre Existenz »in Christus« (en Christo), sie ist selbst »der Leib Christi« (1. Kor. 12, 27; Rö. 12, 5; Eph. 5, 30), aufs innigste mit »dem Haupt des Leibes« (Kol. 1, 18), dem lebendigen Herrn, verbunden. Aus ihm empfängt sie allein ihre Lebensmöglichkeit. »Ich bin der Weinstock, ihr seid die Reben ... denn ohne mich könnt ihr nichts tun« (Joh. 15, 5). Die Gemeinde ist die »Herde«, welche auf ihren Hirten in ihrer ganzen Existenz angewiesen ist und in der Nachfolge sich dem erhöhten Christus ganz anvertraut (Joh. 10, 12-29). Die Christusgemeinschaft gleicht einem wachsenden »Bau«, dessen Bauherr (Mt. 16, 18) der Auferstandene ist. »Ihr aber seid der Tempel des lebendigen Gottes« (2. Kor. 6, 16), in dem »der Geist Gottes« wohnt (1. Kor. 3, 16; 6, 19). »Jesus Christus« aber ist »der Eckstein« des neuen »heiligen« Tempelgebäudes (Eph. 2, 20-22; 1. Petr. 2, 4-8). So realisiert sich in der Gemeinde des Auferstandenen das neue Bundesvolk, das neue, eigentliche »Israel«, das neue »Volk Gottes«. »Ihr aber seid das auserwählte Geschlecht, das königliche Priestertum, das heilige Volk, das Volk des Eigentums« (1. Petr. 2, 9). Alle diese deutenden Umschreibungen der Wirklichkeit der »Christuskirche« laufen in dem *einen* Zentrum zusammen und bewegen sich um die *eine* Mitte: der gekreuzigte Jesus ist auferstanden und lebt als der erhöhte Herr, der selbst seine Gemeinde ruft und auserwählt! Dementsprechend war die kirchengründende Pfingstpredigt ihrem Inhalt nach eine die Gewissen erweckende »Auferstehungspredigt« (Apg. 2, 11. 31-38), ebenso wie die Missionspredigt in der Metropole des heidnischen Hellenismus in Athen in der Verkündigung der Auferweckung Jesu gipfelt (Apg. 17, 31.32).

Aus diesem urgemeindlichen Selbstverständnis der Kirche ergeben sich zwei Folgerungen. Einmal gewinnen wir die grundsätzliche Einsicht, die für die heutige Diskussionslage von Bedeutung ist: die Frage nach dem Sinn der Kirche ist wesenhaft eine christologische Frage. Alle Überlegungen kreisen um die Fragen: »Wer war dieser Jesus?« »War sein Tod das Letzte?« »Ist die Auferstehung Jesu nur Anhang oder das Herzstück der Verkündigung?« Je nach der Lösung dieser Anfragen wird eine Vorentscheidung vollzogen. Entweder ist die Kirche nur eine Zweckmäßigkeitsvereinigung, die religiöse Erinnerungen pflegt, so wie andere kultur- und geistesgeschichtliche Gesellschaften das auch tun. In diesem Fall wird die Auferstehung als unwesentlich beiseitegeschoben. Oder aber das urchristliche Zeugnis von der Auferstehung Jesu hat recht, dann stellt die Kirche inmitten menschlicher Gemeinschaften, Religionen, Kulte einen Sonderfall dar, dann ist sie als »Gemeinde des Auferstandenen« mit anderen Gemeinschaftsformen der Geschichte überhaupt nicht vergleichbar.

Sodann die zweite Konsequenz für das Glaubensverständnis: Ist die Auferstehung Jesu die Prämisse der glaubenden Gemeinde, dann heißt »christlicher Glaube« dasselbe glauben, was die Urzeugen des

Ostergeschehens geglaubt haben. Damit ist zum Ausdruck gebracht, daß immer schon »vor« dem Glauben des Einzelnen geglaubt wird. Es gibt ein zeitliches, horizontales »Vorherbestehen« des Glaubens. Die heute Glaubenden erfinden nicht erst ihren Glauben, sondern sie werden in die überzeitliche, im Raum der Geschichte sich immer wieder neu aktualisierende Wirklichkeit dieses Glaubens der Gemeinde mit hineingenommen. Die Glaubensgemeinschaft der Kirche ist daher nicht von unserer Gläubigkeit abhängig, sondern hat ihren Bestand prinzipiell »vor« und »außer« uns.

Der jetzt Glaubende darf wissen, daß immer zugleich »mit« ihm geglaubt wird. Der Vollzug des persönlichen Glaubens stellt immer in die Gliedschaft mit der »einst« und »heute« glaubenden Gemeinde. Die individuell Glaubenden stehen stets unter der »Wolke der Zeugen« (Hebr. 12, 1) und in Verbundenheit mit ihr. Somit ereignet sich die Gleichzeitigkeit eines »Miteinander« des Glaubens. So sehr der Glaube eine persönliche Ausdrucksform sucht, so ist es für ihn doch ein Erweis der bestehenden Glaubensgemeinschaft sowie eine Glaubenshilfe, mit schon vorausgegebenen Sprachmitteln den eigenen Glauben zu artikulieren (Bekenntnisse, Gesangbuch).

b) Die Lebensfunktionen der Kirche

Die Kirche als die Gemeinde des Auferstandenen, welche Gestalt auch immer sie in der Geschichte tragen mag, lebt aus der überzeitlichen und überräumlichen Präsenz ihres Herrn. Worin ihre Lebensfunktionen bestehen, bringt die Kennzeichnung der urchristlichen Gemeinde auf die klassische Formel: »Sie blieben aber beständig in der Apostel Lehre und in der Gemeinschaft und im Brotbrechen und im Gebet« (Apg. 2, 42).

Die »Auferstehungsgemeinde« ist *verkündigende und lehrende Kirche.* Darum besitzt das »Amt, das die Versöhnung predigt« (2. Kor. 5, 18), für die Gemeinde eine vitale Bedeutung. Da der Heilige Geist sich an die Offenbarungsbotschaft gebunden hat, kommt alles darauf an, daß »Botschafter an Christi Statt« (2. Kor. 5, 20) dieses durch die »Apostellehre« vermittelte Heilsgeschehen weitertragen, sachentsprechend »überliefern«. Kennzeichnend ist die apostolische Mahnung, nicht von »der Lehre, die ihr gelernt habt« (Rö. 16, 17), abzuweichen und sich nicht durch falsche Lehren »und prächtige Reden verführen« zu lassen (Rö. 16, 18). Diese Kirche der apostolischen Lehre ist »ein

Pfeiler und Grundfeste der Wahrheit« (1. Tim. 3, 15). Die Kontinuität der apostolischen Lehre und die inhaltliche Übereinstimmung mit ihr und nicht die personale Sukzession (Nachfolgereihe der bischöflichen Amtsträger) ist für die Erhaltung und »geistliche« (pneumatische) Erbauung der Kirche heilsnotwendig. Auf diesen Sachzusammenhang der apostolischen Botschaft kann in der Kirche niemals verzichtet werden. *Dasselbe Wort Gottes, dieselbe Lehre, dasselbe Bekenntnis zur dreifaltigen Offenbarung, derselbe Geist sind die Vorbedingungen des Christusglaubens und bilden das Fundament der Christuskirche.* Diese grundlegende Erkenntnis stellt die Gemeinde in die Situation des »Hörens«, denn Gottes Geist muß ihr stets etwas sagen, was sie von sich aus nicht weiß und nicht wissen kann. Die Kirche stellt ja keine »autonome« Größe dar, sondern sie existiert in der »Christonomie« (Christusgebundenheit), unter der pneumatischen Leitung ihres Herrn. Diese Funktion des Hörens im Unterschied zu den intellektuellen Diskussionen (1. Tim. 6, 4) ist für die Kirche lebensnotwendig, denn gerade in dieser hörenden Besinnung schließt sie sich für die Wirksamkeit des Heiligen Geistes auf und damit für die Kraftquelle ihrer Existenz.

Aus der Osterproklamation erwächst die Kirche als eine *bruderschaftliche Gemeinde.* Wiederum stellt sich die Einzigartigkeit dieses Zusammenschlusses heraus, die allein in der Christusbezogenheit ihren Grund hat. »In nomine Christi« entsteht die pneumatische Gemeinschaft der Glaubenden untereinander. »Denn wo zwei oder drei versammelt sind in meinem Namen, da bin ich mitten unter ihnen« (Mt. 18, 20). Die Gegenwärtigkeit des Auferstandenen ist die zentrale Beziehungsmitte, der maßgebende Angelpunkt der Gemeinde. Echte bruderschaftliche Verbundenheit kann es nur geben, wo die Vergebung der Sünden eine Wirklichkeit geworden ist. Darum gibt es nur dort eine Communio, wo Christus anwesend ist. So repräsentiert das *»Herrenmahl«* diese doppelte Gemeinschaftsverwirklichung, einmal der Jünger mit Jesus und sodann auf dieser Grundlage der Jünger untereinander. Die Präsenz des »Leibes und Blutes« des erhöhten Herrn in dieser Mahlstiftung schenkt das Teilhaben an der Versöhnung und dem ewigen Leben des Auferstandenen (1. Kor. 11, 23-26; 1. Kor. 10, 16.17; Mt. 26, 26 f; Mk. 14, 22 f; Lk. 22, 19 f). Diese Mahlgemeinschaft ist damit Quellort und Manifestation der bruderschaftlichen Existenz, nicht als eine menschlich-soziale Möglichkeit, sondern als Heilswerk Gottes. Symptomatisch für diese neue Situation christlicher Bruderschaft ist das »Wunder« der christlichen Hausgemeinde nach der Berichterstattung des Philemonbriefes. Ohne äußere Veränderung der zeitbedingten Herrschafts- und Fremdstrukturen sind »Herr« und »Sklave« zu »Brüdern« geworden, verbunden in demselben Glauben an den Herrn Christus und infolgedessen geöffnet für dieselbe Bruderliebe (Agape) zueinander, weil Christus die Sozialgestalt, die Lebensform dieses »Hauses« mit seinem Geiste erfüllt und innerlich neu geprägt hat.

Die Freude der Jünger über das Auferstehungsereignis macht die Gemeinde zu einer *anbetenden* und *dankenden Gemeinschaft*. Der Auferstandene selbst stellt den neuen Kontakt mit seiner Gemeinde her und eröffnet das personale Gespräch, so daß *das Gebet* zum *»Herzschlag« der Christusgemeinde* geworden ist. Die Gemeinde des Auferstandenen sieht sich vom ersten Augenblick an zum Dank gegen den offenbaren Gott aufgerufen: Dank für die Errettung aus der Verlorenheit, für das Anteilgewinnen an der Heilsdimension Gottes, für die unfaßbare Vater- und Erlöserliebe, für die Befreiung zum Glauben (1. Kor. 15, 57 »Gott aber sei Dank, der uns den Sieg gegeben hat«; 2. Kor. 9, 15f; 1. Tess. 5, 18). Dieses dankende Glauben ist zutiefst als ein über die Grenzen der Sichtbarkeit hinausgreifendes, als ein eschatologisches (endzeitliches) Geschehen zu begreifen. In dem irdischen Danken und Loben der Gemeinde, in das jeder Glaubende miteinstimmt, bricht jetzt schon in aller menschlichen Armseligkeit das Reich Gottes an. Im irdischen Gotteslob der Glaubensgemeinde — von der Welt her unverstanden — wird die Existenz der ecclesia triumphans, der triumphierenden Gemeinde, in aller Verhüllung vernehmbar. Dieser dankende Lobpreis schlägt die Brücke zur »oberen« Gemeinde, zur Vollendung der Kirche in der kommenden Welt Gottes (Offb. 4, 11; 7, 12; 21, 12f; Hebr. 12, 22f).

2. Der Zeugendienst der Kirche

Sobald eingesehen wird, daß der Wurzelgrund der Christuskirche in der Wirklichkeit des offenbar gewordenen Heilshandelns Gottes gegeben ist, konkret in dem gekreuzigten und auferstandenen Herrn, ist damit der Auftrag der Kirche in der Welt in aller Klarheit vorgezeichnet. Die Kirche kann nichts anderes sein und wollen, als »Zeugendienst« zu verwirklichen, also gerade das zu tun, was keine andere Institution und Gemeinschaft in der Menschheit zu leisten vermag.

a) Die missionarische Sendung

Die Gemeinde des Auferstandenen nimmt eine ganz bestimmte heilsgeschichtliche Position ein. Sie steht unter der verantwortlichen Verpflichtung einer Weltsendung. Nicht Abkehr von der Welt, nicht Isolation in einer Ghettoexistenz entspricht ihrem Charakter, sondern das Gesandtsein hinein in die Völkerwelt, ihre »Missio«, ist ihr Wesensauftrag. »Gehet hin in alle Welt und predigt das Evangelium aller Kreatur« (Mk. 16, 15); »Ihr werdet meine Zeugen sein!« »Machet zu Jüngern alle Völker« (Mt. 28, 19) — das sind die unüberhörbaren Befehle des Herrn der Kirche. Die Gemeinde wird also in Anspruch genommen, die Offenbarungswirklichkeit Gottes einer offenbarungsfremden Menschheit zu bezeugen. Ihre Weltsendung besteht eindeutig in ihrer Zeugenschaft, in ihrem Botschafter- und Heroldsdienst, die »großen Heilstaten Gottes« zu proklamieren. Ihrem Sinn und Wesen nach ist *diese Kirche Heilskirche, die* von der Kraft des Heiligen Geistes, des Christusgeistes, bewegt wird und *einen Brückenschlag zur heillosen Welt* in ihrer Gottesferne *zu vollziehen hat.* In der Ausrichtung auf den Kyrios repräsentiert sie zugleich *eine eschatologische Dimension.* Das bedeutet, daß die Horizontale des bloßen Immanenzbewußtseins durch die Sendung der Kirche gleichsam »vertikal« durchbrochen wird. Ihr missionarischer Auftrag transzendiert (überhöht) und stellt alles bloße Diesseitsdenken radikal in Frage. Das Sendungsbewußtsein der Kirche steht in der Erwartung der Wiederkunft (Parusie) ihres erhöhten Herrn und muß daher den Anspruch erheben, die letztgültige Wahrheit zu kennen und diese absolute Christuswahrheit der Welt zu vermitteln.

Dieser missionarische Sendungsanspruch der Kirche muß auf den Widerspruch des Geistes der Zeit stoßen und ruft Entsetzen und Ärger über die »Intoleranz« des Christusglaubens hervor. Der Eintritt der Kirche als Zeugenschaft in diese Welt der Völker mit ihren Religionen, Philosophien, Ideologien, in denen sich die Dämonien des Zeitgeistes auswirken, muß zu einem harten Geisteskampf führen. Die Gemeinde aber erinnert sich an das Wort ihres Herrn: »Ich sende euch wie Schafe mitten unter die Wölfe« (Mt. 10, 16; Lk. 10, 3). Mit der missionarischen Sendung ist notwendigerweise die menschliche Ohnmacht und Wehrlosigkeit verbunden. Gerade in dieser Situation aber lautet das apostolische Bekenntnis: »Ich schäme mich des Evangeliums von Christus nicht, denn es ist eine Kraft Gottes, die da rettet alle, die daran glauben« (Rö. 1, 16). Dieser riskante Auftrag in dieser Welt, Sendbote des auferstandenen Kyrios zu sein, prägt das Profil der missionarischen Kirche. Sie ist eine angefochtene, eine leidende Gemeinde, eine Kirche unter dem Kreuz. Das zum Herrn erhöhte »Haupt« der Gemeinde ist ja der Crucifixus. Dem entspricht die »Christuskonformität« der Jüngergemeinde, ihre Gleichgestaltung mit ihrem Kyrios. Daher kann es für sie kein Heimischwerden in dieser Weltzeit, sondern nur eine Fremdlingschaft geben. Sie ist ja das wandernde Gottesvolk, das sich unterwegs zur Christusheimat befindet. Die Gemeinde lebt in der Spannung zwischen dem »Leiden dieser Zeit« und der Verheißung kommender »Herrlichkeit« (Rö. 8, 17.18).

Der Standort der Kirche in dieser diesseitigen Weltwirklichkeit ist der eines Brückenkopfes für die Offenbarungsdimension Gottes. Sie ist die Dokumentation der »ganz anderen« Wirklichkeit des offenbaren Gottes, des Christus solus, der »derselbe ist gestern, heute und in alle Ewigkeiten« (Hebr. 13, 8). Als Brückenkopf deutet die Kirche auf das »andere Ufer«, auf das »Reich Gottes«. Die Kirche ringt durch ihre Christusbotschaft darum, Menschen für diese Gottesherrschaft zu gewinnen, indem sie »lehrt« und »im Namen des Vaters und des Sohnes und des Heiligen Geistes« tauft (Mt. 28, 19.20; Apg. 2, 38). Diese *Taufe* ist das missionarische Herrschaftszeichen des offenbaren Gottes, das Zeichen für die Inbesitznahme des Menschen durch den neuen Herrn Jesus Christus. Die Kirche wird in der Vollmacht des Christusgeistes gerade dadurch effektiv, daß sie einer verlorenen Welt die provokatorische Aufforderung nicht erspart: »Trachtet am ersten nach dem Reich Gottes und nach seiner Gerechtigkeit!« (Mt. 16, 33). Eine Kirche, die nicht Werkzeug ihres Herrn sein kann und will, hat ihren Auftrag verfehlt und ihr Daseinsrecht verloren.

b) Irrwege des Kirchenverständnisses

Der Zeugendienst der Kirche ist unvergleichbar und kann nicht durch andere Aufgabenkreise ersetzt werden. Die in der Offenbarung Gottes begründete »Brückenkopffunktion« der Kirche ist einmalig und verpflichtet die Kirche, sich auf ihrem Weg durch die Geschichte vor jeder Integration (Vermischung, Anpassung) in das Weltdenken zu hüten. Der Geschichtsweg der Kirche ist bis heute von Verführungen aller Art bedroht. Wo immer eine Anpassung an den jeweiligen Zeitgeist, eine Gleichstellung an die Postulate eines Immanenzbewußtseins eintritt, da muß es zu einer tödlichen Auflösung ihres missionarischen Sendungsauftrages kommen. Heute ist die Kirche an folgenden Punkten einer gefährlichen Umfunktionierung ausgesetzt, die immer dann akut wird, wenn das Zentrum an die Peripherie gerückt wird und Fremdideen eine Mittelpunktstellung in der Kirche erringen.

Die Politisierung der Kirche. Daß die Kirche als eine geschichtliche Erscheinung immer zugleich ein Politicum, ein politisches Faktum, darstellt und daher von der Umwelt nach politischen Maßstäben gemessen wird, ist nicht zu bestreiten. Schon der Prozeß gegen Jesus und alle späteren Christenverfolgungen machen deutlich, daß die Anklage stets auf »Staats- und Gesellschaftsfeindlichkeit« lautet. Dieses offenkundige Fehlurteil der öffentlichen Meinung darf jedoch nicht dazu führen, daß die Kirche sich selbst als eine »politische Größe« begreift. Die maßgebende, für alle Zeiten geltende Grundintention der Kirche ist in dem Urteil Jesu festgelegt: »Mein Reich ist nicht von dieser Welt« (Joh. 18, 36). Infolgedessen gilt es, die zeitgeschichtlich bedingten Synthesen zwischen Kirche und den politischen Parolen als verhängnisvolle Irrwege zu durchschauen: Einstmals bedrohte die Verbindung von »Kirche und Obrigkeit« die Selbständigkeit der Kirche, die als »Staatskirche« als ein politisches Machtinstrument mißbraucht werden kann. Die Verknüpfung von »Kirche und Nation« konnte dazu führen, die Stunde eines »völkischen Erwachens« als eine Stunde neuer Gottesoffenbarung zu preisen. Heute heißen dieselben kirchenfremden Losungen: »Kirche und Gesellschaft«, »Kirche und Demokratie«, »Kirche und Sozialismus«, »Kirche und Kommunismus«, »Kirche und Revolution«. Indem die Kirche sich die Vorstellungen der Tagespolitik zu eigen macht, sei es regional oder im weltpolitischen Ausmaß, degradiert sie sich selbst zu einer mit anderen politischen Erscheinungen konkurrierenden »politischen Partei«; sie gerät dann selbst in den Sog der Ideologien.

Die Sozialisierung der Kirche. In diesem Falle versteht sich die Kirche als ein Sozialinstitut zur Behandlung humanitärer Probleme, als eine »rational arbeitende Dienstleistungsorganisation« mit »Kundendienst«, als ein »sozialpolitischer Konzern«, als eine »Agentur« zur Veränderung und Verbesserung der Weltstrukturen. Als vordringliche kirchliche Aufgabe erscheint es, »die Welt menschlicher zu machen«. Das vom Zeitgeist der Kirche vorgeschriebene Thema lautet: »Die neue Humanität« und daher Kampf gegen jede Ungerechtigkeit;

das Ringen um neue Sozialgestaltungen, die »Machbarkeit« einer Weltgerechtigkeit und eines Weltfriedens. Diese Schwerpunktverlagerung auf gesellschaftspolitische Aktivitäten der Kirche wird dann groteskerweise »die Konkretisierung des Evangeliums heute« genannt. Damit tritt die Kirche als religiöses Wohlfahrtsinstitut in Konkurrenz zu allen anderen humanitären Bestrebungen der großen Weltorganisationen.

Die Funktionalisierung des kirchlichen Amtes. Auf Grund einer psychologisch-soziologischen Zeit- und Berufsanalyse (Erklärung und Deutung nach den Maßstäben der heutigen Zeitlage) kommt es zu einem Neuverständnis des Amtes und der Amtsaufgaben der Kirche. Die Kirche — so wird hier gefordert — soll sich als eine religiöse Gesellschaftsform des Immanentismus verstehen, so daß anstelle der »vertikalen« Zeugenschaft die »horizontalen« Funktionsaufgaben der Kirche als einer Sozialgesellschaft treten. Die Amtsträger werden zu Funktionären einer demokratischen Gesellschaft, die sich um Bewältigung innerweltlicher Fragen bemüht. Das Pfarramt hat eine »sozialtherapeutische Funktion« zu erfüllen, indem es mithilft, die Angst der sozialgeschädigten Menschen, die Folgen der »Sozialisierungskrise« abzubauen. Diesen neuen Zielsetzungen entsprechend kann die Ordination nicht mehr die Einsetzung in das Amt der Verkündigung (vgl. 2. Kor. 5, 20), nicht mehr die Beauftragung mit dem Hirtenamt und dem universalen Zeugendienst bedeuten, sondern nur noch eine profane Dienstanweisung analog zu anderen Berufen darstellen. Dazu bedarf es dann weder der Bitte um den Heiligen Geist noch einer Handauflegung. Der »Amtsträger« steht nicht mehr unter dem Auftrag des Kyrios, sondern hat als ein Sozialfunktionär seine Rolle zu spielen. Demgemäß wird auch die Seelsorge zu einer Funktion des modernen »Psychologismus«, also einer Angelegenheit des psychotherapeutischen Fachwissens, nicht aber mehr das Bemühen um Daseinsbewältigung im Licht und in der Vollmacht des Wortes Gottes. Zweifellos besitzt das psychologisch-soziologische Instrumentarium der Humanwissenschaften eine Bedeutung für theologische Fachausbildung, aber es darf den eigentlichen Auftrag der Kirche, »Gesetz und Evangelium« »zur Zeit oder zur Unzeit« (1. Tim. 4, 2) den Menschen nahezubringen, nicht eigenmächtig vergewaltigen und damit zerstören.

c) Die ökumenische Nivellierung und die Einheit der Kirche

Die Entartung der Kirche findet heute ihren besonders erregenden Niederschlag in dem Mißverständnis der »ökumenischen Einheit«. Kennzeichnend für diese bestürzende Entwicklung sind die Entfernung von dem Absolutheitsanspruch der biblischen Offenbarungsbotschaft als dem allein gültigen Fundament echter Ökumene, die Disqualifizierung der »Lehre« zugunsten eines sozialpolitischen Engagements christlicher Liebe, sowie die Priorität der Einheitsfrage vor der Wahrheitsfrage. Im Hintergrund steht der Traum von einer harmonischen Weltgesellschaft, die ihre Krönung in einer alle konfessionellen und religiösen Unterschiede und Gegensätze nivellierende synkretistische Einheitskirche findet. Dieser Traum kann sich nur erfüllen, *wenn die für die biblische Lehre elementare Absolutheits- und Wahrheitsfrage zugunsten einer alle Menschen verbindenden Ideologie der Humanität ausgeklammert wird.* Damit schwindet der Kontrast zwischen biblischer Offenbarung und den Weltreligionen dahin; damit wird der missionarische Auftrag der Kirche überflüssig oder zu einem unverbindlichen Dialog »mit anderen Gaubensweisen«. Die neue These behauptet, daß Christen, Marxisten, Maoisten, Kommunisten ebenso wie Mohammedaner, Buddhisten und Hindus im Grunde dasselbe meinen, wenn sie es auch in anderen Denk- und Sprachformen, in anderen Religionsgestalten zum Ausdruck bringen. Es gilt daher nur, den »schlafenden Christus« in all diesen Erscheinungen eines wechselnden Welthumanismus zu »wecken« und die »latente anonyme Kirche«, die sich schon in jedem Menschen, auch wenn er kein Christ ist, lebendig und wirksam erweist, zu erkennen. Somit wird die Toleranz einer pluralistischen Ideologie zum Zeichen der Einheit einer erstrebten ökumenischen Weltkirche.

In einem unüberbrückbaren Gegensatz zu dieser Ideologie einer verfälschten Ökumene stehen die Grundeinsichten des biblischen Offenbarungszeugnisses. Die durch die Loslösung von Gott zerbrochene Einheit der Menschheit kann nicht durch menschliche Anstrengungen repariert werden (1. Mos. 11, 1—9). Die Illusion solcher profanen und ökumenischen Einheitsbestrebungen, die die Prägung ideologischer Selbsterlösung tragen, wird von der missionarischen Sendung der Kirche radikal aufgedeckt. Diese utopische Vision einer humanitären Einheit verfehlt die alles entscheidende Christusmitte und wird durch ihre Vermengung echter christlicher Gedanken mit menschlichen Ideologien über Gleichheit, Einheit, Gerechtigkeit und Frieden zu einer Pseudoeinheit, einer dämonisierten Einheit. Jede Einheitskonstruktion ohne die Christuswahrheit trägt antichristliche Züge.

Die Einheit der Kirche ist ausschließlich »in dem Sein in Christus«, dem gekreuzigten und auferstandenen Herrn, begründet. Nicht menschliche Unternehmungen, sondern Christus allein ermöglicht die neue Einheit auf dem Fundament seines Heilswerkes. Für die apostolische Verkündigung ist dieses »Einssein« der Gemeinde in Christus eine problemlose Selbstverständlichkeit, denn die Glaubenden sind diejenigen, welche »die Stimme« Jesu hören und dem »guten Hirten« »folgen« (Joh. 10, 27). Die Realität der Gemeinde des Auferstandenen besagt ja die Verwirklichung »der *einen* Herde und des *einen* Hirten« (Joh. 10, 16). In aller Vielgestaltigkeit, in der sich das Leben der Kirche darstellt, ist das einigende Band der »*eine* Geist«, der »*eine* Herr«, der »*eine* Gott, der da wirket alles in allen« (1. Kor. 12, 4—6). Darum gehört die Übereinstimmung (consensus) in der *einen* apostolischen Lehre bei aller Mannigfaltigkeit der Verkündigungsaussagen zu den Grundpfeilern der kirchlichen Existenz. *Jede Infragestellung der biblischen Lehre bedeutet daher eine Bedrohung und Zerreißung der Einheit der Kirche.* Die Kirche des Herrn hat ihren Bestand als »ein Leib und ein Geist«; lebensbestimmend ist für sie »ein Herr, ein Glaube, eine Taufe, ein Gott und Vater unser aller« (Eph. 4, 4—6). Sie ist wesensmäßig zu allen Zeiten eine ökumenische Einheit, auch wenn diese Christuswirklichkeit im Verborgenen bleibt und keine sichtbare Gestaltungsform erfährt. Die Verheißung Jesu, »auf daß sie alle eins seien« (Joh. 17, 11.21.22), ist nicht nur ein Grund der Hoffnung für eine zukünftige Verwirklichung, sondern jetzt schon Realität. Denn quer durch alle Konfessionen existiert die Jesusjüngerschaft »in der Einigkeit« (Eph. 4, 3) des Glaubens und damit des Heiligen Geistes.

Wenn es so steht, kann ökumenische Einheit im Glauben nur durch das missionarische Heilsangebot gebaut werden, das sich universal an alle Völker, Rassen, Religionen und Ideologien richtet. Die Werke uneingeschränkter christlicher Liebe als menschliche Lebenshilfe sind dann die unausbleiblichen Früchte des Glaubens, die äußeren Zeichen der die Botschaft bestätigenden Dynamik des Heiligen Geistes. Von den ersten Zeugen des Auferstandenen wird berichtet: »Sie aber gingen aus und predigten an allen Orten; und der Herr wirkte mit ihnen und bekräftigte das Wort durch mitfolgende Zeichen« (Mk. 16,20).

Zusammenfassung

Ein dem biblischen Zeugnis entsprechendes Kirchenverständnis kann es nur geben, wenn die Grundelemente des Werdens, des Seins und der Sendung der Kirche unmißverständlich klargestellt werden. Nur im Horizont der Offenbarungsdimension empfängt die Kirche den ihr zustehenden Standort in der Welt als Botschafterin des Welterlösers. *In Abwehr einer religionsgeschichtlich-ideologischen Toleranzidee, welche die Wahrheitsfrage nivelliert, muß sie die Menschen vor die Klarheit eines Entweder-Oder, eines für oder wider Jesus Christus als dem einzigen Heil der Welt stellen.* Wo immer das nicht geschieht, verschwimmen christliche Worte und Gedanken im Nebel einer allgemeinen Humanisierung, zu der es des spezifischen Dienstes der Kirche nicht bedarf. Auf dieser schiefen Ebene führt der Weg zu einer häretischen, durch Irrlehren belasteten Kirche, zu einer Pseudokirche, die letztlich dem Geist des Antichristen die Türe öffnet.

Der außergewöhnliche Auftrag der Gemeinde Jesu, »das Salz der Erde«, »das Licht der Welt«, »die Stadt auf dem Berge« (Mt. 5, 13.14) zu sein, kann nur erfüllt werden, wenn die Kirche bei ihrer ureigensten »Sache«, dem biblischen Zeugnis, bleibt.

Literaturhinweise

U. Asendorf/F. W. Künneth, *Von der wahren Einheit der Kirche,* 1973; Peter Beyerhaus, *»Bangkok 73, Anfang oder Ende der Weltmission«,* 1973; *»Allen Völkern zum Zeugnis«,* 1972; Joachim Heubach, *Die Ordination zum Amt der Kirche,* 1956; Ernst Kinder, *Der evangelische Glaube und die Kirche,* 1958; Walter Künneth, *Der theologische Horizont der ökumenisch-missionarischen Problematik heute,* in Festschrift für H. Dietzfelbinger *»Dem Wort gehorsam«,* 1973, S. 181 ff; Rolf Scheffbuch, *Ökumene kontra Mission?* 1974; *»Frankfurter Erklärung zur Grundlagenkrise der Mission«,* 1970; »Die Berliner Ökumene-Erklärung«, 1974.

5. *Abschnitt:* Die Weltwirklichkeit in der Perspektive der Offenbarung

Sobald das Offenbarwerden der Wirklichkeit Gottes erkannt ist, wird damit zugleich ein universaler Einblick in das Weltganze möglich. Der Welterkenntnis entspricht wesensmäßig die Gotteserkenntnis, die ein Verstehen der Daseinswirklichkeit überhaupt erst möglich macht. Ausgehend von der dreifaltigen Offenbarung gemäß dem biblischen Zeugnis erschließt sich ein umfassendes Weltverständnis, eine die individuell-private Sphäre der Menschenexistenz sprengende, überhöhende und ausweitende Ganzheitsschau, die im Vergleich zu anderen Weltdeutungen ein geradezu grandioses Format hat. Diese offenbarungsbedingte Wirklichkeitssicht trägt jedoch nicht den Stempel einer bloß theoretischen Angelegenheit ohne praktisches Interesse und persönliche Verbindlichkeit, sondern ist der geheime Hintergrund und Ausgangspunkt für das Selbstverständnis des Menschen und sein Verhalten in unserer Daseinswelt. Je nach der Bewertung der Weltwirklichkeit, in der wir uns ungefragt vorfinden, ergibt sich die eigene Position im Strom der Weltvorgänge, die Setzung der Deutungsmaßstäbe, die Besinnung auf Möglichkeiten und Grenzen einer Weltgestaltung, die Proklamation von Zukunftserwartungen und Lebenszielen.

Bei dieser Grundsatzüberlegung drängen sich drei Problemkreise auf: einmal die Frage nach der Wesensstruktur der Weltexistenz überhaupt, sodann die Frage nach Sinn und Grenze einer Weltverantwortung und schließlich die Frage, welche Auskunft über die Zukunft der Welt im Offenbarungsaspekt zu geben ist.

I. Die Doppelgesichtigkeit der Welt

Das für das Offenbarungsdenken kennzeichnende Generalurteil über die Weltwirklichkeit lautet: Wir haben es mit einer Doppelgesichtigkeit der Welt zu tun. Diese *Elementarerkenntnis* besagt, *daß nur in einer Doppellinigkeit über die universale Daseinswelt geredet werden kann,* daß nur zwei entgegengesetzte Aussagen zugleich in der Lage sind, den Wesenscharakter der Welt zu kennzeichnen. Die beiden

Grundbegriffe und Grundpfeiler, welche das ganze Weltgebäude tragen, heißen in biblischer Perspektive »Schöpfung« und »Fall« (Destruktion). Beide Urteile besitzen ihre Gültigkeit nur in Gleichzeitigkeit. Wer nur die eine Feststellung trifft und von der anderen Erkenntnis absieht, verfehlt das Ganze. Dieses Ineinander von »Schöpfungsleben« und »Schöpfungsverfall«, von »Daseinsaufbau« und »Daseinszerstörung«, vermag kein Mensch zu entwirren und auf eine rational einsichtige und harmonische Formel zu bringen. Alle Wirklichkeiten der Welt, seien es mikrokosmische Vorgänge oder gigantische Phänomene des Makrokosmos, sind transparent zugleich für Gottes Schöpfung und für die Todesgestalt einer von Gott losgelösten Welt.

1. Die Welt als Schöpfung Gottes

a) Das »Woher« der Welt

Kein denkender Mensch kann sich der Vorfrage, die unmittelbar in seiner Daseinswelt aufbricht, entziehen: was es denn mit der Entstehung dieser Wirklichkeit, mit ihrem »Woher«, für eine Bewandtnis habe. Die Beantwortung dieser Anfrage stößt auf unlösbare Schwierigkeiten. Es gibt keine Möglichkeiten, auf Grund irgendwelcher Feststellungen, sei es im Bereich des Menschen selbst, sei es in seiner Umwelt, durch mathematische Berechnungen und Experimente jeder nur denkbaren Art, von einer »Schöpfung« sinnvoll zu sprechen. Die exakte Erforschung des kosmischen Universums, seiner Evolution in unvorstellbaren Milliardenzeiträumen ebenso wie die Entwicklung unseres Sonnensystems und der winzigen Erde mit ihren arteigenen biogenetischen Daseinsgesetzen liegen ja immer schon diesseits einer vorausgegebenen Schöpfungswirklichkeit, sind ja nur ein Nachzeichnen der Lebensvorgänge im Rahmen eines Raumzeit-Systems, das schon durch die Schöpfung begründet wurde. Kein ernst zu nehmender Wissenschaftler wird sich daher ein Urteil über die Wirklichkeit der Schöpfung Gottes anmaßen, die ja die Voraussetzung für sein Denken und Forschen überhaupt erst bietet.

Gleichwohl ist es verständlich, daß es ungezählte Theorien und Hypothesen über die Weltentstehung gibt, die mit wissenschaftlicher Erkenntnis nichts zu tun haben, sondern die lediglich dem Bedürfnis des menschlichen Geistes nach Erklärung der »Welträtsel« entsprechen. So kann man von einem Lebensprinzip im Urgrund der Welt reden, das namenlos diese Wirklichkeit aus sich heraus produziert und wieder in das Nichts zerfallen läßt. Oder man behauptet eine Unendlichkeit der Welt, die unter dem trostlosen Gesetz eines ewigen Kreislaufes des Lebens eine sinnlose Existenz führt. Anstelle eines persönlichen Schöpfers wird dann die Natur selbst vergottet, und »Zufall«, »Schicksal«, »Fatum« göttlich verehrt. Selbst der feinsinnige Hinweis auf »den gestirnten Himmel über mir und das Gewissen in der Brust« (Kant) läßt wohl die Ahnung von einem Schöpfer aufkeimen, ist aber kein Ermöglichungsgrund und keine Garantie für einen Schöpfungsglauben.

Das »Woher« der Welt ist rational-anthropologisch nicht lösbar. Im Gegensatz dazu aber bietet der biblische Offenbarungsglaube eine Antwort, der auch Andersdenkende eine umfassende Sinnhaftigkeit nicht absprechen können. *Die Erkenntnisquelle über die Welt als »Schöpfung Gottes« ist einzig und allein die Selbsterschließung Gottes.* Die Rede von Gott als dem »Schöpfer« und von der Welt als seiner »Schöpfung« stellt also keine allgemein zugängliche und andemonstrierbare Menschenweisheit dar, sondern sie ist ein nur in der Glaubensentscheidung zu erfassendes Offenbarungsurteil. »Schöpfung Gottes« bedeutet, daß Gott selbst aus sich heraus, aus der Fülle seines göttlichen Lebens, eine Weltwirklichkeit heraussetzt, die zwar nicht mit ihm identisch ist, aber aus seiner Lebensmächtigkeit existiert. Das in dem Akt göttlicher, souveräner Freiheit vollzogene schöpferische Handeln schafft eine Welt außerhalb seines Wesens und Gottseins. Diese Welt als Schöpfung Gottes manifestiert eine Kreatur, die sich in ihrem Gegenüber zu dem Schöpfer als freies Geschöpf Gottes versteht. *Diese gewährte Eigenständigkeit der Welt ist das freie Geschenk des Schöpfers,* in dem er in Vollmacht und Selbstbeschränkung ein Sein außer dem göttlichen Sein ermöglicht und sich doch zugleich an sein kreatürliches Ebenbild hingibt.

b) Die Unvergleichbarkeit des Schöpfungszeugnisses

Das biblische Schöpfungszeugnis darf nicht als ein Parallelfall zu den mannigfachen Schöpfungsmythen der Religionsgeschichte verstanden werden, sondern es trägt das Gepräge einer einzigartigen, unvergleichbaren Offenbarungserkenntnis. Wir haben es hier nicht mit einem »Bericht« über die Schöpfung Gottes zu tun in dem Sinne, wie über geschichtliche Ereignisse berichtet werden kann, sondern mit der *Fülle von Schöpfungsbekenntnissen,* mit der confessio zu der majestätischen schöpferischen Wirksamkeit des allmächtigen Herrn. In allen diesen Zeugnissen spiegelt sich der unendliche Schöpfungsreichtum wider, erscheint die gesamte Schöpfungswelt als Widerstrahl der Herrlichkeit des Schöpfers selbst. Diese Schöpfungszeugnisse finden ihren repräsentativen Niederschlag nicht nur in den beiden gewaltigen Schöpfungsbekenntnissen 1. Mos. 1, 1 f »am Anfang schuf Gott Himmel und Erde« und 1. Mos. 2, 4 f, sondern auch in den Naturpsalmen (Ps. 19, 2—7; 74, 15—17; 147; 148 usw.), in Jesaia 40, 12f; 26; 45, 9; in Hiob 38, 39 sowie in den grundlegenden Schöpfungsdeutungen des Neuen Testamentes (Rö. 1, 20f; 11, 34.36; Apg. 14, 15f; 17, 24 f). Da es sich bei der Weltschöpfung durch Gott um die Setzung einer Wirklichkeit handelt, die jenseits aller menschlichen Denk- und Vorstellungsmöglichkeiten, jenseits von Raum und Zeit liegt, kann *das biblische Schöpfungszeugnis nur in der Form einer »prophetischen Bildrede«* erfolgen. Diese Darstellungsgestalt des Schöpfungsgeschehens hat nichts mit legendären und mythologischen Aussageweisen menschlicher Weltdeutung zu tun, denn es geht ihr sachgemäß um die Bezeugung der Entstehung der durch Gottes schöpferisches Handeln geschaffenen Weltwirklichkeit. Es handelt sich also um eine notwendige Denkform, um das fundamentale Urgeschehen der Weltschöpfung, die Raum-Zeit-Struktur zur Folge hat, zur Sprache zu bringen.

Im speziellen sind drei dogmatische Grunderkenntnisse des biblischen Schöpfungsglaubens zu bedenken: Zum *ersten* ist die Weltschöpfung als eine »creatio ex nihilo«, eine Erschaffung aus dem Nichts, ohne einen schon vorausgegebenen Weltstoff, allein kraft der allmächtigen Dynamik des Wortes Gottes, zu begreifen. Das Schöpferwort («und Gott sprach: es werde Licht und es ward Licht«) ist das unvergleichliche Machtinstrument der Souveränität Gottes, das die Weltwirklichkeit in das Dasein ruft. Zum *zweiten* besagt der Begriff »Schöpfung«, »Kreatur« die totale Abhängigkeit alles Geschaffenen von dem Schöpfer. Die verliehene Eigenständigkeit der Welt mit allen ihren Gesetzmäßigkeiten und Ordnungszusammenhängen ist nicht eine absolute, sondern eine relative, denn die Geschöpflichkeit ist in jedem Augenblick ihrer Existenz auf das Wirken des Schöpfers angewiesen. Kein Sperling »fällt . . . auf die Erde ohne euren Vater. Nun aber sind auch eure Haare auf dem Haupt alle gezählt« (Mt. 10, 29 f). Diesem Schöpfungsverständnis gemäß ist es sinnwidrig, einen Gegensatz zwischen Schöpfung Gottes und autonomer (selbständiger) Weltentwicklung konstruieren zu wollen. *»Entwicklung« meint stets eine »creatio continua«, ein fortwährendes Geschaffenwerden, in dem sich das unbedingte Angewiesensein alles kreatürlichen Lebens auf den Schöpfer ausdrückt.* Zum *dritten* trägt die Schöpfungswelt das Gepräge der Endlichkeit. Ihr Wesen ist nicht Ewigkeit, sondern durch einen »Anfang« und ein »Zuendegehen« begrenzt. Die raum-zeitlichen Kategorien (Denkformen) sind für ihr Dasein charakteristisch und zugleich ein Hinweis auf ihre totale Abhängigkeit von der hinter der Welt wirkenden Schöpferallmacht Gottes.

c) Christus als Schöpfungsmodell

Dieser neutestamentlichen Aussage kommt eine zentrale Bedeutung für das biblische Verständnis der Schöpfungswirklichkeit zu. Wenn in dem »offenbaren Gott« der ewige Gottessohn »vor aller Zeit« begegnet und in der Auferstehung dieses Jesus Christus der Morgen einer neuen Schöpfung anbricht, dann steht das gesamte Christusgeschehen in einem innersten und wesenhaften Zusammenhang zum Schöpfungshandeln Gottes. *In dieser Offenbarungsperspektive muß daher die Schöpfungswelt zugleich im Lichte des zum Kyrios erhöhten Gottessohnes gesehen und gedeutet werden.* Eine modernistische Zeitgeisttheologie, welche die elementaren Erkenntnisse der biblischen Christologie aufgelöst hat, vermag daher auch keinen Zugang zu der Feststellung zu finden, daß Christus nicht neben dem Schöpfungsglauben zu stehen kommt, als ob auch ohne Christus sachgemäß von der Schöpfungsoffenbarung geredet werden könnte, sondern daß Christus vielmehr den Charakter eines »Schöpfungsentwurfes«, einer ewigen »Schöpfungsplanung«, eines »Schöpfungsmodells« besitzt.

Ist das geheime Motiv des Schöpfungswerkes Gottes seine unbegreifliche Liebe, so trägt diese keinen anderen Namen als »Jesus Christus, der Sohn, der auferstandene Herr«. Gottes Liebe, die sich an seine Kreatio hingibt, ist sein schöpferisches Handeln »in« und »durch« Christus. Er »ist das Ebenbild des unsichtbaren Gottes, der Erstgeborene vor aller Kreatur. Denn durch ihn ist alles geschaffen, das im Himmel und auf Erden ist, das Sichtbare und Unsichtbare . . . es ist alles durch ihn und zu ihm geschaffen. Und Er ist vor allem und es besteht alles in ihm« (Kol. 1, 15—17; »dia Christu, eis Christon«,

Kol. 1, 16f; Eph. 1, 9; 3, 5; Joh. 1, 1—5; 1. Kor. 8, 6; Hebr. 1, 2; Rö. 16, 25). Die eigentliche, geradezu großartige und erregende Programmatik des Schöpfungsplanes Gottes findet in Christus ihre Zusammenfassung und Enthüllung. *Christus als Grund und Sinn und Ziel der Schöpfung macht deutlich, daß biblischer Schöpfungsglaube christozentrisch bestimmt ist,* daß der Weltschöpfer der sich in Jesus Christus durch den Heiligen Geist offenbarende Gott ist. Damit wird Christus zum Bild dessen, was Gottes Schöpfung zutiefst sein soll: der Abglanz der ewigen Gottesliebe. Die »Anlage« der Schöpfung kommt von dem »Sohn« her und zielt auf Christus hin. Die Grundstruktur der schöpferischen Wirksamkeit Gottes, die Architektur der Weltschöpfung meint Jesus Christus. In diesem Namen konzentriert sich die Ehre und Herrlichkeit des Schöpfers, der seinen Geschöpfen an seinem Reichtum Anteil geben will. Das kosmische Universum der sichtbaren Wirklichkeit ebenso wie die unsichtbaren Dimensionen schwingen im geheimen um die Schöpfungsmitte »Christus«. Die Schöpfungswelt darf daher nicht als ein Zustand der Abgeschlossenheit und Perfektion begriffen werden, sondern befindet sich in einer dem Christusmodell gemäßen, von Gott gelenkten Bewegung hin zu dem »Telos«, dem Christusziel, in dem sich Gottes Schöpferliebe vollendet.

2. Die Welt im Schatten des Falles

Darüber besteht heute kein Widerstreit, daß sich diese unsere Weltwirklichkeit nicht in Ordnung befindet, daß daher auch von einer ursprünglich »guten«, »paradiesischen« Schöpfung keine Rede mehr sein kann. Der Dissensus (Meinungsverschiedenheit) bricht jedoch sofort dann auf, wenn nach den Ursachen dieser Störung der Weltharmonie gefragt wird. Handelt es sich bei diesen Daseinskonflikten und Lebenshemmungen vielleicht doch nur um reparierbare Pannen, die durch moderne Möglichkeiten der Verbesserung der Weltverhältnisse allmählich überwunden werden können? Oder melden sich hier ethische Überlegungen, welche die Frage nach »Gut und Böse« nicht radikal ausklammern wollen und optimistisch eine humanitäre Aufwertung des Menschen durch pädagogisch-psychologisch-soziologische Maßnahmen für möglich halten? Hier führt der Zeitgeist das große Wort, indem er den Anspruch erhebt, durch diese oder jene ideologische Weltdeutung ein praktikables Wirklichkeitsverständnis vermitteln zu können.

In hartem Gegensatz zu solcher Oberflächenschau steht die sich auf den Fundamenten der Offenbarung Gottes gründende Tiefenerkenntnis, welche die Weltwirklichkeit bis in ihre letzten Abgründe auslotet.

a) *Die Dimension des Satanischen*

Für die theologische Lage ist es seit langem kennzeichnend, daß man es unter dem Einfluß rationalistischer Tendenzen nicht mehr gewagt hat, von einer Wirklichkeit des Satanischen zu reden. Man spricht daher von einer »Idee«, einem »Prinzip« des Bösen (Kant, Schleiermacher, Ritschl), von der Unvereinbarkeit einer satanischen Existenz mit dem Alleingültigkeitsanspruch Gottes, so daß »das Böse« nur das »Nichtige« ist, »einer Wespe ohne Stachel« gleicht, also jeder Gefährlichkeit entbehrt[37]). Daß in der Denkweise des theologischen Modernismus der Begriff des Satanischen im Nebel mythologischer Vorstellungen aufgelöst wird, ist nicht anders zu erwarten. In diesem totalen Verfehlen der Frage, ob nicht im Welthorizont mit einer Dimension des Satanischen gerechnet werden müsse, um die Wirklichkeit in ihrem Daseinskern sachgemäß zu erfassen, sind nicht wenige Theologen der Einflußkraft des Zeitgeistes erlegen. Ohne Zweifel wurde damit eine folgenschwere Abkehr von der biblischen Wirklichkeitsperspektive vollzogen, denn das Rechnen mit einer satanischen Dimension ist nicht eine Einsicht, auf die man wie auf eine unwesentliche Nebenbemerkung verzichten könnte. Hier geht es im Gegenteil um eine Fundamentalerkenntnis, die an das Zentrum des biblischen Glaubens rührt.

Von der Basis des Offenbarungsgeschehens aus sind entscheidende Aussagen über jene geheime Gewalt des Widergöttlichen möglich und theologisch notwendig gefordert, Aussagen also über eine »Satanologie« als der Ursache dafür, daß wir es nicht nur mit einer Schöpfungswelt Gottes, sondern zugleich mit der Umkehrung der Schöpfung zu einer Unheilswelt, einer Welt im Schatten des Falles, zu tun haben. In dieser Sicht gilt es, die Aktion der Heilsoffenbarung Gottes als einen Einbruch des Schöpfers in die von dem satanischen Widergeist unterjochte Welt zu verstehen. *Gottes Offenbarung ist der Großangriff*

---

[37] K. Barth, *Dogmatik III*, 406 f.

auf die widergöttliche Fremdmacht, welche die Schöpfungswelt in ihren zerstörenden Bannkreis gezogen hat. Die Sendung Jesu als des Gottessohnes besitzt daher von Grund auf eine antisatanische Ausrichtung. Der christologische Heilsweg (Geburt — Versuchung — Krankenheilungen — Passion — Kreuz) trägt demgemäß das Gepräge einer hintergründigen, übermenschlichen Kampfsituation. Das eigentliche Thema der Christologie heißt ja: »Dazu ist erschienen der Sohn Gottes, daß er die Bollwerke des Teufels (Diabolus) zerstöre« (1. Joh. 3, 8). Die Proklamation des vom Tode auferstandenen Gekreuzigten lautet: »Der Tod ist verschlungen in den Sieg, Tod, wo ist dein Stachel? Hölle, wo ist dein Sieg?« (1. Kor. 15, 55—56). Also Triumph des Auferstandenen über die satanische Todesgewalt. Die Konsequenz ist offenkundig: *Wer die Dimension des Satanischen verfehlt, verdunkelt die Christuswirklichkeit an entscheidender Stelle.*

Der satanische Geist ist also gewiß kein »Gegengott«, der, wie der heidnische Parsismus lehrt, sich in einem rivalisierenden Kampf mit der Lichtgottheit befindet, sondern ein von Gott geschaffenes Geistwesen, das die ihm geschenkte personale Freiheit zu einer Entscheidung gegen den Schöpfer mißbraucht in seinem »Seinwollen wie Gott«. Diese widergöttliche Existenz entsteht in der Empörung gegen Gottes Schöpferwillen, in dem »Nichtbleibenwollen« in dem von Gott geordneten Existenzraum inmitten der Schöpfungswelt; sie entsteht in der Selbstvergottung, die allein von der Imitation der göttlichen Majestät, also ohne eigene Vollmacht, lebt. Damit beginnt im geheimen die Urperversion, die Verdrehung des Schöpfungssinnes. Die satanische Existenz ist das kreatürliche Sein in einer titanenhaften Hybris, einer Vermessenheit, welche die Maßstäbe des Schöpfers zerbricht und in Nachahmung der Gottesherrschaft ein eigenes satanisches Gegenreich aufrichten will. Die Realisierung dieses Planes vollzieht sich in dem diabolischen Ringen um Gefolgschaft, in der Strategie, alle Kreatur zur »Apostasie« (Abfall) von Gott zu verleiten und der knechtischen Hörigkeit unter die satanische Gewalt zu unterwerfen. Das Ergebnis dieser satanischen Aggression gegen die Welt der Schöpfung ist die Totalveränderung der Kreatur, die Entstehung einer »Welt des Falles«, einer »gefallenen Schöpfung« (Joh. 12, 31; 14, 30; 16, 11; Kol. 1, 13; 2. Kor. 4, 4; Eph. 6, 12; 2, 2; 2. Kor. 4, 4; 11, 14; 12, 7; 2. Petr. 2, 4; Apok. Joh. 20, 10; Jud. Verse 6, 9).

Es darf nicht übersehen werden, daß die satanische Macht keine »autonome«, eigenständige, schöpferische Potenz darstellt. Sie ist von dem Schöpfer verliehen, aber eigenmächtig an sich gerafft und mißbraucht. Die Methodik der diabolischen Gewaltanwendung verwirklicht sich im Angriff auf den Menschen in folgender Weise: Der satanische Geist ist die Macht der *Verführung*, der Versuchung, der vortäuscht, Höchstwerte zur Beglückung des Daseins zu verleihen (2. Kor. 11, 14: »Engel des Lichtes«, »Wundertäter«; Apok. Joh. 13, 2.10; 1. Mos. 3, 1 ff; Mt. 4, 1 f; 6, 13; Mk. 8, 33; Rö. 7, 11; 1. Kor. 7, 5; 1. Tim. 3, 5; Jak. 1, 13 f). Der »Diabolus« ist der *»Ruhestörer«*, der Zweifler, der unaufhörliche Kritiker, der Geist, der jede Ordnung unterminiert, »durcheinanderbringt«. Er ist der *»Lügner«:* Im Widerspruch zu der Wahrheit des Gotteswortes wird die Lüge als Scheinwahrheit aufgerichtet (s. 1. Mos. 3, 4; Joh. 8, 44). Er ist der *»Ankläger«*, der Anspruch auf alle erhebt, die seiner Verlockung folgten und von dem Schöpfer abfielen (Apok. Joh. 12, 10; Rö. 8, 33). Seine Anklage lautet auf Ungehorsam gegen Gott. In allen diesen Funktionen aber ist er der *»Mörder* von Anfang an« (Joh. 8, 44). Die satanische Empörung führt zur Loslösung von dem Leben des Schöpfers. Das Resultat der satanischen Revolution ist der Tod (Rö. 6, 23; 1. Petr. 5, 8; 2 Tim. 1, 10; 1. Kor. 15, 26).

Vor diesem Hintergrund wird der Ostersieg des Auferstandenen als ein die gesamte Weltwirklichkeit beherrschendes Zentralereignis besonders eindrucksvoll. Christus hat »durch den Tod die Macht genommen dem, der des Todes Gewalt hat, das ist dem Teufel« (Hebr. 2, 14), der »Fürst dieser Welt ist ausgestoßen« (Joh. 12, 31), Christus hat »das Leben und ein unvergängliches Wesen ans Licht gebracht« (2. Tim. 1, 10).

b) Der Urfall des Weltganzen

Diese Feststellung mag ungewöhnlich erscheinen, da die allgemein übliche Rede von einem »Sündenfall« ausschließlich auf den Menschen bezogen zu werden pflegt. Diese anthropologische Begrenzung des »Falles« wird jedoch der universalen Weltperspektive des biblischen Offenbarungszeugnisses nicht gerecht. Der Begriff »Urfall« umschreibt vielmehr den grundlegenden und alles kreatürliche Sein umgreifenden Sachverhalt, daß die gesamte Schöpfungswelt, wie es ja der satanische Denkansatz im biblischen Wirklichkeitsverständnis zeigte, in den Abfall von Gott mithineingerissen wurde, so daß die ganze »Kreatur« der »Nichtigkeit« »unterworfen« ist, daß sie unter der »Knechtschaft des vergänglichen Wesens« steht und sich mit den Menschen in einem »ängstlichen Harren« nach der Erlösung »sehnt« (Rö. 8, 18—22; 5, 12; 6, 23; 1. Kor. 7, 31). *Der Urfall des Weltganzen bedeutet demnach den Sturz der ursprünglichen Schöpfungswelt aus einem »Urstand«*, in dem sich die Kreatur ohne satanische Empörung und ohne menschliche Ungehorsamsentscheidung noch in einer ungebrochenen Willensübereinstimmung mit dem Schöpfer befand. »Urstand« ist also ein Name für den eigentlichen und primären Schöpfungsentwurf Gottes, der eine vollkommene Harmonie der Kreatur mit ihrem Schöpfer begründete.

Im Vollzug der biblischen Offenbarungserkenntnis hebt sich auf diesem jenseits von Raum und Zeit unserer Welt liegenden Hintergrund der Urfall der Welt als jenes Geschehen ab, das eine bis in die letzten Fasern des Daseins reichende Verderbnis der Schöpfungswelt herbeiführte. Dieser »status corruptionis« (Zustand der Zerstörung) bezeugt eine Weltwirklichkeit, die nicht mehr dem Schöpferwillen Gottes adäquat (gemäß) ist, deren ontologische Grundstruktur — die Daseinsbedingungen des außermenschlichen Seins — schon eine Ausprägung des Urfalles darstellen. »Der Kosmos liegt in dem Argen« (1. Joh. 5, 19) — das bedeutet, er befindet sich in dem Machtbereich des satanischen Geistes. Die Folgen dieser Urfall-Situation der Weltwirklichkeit finden ihren Niederschlag in den Verdrängungsgesetzen, in dem Schicksal eines unaufhebbaren Existenzkampfes alles irdisch-kosmischen Daseins, in den Katastrophen und Zerstörungen, in den Qualen der Tierwelt, in den Epidemien, Krankheiten und furchtbaren Leiden der Menschenwelt, in der Grausamkeit und Sinnlosigkeit der Weltgeschichte, in der Herrschaft der Ungerechtigkeiten und Unfreiheiten aller Art bis hin zu der Geißel des Sterbenmüssens und Zugrundegehens jeder kreatürlichen Existenz. Die ganze organische und anorganische Welt steht unter dem geheimen Fluch eines aussichtslosen Lebenskampfes. »Furchtbare Raubtiere gibt es in der Welt des Tümpels, die Grausamkeit eines unerbittlichen Kampfes ums Dasein spielt sich da vor unseren Augen ab.« So bestätigt der Blick des vergleichenden Verhaltensforschers auf sein Aquarium unbewußt die Weltperspektive biblischer Offenbarung[38]). Diese Einsichten machen

---

[38] Konrad Lorenz, »Er redet mit dem Vieh, den Vögeln und den Fischen«, 1973, 24.

deutlich, daß sich das biblische Urteil über den Tod nicht nur auf den Menschen bezieht, sondern in gleicher Weise die Gesamtstruktur der Wirklichkeit im Auge hat. So erfährt auch das Sterben in den vormenschlichen, prähistorischen Naturabläufen nur im Aspekt des Urfalles des Weltganzen seine Sinndeutung.

Zusammenfassung

Der Urfall ist das hintergründige, widergöttliche Totalgeschehen, das jenseits unserer Vorstellungsmöglichkeit liegt, aber gleichwohl diese unsere Weltwirklichkeit transzendiert, überhöht und prägt. Hieraus ergibt sich *die Erlösungsbedürftigkeit nicht bloß des Menschen, sondern des Weltganzen.* Aber »so sehr hat Gott den Kosmos (die Welt) geliebt, daß er seinen eingeborenen Sohn gab« (Joh. 3, 16).

c) Die Gottentfremdung des Menschen

Wenn die Weltwirklichkeit im Schatten des Falles liegt, dann muß dieses Schicksal für die Existenz des Menschen, für seine Seinsmöglichkeit, für sein Selbstverständnis und seine Zielsetzungen eine elementare Bedeutung besitzen. Aus dieser Offenbarungsperspektive ergibt sich daher die biblisch-theologische Grundthese über das Menschenbild: »Der Mensch steht als Gottes Geschöpf in dem Zustand der Gottentfremdung, der Abkehr von Gott, ist ›creatus simul peccator‹, Geschöpf und Sünder zugleich.« Die Situation des Menschen ist in seinem »Gesondertsein von Gott«, als Existenz »in der Sünde« von Grund auf anomal.

Sobald im Horizont des Zeitgeistes das Wort »Sünde« laut wird, pflegt eine uneingeschränkte Abwehrreaktion des heutigen Menschen einzutreten, denn diese Beurteilung als »Sünder« scheint der Würde des autonomen (selbstherrlichen) Menschen nicht zu entsprechen und eine Entthronung des menschlichen Absolutheitsanspruches zu bewirken. Ohne Frage verbindet sich mit dem anstößigen Begriff Sünde eine Unzahl von Mißverständnissen, die gerade im Interesse biblischer Lehre einer Aufhellung bedürfen.

Wie steht es mit der *Erklärbarkeit* der Sünde? Schon zu allen Zeiten haben die Wortführer der Menschheit, Journalisten und Dichter,

Philosophen, Ideologen und auch Theologen immer wieder den Versuch gemacht, den Tatbestand der Unvollkommenheit und Fehlsamkeit des Menschen einem Verharmlosungsprozeß zu unterwerfen und die Sünde nur als irrtümliche Einzelhandlungen zu deuten. Die ebenso primitive wie plausible Parole heißt »Irren ist menschlich«, und dieses oder jenes schuldhafte Verhalten ist auf biologisch-soziologische Bedingtheiten, die psychologisch analysierbar sind, zurückzuführen. Heute neigt man sogar dazu, den Schuldbegriff im juristischen Sinn aufzulösen und als ein krankhaftes Fehlverhalten zu erklären, das nicht mehr rechtlich zu bestrafen, sondern medizinisch zu behandeln sei. Überdies hat ja einst schon eine idealistische Philosophie die Sünde als ein notwendiges Sprungbrett für die ethische Entwicklung des Menschen zu höheren Erkenntnissen gewürdigt.

Man muß sich darüber klar sein, daß alle derartigen Erklärungs- und Entschuldigungsbemühungen radikal an der Wirklichkeit des Sünderseins im biblischen Verständnis vorbeigehen. *Das, was Sünde bedeutet, entzieht sich prinzipiell jedem Zugriff der modernen Humanwissenschaften wie Psychologie und Soziologie, da das Verständnis der Sünde ja nur in ihrer Beziehung zu Gott denkbar ist.* Wo aber immer Gott negiert wird und in dem Wertsystem menschlicher Beurteilungsweisen keine Rolle spielt, ist eine sinnvolle Einsicht in die Realität der Gottentfremdung ausgeschlossen. Die Voraussetzung zur *Erkenntnis dessen, was »Sünde und Schuld«* ihrem Wesen nach sind, ist nur gegeben in der Konfrontation (Gegenüberstellung) mit dem *Deus revelatus,* dem offenbaren Gott, mit der Offenbarungsbotschaft von »Gesetz und Evangelium«. Zugespitzt muß das Kreuz Jesu als der eigentliche Schlüsselpunkt für eine Sündenerkenntnis verstanden werden, denn das, was Sünde als Trennung von Gott in ihrer Lebenszerstörung bedeutet, erschließt sich erst auf dem Boden der Sündenvergebung. Was Sünde ist, kann der Mensch von sich aus nicht wissen. Ihre eigentliche Entlarvung ereignet sich erst in der Begegnung mit der Offenbarungswirklichkeit Gottes.

Aus diesem Aspekt ergeben sich folgende *Grundzüge des biblischen Sündenverständnisses:*

Erstens: Sünde ist nicht nur ein Mangel an Moralität und nicht nur in einzelnen Unrechtshandlungen zu sehen, sondern alle derartigen Fehlverhaltensweisen des Menschen sind Symptome der verkehrten Grundposition des Menschen in seiner Stellung Gott gegenüber. Sünde bezeichnet das Dasein »ohne Gott« (Eph. 2, 12; Gal. 4, 8; 1. Kor.

1, 21; 2, 14; Joh. 4, 22; 8, 19) und damit eine Existenz »in der Finsternis«. Dieses Verhaftetsein in der Nacht der Gottentfremdung faßt sich in dem Urteil zusammen: »Welcher Verstand verfinstert ist und sind entfremdet von dem Leben, das aus Gott ist, durch die Unwissenheit, so in ihnen ist, durch die Blindheit ihres Herzens« (Eph. 4, 18; 5, 8; 6, 12; 2, 1.5; Joh. 1, 5; 12, 35.46; Apg. 26, 18; Kol. 1, 18; Kol. 2, 13; 1. Tim. 5, 6).

Zweitens: Sünde ist wesensmäßig nicht das Verfehlen einer Verpflichtung oder ein Zurückbleiben hinter einer Norm, also keine Negation, sondern vielmehr eine Position im Widerstreit zu Gott, eine Haltung der Opposition. Dieses Gesondertsein von Gott ist nicht ein neutraler Tatbestand, sondern eine Aktion des Widerspruchs und der Auflehnung gegen Gottes Willen, ein Vollzug des Ungehorsams. Die Sünde bestreitet Gottes Herrschaft und bedeutet den Vertrauensbruch gegenüber dem Schöpfer. Sie wird damit zum Ausdruck höchstgesteigerter Selbstsucht des Menschen, zu einer potenzierten Ichhaftigkeit. In diesem Verlust der Gottesbeziehung kommt es zu dem »in se ipsum curvatum« — »in sich selbst Verkrümmtsein« des Menschen, der Gott aus den Augen verloren hat. Diese Oppositionshaltung Gott gegenüber, in welcher der Mensch um sich selbst als Mittelpunkt kreist, »haßt das Licht« (1. Kor. 2, 14; 1, 23.27; Joh. 3, 19 f; Mt. 23, 17). Diese widergöttliche Willenshaltung erscheint zwar als »Weisheit der Welt«, ist jedoch in Wirklichkeit ein »Stehen in der Torheit«, eine »Narrheit«, in der die normalen Proportionen (Verhältnisbeziehungen) verrückt werden; letztlich aber erscheint sie als eine »Feindschaft gegen Gott« (Rö. 1, 22; 3, 20; 5, 10; 7; 8.6 f; 14, 23; Kol. 1, 21; 2, 13; Joh. 15, 23; Jak. 4, 4).

Drittens: Im Blickpunkt der Offenbarung wird deutlich, daß wir es mit einem Universalismus der Sünde und mit ihrer Unvermeidbarkeit zu tun haben. Es gibt in der Zone des Menschen keinen Sektor, der von der Sünde ausgenommen wäre. Sünde ist der Urboden der menschlichen Existenz selbst. Der theologische Begriff dafür ist »Erbsünde«, die jedoch nicht naturhaft-biologisch bloß als schicksalhafte Vererbung gedeutet werden darf, sondern die Ausnahmslosigkeit der Sünde, ausgeprägt als Betroffensein aller Menschen von der Gottwidrigkeit (s. Rö. 3, 19.23). »Erbsünde« deklariert die Solidarität aller Menschen in der Unentrinnbarkeit des »Sündigenmüssens«, die Vorfindlichkeit des Menschseins in dem Sündenschicksal und damit zugleich in dem Todesschicksal (1. Kor. 15, 22; Rö. 6, 23).

Viertens: Diese Gottentfremdung ist zugleich eine schuldhafte Grundhaltung des Menschen, da dieser Abbruch der Beziehung zu Gott durch das Sichselbstsuchen jedes Menschen innerlich bejaht wird. Sünde ist ein Schicksal, das von dem Menschen Zustimmung erfährt und von ihm zu seiner eigenen Verherrlichung umgedeutet wird. Indem der Mensch an sich selbst und an die Möglichkeiten dieser Welt unter Absehen von Gott glaubt, aktualisiert er fortwährend die Gottentthronung, die damit das Zeichen der Unentschuldbarkeit trägt.

Fünftens: Die Absage des Menschen an Gott läßt in der Welt einen Zustand der Gottwidrigkeit, der allgemeinen »Sündhaftigkeit« entstehen. Die permanente (andauernde) Geisteshaltung des Unglaubens und damit einer permanenten innersten Empörung des Menschen gegen den Schöpfer erzeugt ein Klima der Gottlosigkeit, das sich in ungezählten Erscheinungen des Alltags ebenso niederschlägt wie in den dämonisierten Ereignissen der Menschheitsgeschichte, in denen sich immer wieder die Selbstvergottung des Menschen oder die Verabsolutierung ihrer Ideologien in grauenvollen Untaten zusammenballt. Die Geistigkeit des »Immanentismus«, jener Verweltlichung, die jede Gottesbeziehung ausklammert, schafft eine Atmosphäre der Verführung und seelischen Verblendung, welche die Verlorenheit des Menschen ohne Gott nicht zu durchschauen vermag.

Zusammenfassung

In der Perspektive der Offenbarung wird die Grundstruktur der Weltwirklichkeit in ihrer unauflösbaren Spannung zwischen Schöpfung Gottes und Fall des Weltganzen aufgedeckt. Diese Enthüllung der eigentlichen Wesenheit der Weltexistenz in ihrer tiefsten Heillosigkeit läßt ihre Erlösungsbedürftigkeit erkennen und zielt damit zugleich ab auf das uneingeschränkte Heilsangebot des »offenbaren Gottes«.

II. Was ist es um Weltverantwortung?

Eingespannt in den Rahmen der Zwiespältigkeit des Weltganzen, in die Polarität schöpfungsgemäßer und zugleich schöpfungswidriger Gegebenheiten, wird für den Menschen die Überlegung unumgänglich, welche Verantwortung ihm in dieser Existenzsituation aufgetragen ist. Nach welchen Normen und in welchen Zielsetzungen soll sich sein Verhalten vollziehen? Welche Möglichkeiten sind ihm gegeben und welcher Sinn kommt seinem Handeln zu, wenn ihm in dem Gefüge von Raum und Zeit einer gefallenen Welt unübersteigbare Grenzen gesetzt sind?

In Beantwortung solcher Mittelpunktsfragen des menschlichen Daseins gilt es zunächst, eine fundamentale biblische Aussage zur Kenntnis zu nehmen.

1. Der Ordnungswille Gottes steht hinter der Wirklichkeit

a) Mißverständnisse

Solange man von einer Universalität des Urfalls nichts wissen will oder sie nicht ernst nimmt, entsteht die Neigung, eine Lehre von einer guten, intakten »Natur« (»lex naturalis«) oder eine »Theologie der Schöpfungsordnungen« zu entwickeln. In diesem Fall wäre es möglich, Gottes ursprünglichen Schöpferwillen direkt aus den Naturgesetzmäßigkeiten abzulesen und das, was gültig sein soll, im Spiegelbild des natürlichen Seins zu erkennen. Nachdem jedoch die Welt der Schöpfung durch den Fall in Unordnung geraten ist, sind die ursprünglich-paradiesischen Lebensformen einer reinen, ungebrochenen Schöpfungswelt nicht mehr zugänglich. Demgemäß erscheint der Begriff »Schöpfungsordnung« kein sachentsprechender Ausdruck zu sein, um der Lage im Schatten des Falles gerecht zu werden.

b) Die erhaltenden Ordnungen Gottes

Im Aspekt der Offenbarung stellt sich folgende Grunderkenntnis ein: Der offenbare Gott als Schöpfer und Erlöser überläßt die von ihm abgefallene Weltwirklichkeit nicht ihrem Schicksal des drohenden Untergangs, sondern läßt seinen Erhaltungswillen wirksam werden, so daß die Welt des Falles von ihm erhalten wird. Ein sinnvolles Existieren und Zusammenleben der einzelnen Menschen sowie der Gemeinschaftsgruppen ist daher nur kraft des hinter und in der Weltwirklichkeit in Aktion stehenden Erhaltungs- und Ordnungswillens Gottes ermöglicht. Die konkrete Verwirklichung und die geschichtliche Realisierung dieser Anordnungen Gottes zur Welterhaltung ereignen sich in der Setzung der *Gottes-Gebote,* in der Aufrichtung des *Gesetzes Gottes.*

Die Rede von verpflichtenden »Ordnungen« und die Behauptung von auch für den heutigen Menschen maßgebenden »Geboten« wird vom Zeitgeist der modernen Welt als eine Provokation verworfen. Nicht nur in der Weltpropaganda der meisten Massenmedien (Presse, Rundfunk, Fernsehen), sondern auch auf dem Forum vieler theologischer Diskussionen besteht Einigkeit darüber, daß eine Bindung an Gottes Gebote und ihre Respektierung im privaten und erst recht im öffentlichen Leben nicht mehr zugemutet werden kann. Der Begriff »Ordnung« pflegt daher mit einem verächtlichen Akzent versehen zu werden. Er erregt den Verdacht der bloßen Konservierung, unfruchtbarer Erstarrung, des Festhaltens an veralteten, überholten Formen, die Vorstellung antiquierter Autorität, die jede fortschrittliche Entwicklung der Lebensformen blockiert. *Wird jedoch eine Sittlichkeit, die sich an den klaren Geboten und Verboten Gottes orientiert, außer Kraft gesetzt, muß es zu einer mehr oder weniger totalen Verdrehung des Ethos kommen.* Das, was ethisch gefordert wird, das »Seinsollende«, wird nunmehr durch Nützlichkeitserwägungen oder durch die Erfüllung der jeweiligen Bedürfnisse des Einzelnen oder der Gesellschaft bestimmt. Es macht sich dementsprechend eine *»Situationsethik«*, eine *»Zeitgeistmoral«* breit, die absolut verpflichtende Größen und Werte nicht mehr anerkennt und je nach der Zweckmäßigkeit in einer bestimmte Zeitlage die Entscheidungen trifft. Diese Zerstörung der Orientierung an konstanten (bleibenden) sittlichen Richtungspunkten, die nicht im Wandel der Zeit selbst verwandelt und damit bedeutungslos werden, muß einen ethischen Auflösungsprozeß von erschütternder Tiefe und Breite zur Folge haben. Wo immer die sittliche Lebensgrundlage der Zehn Gebote Gottes verlassen oder durch andere scheinethische Erwägungen (z. B. Fristenlösung zugunsten der Gewissensentscheidung der Frau oder Euthanasie) in Frage gestellt wird, entsteht die Sumpflandschaft moralischer Grundsatzlosigkeit und Orientierungs- und Normenlosigkeit. Die durch die Verachtung der Lebensordnungen Gottes gewonnene Scheinfreiheit führt nicht zu einer Wertneutralität oder einer Pluralität gleichberechtigter Moralanschauungen, sondern zur Versklavung unter die Fremdautorität von Zeitgeistideologien, die ihrerseits ihre Unmoralität als das neue, progressive Ethos begreifen.

Bei der Besinnung auf die Notwendigkeit und verpflichtende Autorität der lebenserhaltenden Ordnungen geht es entscheidend um das »Ja« oder das »Nein« zu dem Willen Gottes. Dieser Erhaltungswille des offenbaren Gottes enthüllt sich im Gesetz, in den Geboten, in den Anordnungen, Mandaten und Ansprüchen Gottes an jeden Menschen. Eine Theologie, die nicht mehr den Mut hat, diesen Gottes-Willen »So spricht der Herr«, »Du sollst« und »Du sollst nicht« zu bezeugen, hat sich selbst unglaubwürdig gemacht und selbst zerstört. Wird Gottes Willensbezeugung in den Zehn Geboten als eine bloß zeitgeschichtliche, für den heutigen Menschen nicht mehr verbindliche Vorstellung wegdiskutiert und umgedeutet, dann hat eine sittliche Verantwortung ihre Hauptvoraussetzung und ihren Sinngrund verloren.

Die Weltverantwortung inmitten einer durch unlösbare Daseinskonflikte und durch schicksalhafte oder geschichtlich bedingte Kontraste geprägten Wirklichkeit bedarf der Wegweisung, der Ausrichtung. *Die Verweisung auf das Gewissen als ethischen Kompaß ist völlig unzureichend und irreführend.* Das »Gewissen« des Menschen stellt eine formale Funktion dar, in der sich ein unbedingter Anspruch geltend macht, aber der Inhalt ist unendlich individuell; er ist soziologisch und zeitgeschichtlich verschieden. Der Gewissensfunktion bemächtigt sich ja nicht nur der Glaube, sondern ebenso auch irgendeine Ideologie. Die heute üblich gewordene Berufung auf das Gewissen ist daher nichtssagend, da das Gewissen selbst einer Leitung, einer Bindung und Orientierung bedarf. Ein nicht an Gottes Willen gebundenes und durch Gottes Wort nicht korrigiertes Gewissen ist, wie die Geschichte zeigt, zu schrecklichen Untaten fähig, das zeigen die Terrorakte des Fanatismus. Es kommt daher alles darauf an, das Gewissen auf die Bindung an Gottes Gebote einzustellen. Diese Willensdokumentation Gottes in den erhaltenden Ordnungen hat die Qualität eines Geländers, einer Schranke, die vor dem Absturz bewahrt, besitzt die Aufgabe eines Dammes, welcher der im geheimen stets drohenden Sturmflut der Anarchie und des Chaos wehren soll.

Die naturbedingten und geschichtsgebundenen *Erhaltungsordnungen,* hinter denen Gottes Wille steht, zeigen mannigfache Ausprägungen. Im Vordergrund stehen die konstanten Grundelemente des menschlichen Lebens, wie sie sich in »Ehe- und Familienordnung« darstellen. Bei aller zeitbedingten Verschiedenheit und Veränderlichkeit der geschichtlichen Gestaltungsformen — vom patriarchalischen bis hin zu partnerschaftlichem Verständnis — bedeutet Eheordnung keine menschliche Willkür, auch nicht nur eine gesellschaftspolitische Zweckmäßigkeit, sondern einen Willensausdruck des Schöpfers, der die prinzipielle Unauflöslichkeit dieser einzigartigen menschlichen

Gemeinschaft begründet. Dazu treten die Ordnungsinstitutionen und Ordnungsfunktionen der Gesellschaft, des Volkes und des Staates. Immer geht es dabei darum, durch Setzung von Rechtsordnungen die Erfüllung von Lebensaufgaben aller Art zu ermöglichen und durch eine staatspolitische Autoritätsbildung Schutz gegen Willkür und Gewaltmißbrauch zu gewährleisten.

Diese gottgewollte Ordnungs- und Autoritätspflicht der im öffentlichen Leben Verantwortlichen gilt heute auch für die Verhältnisse einer demokratischen Rechtsstaatlichkeit. Es gibt allerdings auch ein Demokratieverständnis, das von der Idee der »Gleichheit« aller Menschen derart fasziniert ist, daß sie das unaufgebbare Grundgefüge einer »Über- und Unterordnung«, welches allein ein sinnvolles Zusammenleben ermöglicht (s. Eltern — Kinder; Lehrer — Schüler; Gewerkschaftsfunktionäre — Arbeiterschaft; Unternehmer — Angestellte; Regierende — Bürger usw.) mit Geringachtung oder Auflösung bedroht und dadurch den Sinn der erhaltenden Gottesordnung verfehlt (z. B. die Parolen einer »antiautoritären Erziehung«). Die Vertikale zu Gott, in der alle Menschen in Gleichheit, nämlich in der Solidarität der Sünde und in dem Angewiesensein auf die Gnade Gottes stehen, darf nicht mit der Horizontalen der Naturgegebenheiten und Geschichtsverhältnisse verwechselt werden. In dieser Daseinsebene kann es je nach der Befähigung, dem Platz und der Rolle der Einzelnen in dem Ordnungszusammenhang der Welt keine Gleichheit geben. So verschieden auch immer die erhaltende Lebensordnung praktiziert werden mag, so sehr auch immer im Gang der Geschichte die Rechtsgestaltungen und Autoritätsformen eine Veränderung und Verbesserung erfahren müssen, wesentlich bleibt, daß die Maßstäbe des gesellschaftlichen Fortschrittes nicht an Ideologien, sondern an dem Erhaltungswillen Gottes gewonnen werden, der ja in derselben Weise auch den Nichtchristen betrifft.

2. Humanität ohne oder mit Gott?

Die Losung »Humanität« wurde in der modernen Weltperiode zu einem umfassenden Bekenntnis, in dem die meisten Menschen einig zu sein scheinen. Viele werden darin eine zu begrüßende Entwicklung sehen, die zu der Erkenntnis von der Einheit des Menschseins trotz aller Spaltungen und Völkerkämpfe führt. Mag auch ihre

Verwirklichung noch in weiter Ferne liegen, die Sehnsucht ist auf jeden Fall stark geworden, um die Durchsetzung der »Menschlichkeit« in allen Bereichen des Lebens zu ringen. So wird von jedem und an allen Orten des Erdballs diese Parole nachgesprochen, von verschiedenen Voraussetzungen ausgehend, von mannigfachen Motiven bewegt, auf vielartige Zukunftserwartungen ausgerichtet. Damit erhebt sich heute »Humanität« als eine neue Einheits- und Weltreligion, als ein Weltprogramm menschlicher Solidarität, in der jeder in seiner Weise die Erfüllung der von ihm erstrebten Menschheitsideen erträumt. Was aber heißt »Humanität?«

a) Das profane Menschenbild

In bezug auf das Verständnis der Humanität stehen wir vor einer folgenschweren Erscheinung. Es besteht die offenkundige Möglichkeit, über das Wesen des Menschen ganz verschiedene und sich gegenseitig ausschließende Urteile abzugeben. Die Übereinstimmung in dem formalen Begriff »Menschlichkeit« sagt noch nichts über seine inhaltliche Bestimmtheit aus. In dem reinen Diesseitsaspekt des Immanentismus sind für die Deutung des Menschenbildes drei Haupttypen kennzeichnend:

Die *biologisch-naturalistische* Sicht begreift den Menschen als »bloße Natur«, als eine besondere Ausformung des allgemeinen »Bios«, des natürlichen Lebens, als eine Gestalt höchstentwickelter Materie. Alle Vorgänge des menschlichen Lebens müssen im Sinn des alleingültigen »Biologismus« naturalistisch interpretiert werden, so daß auch die Zone des Seelischen, Geistigen, Personhaften nur als eine Ausprägung biologischer Gesetzmäßigkeiten verstanden werden kann. Damit wird der Mensch als eine Funktionsform der Natur der beherrschenden Idee der Zweckmäßigkeit unterworfen und zu einem Objekt der Nützlichkeitsfrage degradiert. Hieraus ergibt sich die Auffassung von dem »Unwert« menschlichen Lebens, wenn sein natürlicher Organismus nicht mehr imstande ist, nutzbringend und sinnvoll das Dasein zu gestalten (vgl. die kritische Warnung von Victor v. Weizsäcker vor dem »Sündenfall« einer Medizin, die »den Menschen nur als Objekt nimmt . . . nur betrachtet wie ein chemisches Molekül . . .«).

Das *liberal-idealistische* Menschenverständnis nimmt im Gegensatz zum reinen materialistischen Naturalismus die Besonderheit des Menschen als individuelle Person, als ein sich selbst bestimmendes Wesen, der dem Naturablauf gegenüber steht, ernst. In der Mitte steht die Betonung der Eigenständigkeit der Individualität, das in einem vernünftigen und freien Selbstbewußtsein handelnde Subjekt. Die Freiheit der sich selbst bestimmenden Persönlichkeit wird zum Maßstab der menschlichen Verhaltensweisen. Der Mensch selbst ist der autonome Herr seines Lebens, der uneingeschränkt über Sinn, Glück, Zweck, Aufgabe und Ziel des Daseins verfügt und in freier Entscheidung den Beginn und das Ende des menschlichen Lebens festsetzen kann (Konsequenzen für die Probleme der »Indikation«, der »Abtreibung«, »Fristenlösung«, »Euthanasie« sowie des Rechts auf den »Freitod«, der schon von Friedrich Nietzsche bejaht wurde).

Bei der *kollektivistischen* Menschenbeurteilung tritt an die Stelle der Freiheit des Individuums die Autorität irgendeiner Kollektivgröße. Die maßgebende Norm wird durch den »Volkswillen«, die Rasse-Idee, das »Klassenbewußtsein«, die »Staatsräson« oder eine Menschheitsideologie herausgestellt. Bedeutung und Aufgabe des Menschseins wird allein durch das kollektive Interesse bestimmt. Die bekannte These »Was dem Volke nützt, was der Klasse nützt, ist gut« formt ein kollektivistisches Menschenbild, das zur Entpersönlichung des Menschen, zur Unfreiheit und zur Gewissensknechtung führen muß.

b) Die verfehlte Anthropologie

Der Einheitspunkt aller drei Haupttypen des profanen Menschenbildes liegt darin, daß sie glauben, einen Menschen »an sich«, ohne jede Beziehung zur Dimension Gottes, konstruieren zu können. Das jeweilige Menschenverständnis macht sich selbst eigenmächtig zum moralischen Gesetz und erhebt damit einen Gültigkeitsanspruch im Gegensatz zu den anderen anthropologischen Konzeptionen (Entwürfe zur Menschendeutung). Damit aber wird jede allgemein verpflichtende »Humanität« von Grund aus unmöglich gemacht und schon im Keim zerstört. Daher kommt es, daß derselbe Begriff »Humanität« in Washington, Moskau, Peking, Bonn, Ostberlin und Palästina einen anderen Inhalt und Sinn hat. Diese Verschiedenheit des Humanitätsverständnisses hat aber ihren tiefsten Grund in der Preisgabe jeder Gottesrelation (Gottesbezogenheit) bei der Erfassung des Menschenbildes. Die Isolation des Menschen von der allein dominierenden

Existenzgrundlage in Gott, dem Schöpfer, löst die eigentliche Basis, löst Mitte und Ziel menschlicher Selbstbestimmung auf. *Der Mensch ohne Gottgebundenheit aber muß sich an Fremdmächte, an die Ideologien des Zeitgeistes verlieren.* Verantwortlichkeit und Gewissen werden durch die Vorherrschaft der Nützlichkeitsgesichtspunkte gelähmt und fehlgeleitet. So wird aus dem Menschenbild ein anthropologischer Torso, ein Menschenfragment, ein Bruchstück.

c) »Gottes Ebenbild« im Menschen

Wer von »Humanität« spricht, muß wissen, wie es um den Menschen bestellt ist. Die Wort- und Sinnbegründung des Menschseins ruht nicht im Menschen selbst, nicht in seinen biologischen Voraussetzungen, nicht in seiner individuellen Persönlichkeit, nicht in irgendeiner kollektiven Gliedschaft, sondern allein in dem »Ja« Gottes, des Schöpfers, zu seiner menschlichen Kreatur. Das Nachdenken über den Menschen muß daher eine totale Umdrehung vornehmen und nicht von anthropologischen immanenten Möglichkeiten her Aussagen machen, sondern den Ansatzpunkt in dem offenbaren Gott selbst nehmen.

Die Existenz des Menschen ist elementar durch den Schöpferwillen und die Schöpfergnade bestimmt. Der Mensch ist das durch das Ich Gottes (»Ich bin der Herr, dein Gott«, 2. Mos. 20, 2) personal angesprochene und in ein »Ich-Du-Verhältnis« zu Gott gerufene Geschöpf. Aus der Personalität Gottes empfängt der Mensch sein eigenes Personsein in einer unwiederholbaren, unvergleichbaren und einzigartigen Individualität. Der Mensch wird zum Menschen erst durch diese spezifische Ausrichtung auf Gott, durch die Zwiesprache mit dem Schöpfer. In diesem dialogischen Verhältnis von Gott zum Menschen, *durch Gottes Anrede und Anspruch an den Menschen, kommt die »Gottebenbildlichkeit«, die Imago Dei, des Menschen zum Ausdruck, die sich umgekehrt wiederum darin ausdrückt, daß der Mensch zum Antworten und zu verantwortlicher Gewissensentscheidung aufgerufen ist.* Daß der Mensch von Gott mit Beschlag belegt ist, das ist die Imago Dei, das Hoheitszeichen, das er dem Menschen aufdrückt und mit dem er sein Eigentumsrecht am Menschen und die Zugehörigkeit des Menschen zu Gott proklamiert (1. Mos. 1, 26; 5, 1; 9.6; Kol. 3, 10)[39]).

[39] F. Brunstäd, *Allgemeine Offenbarung*, 1935, 28.

In dieser einzigartigen Sonderstellung des Menschen zu Gott ist der Entwurf der menschlichen Existenz zur »Freiheit« begründet. Ohne diese Gottbezogenheit bleibt es bei der Verselbständigung des Menschen bis hin zur Ichvergötzung, kommt es zu dem Mißverständnis der Freiheit als Willkür. Aus der »Ebenbildlichkeit« des Menschen ergibt sich das Offensein für den Mitmenschen, den Nächsten, der ja an der gleichen Gottebenbildlichkeit teilhat. Damit ereignet sich das Freisein und das Verpflichtetsein zur Gemeinschaft, zu einer bedingungslosen Nächstenschaft. Die in der Weltwirklichkeit geltende Wertskala zur Einschätzung des Menschen: hochwertig — minderwertig; gesund = lebenstüchtig; krank = lebensunfähig; nutzbringend = sozial wichtig — gesellschaftsbelastend; diese Wertskala wird in dem biblischen Humanitätsverständnis außer Kraft gesetzt. *Die Würde des Menschen ist zu jedem Zeitpunkt, auch in der entstellten Form tiefster Leiden und Leistungszerstörung, unantastbar.* Der Begriff »unwertes Leben« ebenso wie die Behauptung uneingeschränkter freier Selbstbestimmung des Menschen nach subjektiven Grundsätzen oder sozialen Nützlichkeitserwägungen sind in bezug auf die Verantwortung vor Gott ausgeschlossen und gegenstandslos.

Diese biblische Grundsatzerkenntnis über das Menschenbild macht deutlich, worin die Krisis der Humanität heute gesehen werden muß. *Eine Humanität ohne Gott hat das Fundament ihrer Ermöglichung verloren, sie täuscht sich selbst über ihren Sinn und ihr Ziel.* Indem eine Humanität ohne Gott das Menschenbild, das sie propagiert, selbst zerstört, wird sie zum Instrument der Zeitgeistideologien. Echte Humanität ist vielmehr die Frucht des Glaubens an den offenbaren Gott.

3. Was kann Weltaktivismus leisten?

a) Der Dienst am Menschen im öffentlich-politischen Raum

Die christliche Verantwortung im Bereich des öffentlichen Lebens und der politischen Ordnungen ist auf den Menschen ausgerichtet, der inmitten der Konfliktzonen und ungezählter Spannungen des Daseins einer Wegweisung und praktischer Mithilfe bedarf.

Die strittige Frage besteht jedoch darin, in welcher Weise der Beitrag christlicher Verantwortung durchgesetzt werden kann. Die Christenheit darf sich auf keinen Fall die Rolle anmaßen, über ein speziell »christliches« Programm für politisches Handeln zu verfügen und sozialpolitische Rezepte und Patentlösungen der Gesellschaft zu unterbreiten. Im Sog des Politischen kommt es vielmehr entscheidend darauf an, einen klaren, biblisch orientierten Kurs zu halten, der zwischen politischem Verzicht einerseits und politischem Schwärmertum andererseits hindurchführt. Für diese Kursrichtung einer politischen Ethik auf der Grundlage des Offenbarungsglaubens ist folgende Unterscheidung von maßgebendem Gewicht:

Einmal geht es um die notwendige Stellungnahme zu den *»Grundsatzfragen«, welche die Elementarordnungen des menschlichen Daseins betreffen.* Hier besteht der christliche Auftrag darin, an die Verbindlichkeit dieser von Gott gesetzten Existenzordnungen zur Erhaltung des »Humanum« zu erinnern (Joh. 19, 11; Rö. 13, 1-7; Tit. 3, 1; 1. Tim. 2, 1 f) und sich gegen ihre Zersetzung und ihren Zerfall zu wehren. Angesichts des Einflusses ideologischer Wertvorstellungen, die das biblische Menschenverständnis trüben und verändern, gilt es, die christlich-ethischen Grundsätze gemäß den Geboten Gottes, sei es in Verkündigung und Lehre, sei es in Protest und Reformvorschlägen, zu entwickeln. Wenn es sich in der Öffentlichkeit um die Würde und die personale Sinnhaftigkeit des Menschseins handelt, dann dürfen und müssen die Kirche sowie der einzelne Christ »im Namen Gottes« eine klare Position beziehen und gegen Auflösungstendenzen in Staat und Gesellschaft ethischen Widerstand anmelden. (Vgl. die Protestaktionen der »Bekenntnisbewegung« in den Fragen des § 218!)

Sodann aber sind diesen ethischen Grundsatzerkenntnissen gegenüber die *»Ermessensfragen« der Tagespolitik* abzugrenzen. In Beantwortung dieser Sachfragen ist ein direkt christlicher Auftrag nicht gegeben, der sich auf Gottes Willen und die biblische Autorität berufen könnte. So wäre es keineswegs christlich, sondern unverantwortlich, eine Stadt, ein Land, einen Staat oder die Völkerbeziehungen nach den Grundsätzen der Bergpredigt Jesu (Mt. 5-7) regeln und die Aufweichung der Strafgesetzgebung und schwächliche politische Maßnahmen »christlich« rechtfertigen zu wollen. Dem »Bösen« nachzugeben, steigert das Unrecht und widerspricht dem Ordnungswillen Gottes. Die Verwirklichung christlicher Aktivitäten im öffentlich-politischen Raum erfordert *Sachkenntnis,* der »gute Wille« allein genügt nicht, sondern schlägt in einen schuldhaften Dilettantismus um, der sich angesichts der komplizierten Apparatur der modernen Industriegesellschaft besonders verhängnisvoll auswirken muß. Demgemäß kommt der *»stellvertretenden Verantwortung«* der speziellen »Sachkundigen« ein hoher ethischer Rang zu. »Sachgemäßheit« bedeutet die Angemessenheit in dem Einsatz der politisch- rechtlichen-technischen Mittel, die sich jeweils durch Zweckmäßigkeitserwägungen ausweist. Es darf nicht übersehen werden, daß in dem Bereich dieser Ermessensfragen auch Christen ganz verschiedene Standpunkte vertreten können, da in diesen Sachbeurteilungen bestimmte biblische Weisungen nicht vorliegen.

Das politische konkrete Handeln des Christen läßt sich durch drei ethische Richtungspunkte kennzeichnen, die alle zugleich geltend gemacht werden müssen. Nach diesem Prinzip eines »politisch-sozialethischen Dreiecks« sind bei einem sachgemäßen ethischen Verhalten erstens die einzelne Person (Individuum), zweitens die dazu gehörende Gemeinschaft, Gesellschaft, Volk, Staat (Kollektivum) und drittens die Sachgesetzlichkeit, die zeitbedingten Verhältnisse, die wirtschaftlich-technisch-politischen Möglichkeiten (Objektivum) zu berücksichtigen. Wird auch nur einer von diesen drei Faktoren verfehlt, so wird die Pflicht ethischer Sachgemäßheit verletzt. (Von diesem Grundsatz aus wäre z. B. das Recht und die Grenze einer Streikbewegung zu beurteilen, die immer die Ganzheit der ethischen Beziehungen im Auge behalten müßte.)

b) Die Enthüllung des politischen Illusionismus

Der heute propagierte und von weiten christlichen Kreisen und kirchlichen Organisationen übernommene Weltaktivismus trägt die Züge eines politischen Illusionismus. Dieses leidenschaftliche sozialpolitische »Engagement« geht von einer totalen Kritik an der bestehenden Gesellschaft aus, an den Strukturen eines menschenfeindlichen, ungerechten »Establishments« (der öffentlichen Institutionen). So richtig im einzelnen auch diese sozialkritische Besinnung sein mag, so darf man sich bei allem Verständnis für die Verbesserungsbedürftigkeit der Welt nicht darüber hinwegtäuschen, daß wir es hier mit Illusionen politischer Ideologien zu tun haben, gleich, ob sie humanitär-atheistisch begründet oder auch christlich mit biblischen Zitaten verbrämt werden. Die Perspektive des Offenbarungszeugnisses führt aber zu einer Enthüllung des Illusionismus, befreit von seinen ideologischen Zwängen und macht fähig, mit den harten Realitäten dieser gefallenen Welt in biblischer Nüchternheit zu rechnen. Der Illusionismus stellt eine fehlgesteuerte Sehnsucht nach menschlicher Vollkommenheit und nach einer vollkommenen, heilen Welt dar. »Fehlgesteuert« ist diese Geisteshaltung, weil sie von falschen Voraussetzungen herkommt und dementsprechend irrigen Zielsetzungen zustrebt. Im Licht der Offenbarungsbotschaft ist es eindeutig geworden, daß Mensch und Welt ganz anders sind, als es dieses illusionäre Schwärmertum erträumt.

Folgende drei Punkte sind bei der Entlarvung des utopischen Weltaktivismus zu bedenken:

Zum ersten muß er an dem anthropologischen Mißverständnis scheitern, das die kreatürliche Ohnmacht und Begrenztheit sowie die Ichhaftigkeit des menschlichen Wesens übersieht. Die menschliche Existenz verfügt nicht über grenzenlose schöpferische Potenzen, die sich selbst und ihre Umwelt von Grund verändern könnten.

Zum zweiten zerbricht jede Illusion an der Existenzkampfstruktur der Weltwirklichkeit, deren Irreparabilität (Unveränderbarkeit) angesichts der unaufhebbaren Vergänglichkeitsgesetze des ganzen Kosmos nicht geleugnet werden kann. Die Behauptung, eine vollendete Harmonie, eine Welt der Gerechtigkeit und des Friedens durch menschliche Manipulationen und technischen Fortschritt herbeizwingen zu können, bedeutet eine verhängnisvolle Irreführung der Menschen.

Zum dritten muß jeder »christliche Weltaktivismus« davor gewarnt werden, das Evangelium in eine neue Gesetzlichkeit umzufälschen. An dieser Stelle droht eine neue Heilslehre auf dem Wege des Gesetzes aufgerichtet zu werden, die das Heil der Welt durch menschlichen Aktivismus als »machbar« erscheinen läßt.

Zusammenfassung

Die Untersuchung darüber, welche Möglichkeiten einer christlichen Weltverantwortung gegeben sind, hat gezeigt, daß das Verständnis der Weltwirklichkeit im Offenbarungsaspekt eine Verwechselung der Sphäre des Politischen mit der Dimension des Glaubens und damit des Reiches Gottes nicht erlaubt. Eine Vermischung von Weltgestaltung und Christusglauben, von Gesetz und Evangelium muß im Illusionismus enden, was die heute vielfach diffamierte »Zwei-Reiche-Lehre« Luthers bestätigt. Der Christ steht im Schnittpunkt zweier

Bereiche, dem der Weltwirklichkeit und dem des Gottesreiches. Daher trägt jeder christliche, berechtigte und notwendige Weltaktivismus das Gepräge der Nüchternheit, der Begrenztheit und Vorläufigkeit. Die Verhältnisse der Welt können nur relativ gebessert, die Wunden nur notdürftig verbunden und geheilt werden. Das Wesen dieser Welt des Falles jedoch bleibt bestehen. Die eigentliche Lösung der Weltprobleme aber erwartet er daher von der Zukunft des offenbaren Gottes.

Literaturhinweise

Hans Martin Helbich, *Zehn Zeichen Gottes,* Die Gebote für unsere Tage, 1972; Walter Künneth, *Politik zwischen Dämon und Gott,* 1954; Rainer Mayer, *Christuswirklichkeit,* Grundlagen, Entwicklung und Konsequenzen der Theologie Dietrich Bonhoeffers, 1969, 103 ff; Jürgen Moltmann, *Der gekreuzigte Gott,* 1972, 268 ff (Beispiel für den Illusionismus); *Streit um das Politische Mandat der Kirche,* Evangelische Zeitstimmen Nr. 49/50, 1969; Günther Wolf, *Luther und die Obrigkeit* (Zur Lehre von den zwei Regimenten), 1972.

III. Die Zukunft der Welt

In der Perspektive der Gottesoffenbarung werden nicht nur die Konturen der Weltwirklichkeit in ihrer Kreatürlichkeit und zugleich in ihrer Gottentfremdung sichtbar; hier wird auch der Zukunftshorizont des Menschen und des Weltganzen in ein entscheidendes Licht gerückt. Weil der offenbare Gott in Jesus Christus sein »Ja« zur gefallenen Welt des Todes gesprochen hat, gibt es trotz der Todesgestalt der raum-zeitlichen Welt eine *hoffende Erwartung für den einzelnen Menschen und für das Universum.* Diese neue Zukunft wird durch zwei Grundpfeiler markiert, einmal durch die Hoffnung, die das Einzelschicksal des Menschen betrifft, und sodann durch die Wiederkunft (Parusie) des Sohnes Gottes, der die Menschheit und ihre Geschichte samt dem Kosmos ihrem Endziel zuführt.

1. Die Existenz in der Hoffnung

a) Die Fragwürdigkeit der menschlichen Hoffnung

Die Hoffnungsfrage gehört zu den Elementarfragen, die das menschliche Dasein im Innersten bewegen und in Unruhe halten. Wir haben es hier mit einem Grundphänomen der menschlichen Existenz überhaupt zu tun. Niemand kann dieser Frage nach Hoffnung ausweichen. Da der Mensch sich wesensmäßig als eine hoffende Existenz versteht, ist Hoffnung gleichbedeutend mit Sinnhaftigkeit und Sinnerfüllung. Ohne Hoffnung kann der Mensch nicht sinnvoll leben.

Die tiefste Tragik des Menschseins zeigt sich aber nun gerade darin, daß der Mensch selbst über keine Möglichkeiten verfügt, eine sinngebende Hoffnung zu begründen und zu verwirklichen. Der durch das rationale Denken, durch den Vernunftsmaßstab gesetzte »Orientierungsrahmen« des modernen Menschen läßt ihn in dieser Frage völlig im Stich. Das naive Hoffen auf Fortschritt, Leistungsprinzip und Höherentwicklung stellt eine totale Fehlanzeige dar und befreit den heutigen Menschen nicht von seiner geheimen Angst vor der Zukunft. Das, was auf den Menschen in einer technisch-biologisch perfektionierten Zukunftswelt zukommen kann, erregt Entsetzen und ist kein Anlaß zu einer das Leben erfüllenden Hoffnung. Die heute angepriesenen Zukunftserwartungen sind kein Ausweg und keine Lösung des Lebensproblems, sondern eine Flucht vor der wahren Wirklichkeit, eine Umkehrung dessen, was Hoffnung eigentlich meint und will.

In biblischer Sicht aber lautet die Antwort, daß jede Existenz, die den offenbaren Gott nicht kennt, ohne Hoffnung und darum ohne Sinn bleiben muß. Ein hoffnungsloses Menschsein aber ist nichts anderes als ein Zustand geheimer Verzweiflung (Eph. 2, 12).

b) Der Grund der Hoffnung

Wer sich im Glauben dem offenbaren Gott aufgeschlossen hat, der ist in eine ewige Lebensbewegung hineingenommen, die mit dem Tode nicht endet, sondern zu ihrer Erfüllung gelangt. Gottes Geist, der »das gute Werk« des Glaubens »angefangen hat«, »der wird es auch vollführen bis an den Tag Jesu Christi« (Phil. 1, 6). Der Geist des offenbaren Gottes begründet die Hoffnung, denn in der Auferstehung des Gekreuzigten ist das Fundament zum ewigen Leben ein für allemal gelegt, »wiedergeboren zu einer lebendigen Hoffnung durch die Auferstehung Jesu Christi von den Toten« (1. Petr. 1, 2). Wer daher an dem in der Auferstehung Jesu gesetzten Zentrum der Offenbarungsbotschaft scheitert, hat den Boden begründeter Hoffnung verloren. Weil der auferstandene Herr der Sieger über den Tod ist, darum ist die Wirklichkeit der Auferstehung — nicht als Idee, sondern als das Faktum —, die unerschütterliche und einzige Grundlage gültiger Hoffnung. Wo der Auferstandene ist, da ist ewiges Leben: »Ich lebe, und ihr sollt auch leben« (Joh. 14, 19). *Der Auferstandene allein und nicht irgendwelche menschliche Möglichkeit ist der Garant bleibender Hoffnung.* Somit wandelt sich die fragwürdige menschliche Hoffnung zu einem »eschatologischen« Begriff göttlicher Verheißung.

c) Das Kennzeichen der Hoffnung

Es ist überaus charakteristisch, daß im neutestamentlichen Zeugnis das Wort »Hoffnung« mit dem Glauben und Vertrauen gleichgesetzt wird (1. Petr. 3, 15). Dieser hoffende Glaube stellt einen unerhörten Griff nach dem Kommenden dar, obwohl nach menschlichem Urteil »nichts zu hoffen ist« (Rö. 4, 18; 5, 2f); er bezieht sich auf »Dinge, die man nicht sieht«, befindet sich im Widerspruch zu den Realitäten dieser Welt, zur Ratio und Erfahrung des Menschen, zur Rätselhaftigkeit des Daseins. Gleichwohl ist diese Hoffnung »eine gewisse Zuversicht« (Hebr. 11, 1; 10, 23), denn der Quellgrund dieser Gewißheit (certitudo) ist der offenbare Gott selbst, der aus der Sphäre immanenter Unsicherheiten und der bloßen Wahrscheinlichkeiten der Geschichte befreit. Es ist daher ein merkwürdiges Mißverständnis theologischer Aussagen des Modernismus, wenn nicht »Gewißheit«, sondern »Unsicherheit« (»Verunsicherung«) als ein Merkmal des Glaubens behauptet wird. Wenn Gott selbst der Grund aller Gewißheit ist, dann ist damit die Verwechselung der Gewißheit der Hoffnung mit menschlicher »Selbstsicherheit« (securitas) ausgeschlossen (Rö. 8, 38).

Diese Gewißheit der Hoffnung wird ermöglicht, weil Jesus selbst »der Anfänger und Vollender des Glaubens« ist (Hebr. 12, 2), weil das »Ergriffensein von Jesus Christus« (Phil. 3, 12) den Grundstein für die persönliche Zukunft legt. Die Zusage des Auferstandenen: »Ich gebe ihnen das ewige Leben und sie werden nimmermehr umkommen, und niemand wird sie mir aus meiner Hand reißen« (Joh. 10, 28) verheißt *über die Todesgrenze hinaus eine ewige Personalgemeinschaft mit dem erhöhten Herrn.* An dieser Stelle muß mit aller Deutlichkeit betont werden, daß christliche Hoffnung nicht nur das Bekenntnis zu der Auferstehung der Toten, sondern auch die Gewißheit des persönlichen Fortlebens nach dem Tode einschließt. Die auch von Theologen immer wieder vertretene Auffassung, daß im Tode sich eine totale Zerstörung nach Leib und Seele und damit auch des Personseins des Menschen ereignet, so daß alle Hoffnung sich auf die kommende Auferweckung konzentriert, entspricht keineswegs der neutestamentlichen Ewigkeitserwartung. Die pneumatisch-personale Beziehung zu dem Schöpfer und Erlöser ist unaufhebbar und wird durch das Sterben nicht aufgelöst. Diese christliche Erkenntnis darf mit der Unsterblichkeitsidee des philosophischen Platonismus nicht verwechselt werden. Die individuelle Fortexistenz des menschlichen Ichs, eben seine Personalität, gründet in der »Gottesebenbildlichkeit« des Menschen. Sie erwartet einen Gestaltwandel zu einem neuen Sein, »einem Bau«, »von Gott erbaut, ein Haus nicht mit Händen gemacht, das ewig ist im Himmel«. Das »Überkleidetwerden« des von der irdischen Leiblichkeit losgelösten »Ichs«, das »Verschlungenwerden von dem Leben« ist der Trost, den Gottes Geist als »Pfand« des Zukünftigen verleiht (2. Kor. 5, 1-6). Damit findet die berechtigte Frage nach einem »Wiedersehen« ihre christozentrische Beantwortung. Das Wort Jesu: »Ich will euch wiedersehen, und euer Herz soll sich freuen« (Joh. 16, 22) begründet eine bleibende Jüngerschaft in einer zukünftigen Existenz. Wer in dieser »Existenz in der Hoffnung« steht, weiß um »das bei Christus Sein« (Phil. 1, 23), um »das Daheimsein bei dem Herrn« (2. Kor. 5, 8). Diese persönliche, individuelle Hoffnung schenkt eine Bewußtseinsänderung, indem jede Zukunftsangst überwunden wird durch die Gewißheit der Geborgenheit, der tiefsten Seelenruhe und innersten Befriedung. So kommt es zu einer echten Selbstfindung des Menschen in der Hoffnung auf die zukünftige Vollendung der Christusgemeinschaft.

2. Der wiederkommende Herr

Das Festhalten an dem biblischen Bekenntnis: »... von dannen er kommen wird, zu richten die Lebendigen und die Toten«, oder seine Geringachtung und Preisgabe ist ein gravierender Maßstab dafür, ob die Offenbarungsbotschaft ernstgenommen wird, und zugleich ein Kennzeichen für die Echtheit einer Offenbarungstheologie. Die Theologie des Modernismus mündet auch bei dieser Lehraussage in eine geradezu verächtliche Verwerfung dieser christologischen Erkenntnis ein und begnügt sich mit einer Reduktion auf eine Minimaleschatologie gemäß der zu nichts verpflichtenden Formel, man müsse die Zukunft getrost Gott überlassen und könne auf Einzelaussagen verzichten. Diese eschatologische Destruktion (Abbau) ist die notwendige Frucht der geleugneten und umgedeuteten Auferstehungswirklichkeit, der eine Realität abgesprochen wird. Dem Zusammenbruch dieses Offenbarungsfundamentes entspricht die Ausklammerung der Parusie Jesu als bedeutungslos. Auch an dieser Stelle ereignet sich eine Scheidung der Geister.

a) Der universale Christussieg

Die Wiederkunft des Gottessohnes in seiner zweiten Epiphanie bekundet, daß der Tag des Herrn angebrochen ist, an dem der in der Verborgenheit und Verhüllung der Geschichte sich offenbarende dreifaltige Gott seine Knechtsgestalt ablegt. In dem Christus redivivus, dem wiederkommenden Herrn, tritt der gekreuzigte Welterlöser aus seiner Unsichtbarkeit heraus und gibt sich als der auferstandene »Pantokrator«, der Weltenherr, zu erkennen. In dieser »eschatologischen Stunde«, in der die »Weltuhr« abgelaufen ist, setzt sich sichtbar die Alleinherrschaft des erhöhten Kyrios durch; der Christussieg enthüllt sich endgültig in seiner ungebrochenen Universalität. Während in der Interimszeit — also zwischen der Auferstehung Jesu und seiner Wiederkunft — immer noch die diabolisch-dämonischen Mächte in der Welt ihr Unheilswerk treiben und die Menschen verführen, den Glauben zu verweigern und der Offenbarungsbotschaft zu widersprechen; während heute die Menschen in ihrer Blindheit nicht erkennen, was zu ihrem Heil dient, und sich daher den ideologischen Mächten verschreiben, ist dann vor dem Angesicht des wiedergekommenen Herrn ein Ausweichen, eine Flucht, nicht mehr möglich. Der Selbstbeweis der Offenbarungswahrheit wird in Überwindung aller Weltkritik von dem erscheinenden Menschensohn geführt (Mt. 10, 23; 16, 27; Mk. 8, 38; Lk. 9, 26). Die in der Parusie anbrechende universale Christusherrschaft ist über die gesamte Schöpfungswirklichkeit in ihrem Verderbnisstadium unter den Urfall ausgespannt. Indem der wiederkommende Herr selbst bezeugt, wer er tatsächlich ist, geschieht das Universalbekenntnis aller Kreatur, die Anerkennung des »Namens Jesu«, »daß Jesus Christus der Herr sei zur Ehre Gottes des Vaters« (Phil. 2, 10.11).

b) Das Gericht über die widergöttliche Welt

Sobald der Kyrios in seiner Parusie die Hülle von seiner Gottesherrlichkeit abnimmt, kommt es zur Entlarvung alles widergöttlichen Wesens, zur Enthüllung aller offenkundigen und millionenfach in der Weltgeschichte verborgenen Untaten, zur Entthronung der Pseudoherrschaft aller gottwidrigen Gewalten und Ideologien. In der jetzigen Weltwirklichkeit tarnt sich das Böse im Menschen ebenso wie die satanische Geistigkeit unter ungezählten Masken; jetzt aber erfolgt die radikale Demaskierung, so daß alles Unrecht, aller Unglaube, alle Gottlosigkeit und Verschuldung der Menschheit schonungslos aufgedeckt wird. »Wir müssen alle offenbar werden vor dem Richtstuhl Christi« (2. Kor. 5, 10; Rö. 14, 9 ff; 2, 16).

Für den heutigen Menschen ist der Gedanke an ein Gottesgericht anstößig und für die modernistische Theologie nicht nachvollziehbar. Darum will auch das moderne Menschenverständnis von einer »Wiederkunft Jesu zum Gericht« nichts wissen, und die liberale Nivellierung von »gut und böse« gilt als Weisheit humanitärer Toleranz. Der wiederkommende Herr aber macht einen Strich durch diese leichtsinnige Rechnung des selbstherrlichen Menschen. »Irret euch nicht, Gott läßt sich nicht spotten, denn was der Mensch sät, das wird er ernten« (Gal. 6, 7). Die menschliche Empörung gegen Gott sowie die dämonischen Werke im Raum der Geschichte können nicht verheimlicht werden. Der Aufstand gegen Gott kann nicht ungestraft bleiben. Darum muß es »ein Jüngstes Gericht« geben. Gerichtetwerden durch den Welterlöser aber heißt: Es muß die »Apostasie«, der Abfall, in seiner ganzen Schrecklichkeit aufgezeigt, seine Zerstörungsfolgen offenbart und durch das Blut des Gekreuzigten wieder in Ordnung gebracht werden. Daß der Versöhner zugleich der Richter ist, enthüllt den Abgrund der Schuld und zugleich das Geheimnis der Barmherzigkeit Gottes.

c) Die Erfüllung des Schöpfungsplanes Gottes

Diese Schlußthematik einer Offenbarungstheologie sprengt den engen Rahmen einer bloß anthropologischen Denkweise und rückt die Ganzheit des kosmischen Daseins in den Ausstrahlungskreis und in die Wirkungsweite des Heilsgeschehens. Der theologische Denkansatz liegt dabei in zwei Erkenntnissen: Der Schöpfungsentwurf Gottes muß in seiner christologischen Ausrichtung ernstgenommen werden, und zweitens gilt es, die Auferstehung Jesu als Beginn einer universalen Neuschöpfung, als die »Antizipation«, als eine Vorwegnahme des futurischen Schöpfungshandelns Gottes, zu begreifen. Damit wird jede philosophisch-ideologische Weltdeutung, sei sie optimistisch-utopisch oder resigniert-pessimistisch, aus den Angeln gehoben.

Diese prinzipielle Erkenntniswende einer biblischen Eschatologie (Lehre von den letzten Dingen) macht folgende Grundgedanken sichtbar.

Zum *ersten:* In dem wiederkommenden Herrn vollendet und erfüllt sich der geheime Schöpfungsplan Gottes. Der Wiederkommende ist als der Auferstandene ja zugleich der »Erstling derer, die da schlafen« (1. Kor. 15, 20), und damit der Anfänger einer »neuen Kreatur« (Kainé Ktisis, 2. Kor. 5, 17), so daß in seiner Epiphanie gleichsam das Weltganze in Bewegung kommt und dem »Telos«, dem letzten Sinnziel, entgegengebracht wird. Die Jüngergemeinde des Auferstandenen, die im Glauben an der »neuen Kreatur« jetzt schon teilhat, ist Vorhut, »Avantgarde« der neuen Menschheit und zugleich der neuen Schöpfungswelt. Über ihr steht die grandiose Verheißung: »Wir sind nun Gottes Kinder, aber es ist noch nicht erschienen, was wir sein werden. Wir wissen aber, wenn es erscheinen wird, daß wir ihm gleich sein werden, denn wir werden ihn sehen, wie er ist« (1. Joh. 3, 2). In der Parusie des Herrn aber vollzieht sich diese Umwandlung des Glaubens in das Schauen (Kol. 3, 4), das Hineingenommenwerden in die Lichtherrlichkeit des Kyrios.

Zum *zweiten:* Mit diesem Ereignis aber hat sich das Todesschicksal der gefallenen Schöpfungswelt von Grund auf geändert. »Das ängstliche Harren der Kreatur«, das »auf die Offenbarung der Kinder Gottes wartet«, ist zum Ende gekommen. »Die Kreatur ist frei geworden von der Knechtschaft des vergänglichen Wesens zu der herrlichen Freiheit Gottes« (Rö. 8, 19.21). Dieser Anbruch der Weltverwandlung zur Welterfüllung in einer neuen Schöpfung aber besagt die Aufhebung der Strukturformen der bisherigen Weltwirklichkeit, die durch Existenznot, Zerstörung, Ungerechtigkeit, Friedlosigkeit und Sterben geprägt war. Das entscheidende Signal für die Erfüllung des Schöpferwillens aber lautet: »Der letzte Feind, der aufgehoben wird, ist der Tod« (1. Kor. 15, 26).

Zum *dritten:* Jetzt ist der Ausblick frei gegeben auf »einen neuen

Himmel und eine neue Erde, in welchen Gerechtigkeit wohnet« (2. Petr. 3, 13; Off. Joh. 21, 1). Diese fundamentale Welterneuerung ist etwas ganz anderes als eine bloße Wiederherstellung der »alten« Schöpfungswelt. Sie wird vielmehr nach dem Ebenbild des Sohnes Gottes zu einem totalen Neuwerden vollendet. »Und Gott wird abwischen alle Tränen von ihren Augen, und der Tod wird nicht mehr sein, noch Leid noch Geschrei noch Schmerz wird mehr sein, denn das Erste ist vergangen« (Off. Joh. 21, 4). In dieser Neuschöpfung erfüllen sich die Welterwartungen und alle menschliche Sehnsucht nach Wahrheit, nach Gerechtigkeit und Frieden. Dieses Schöpfungswerk wird vollendet durch den wiederkommenden Kyrios: »Siehe, Ich mache alles neu« (Off. Joh. 21, 5; Jes. 11, 6.7; 65, 17.25; Mk. 1, 13).

Zum *vierten:* In der eschatologischen Perspektive des erfüllten Schöpfungszieles muß von der »Leibhaftigkeit« der vollendeten Kreatur gesprochen werden. In der verklärten Auferstehungsleiblichkeit des erhöhten Christus ist exemplarisch die Wirklichkeit dieses neuen Seins angedeutet. Es ist »das Bild des himmlischen« Herrn, »das wir tragen« (1. Kor. 15, 49), die Existenzform der »Unverweslichkeit, der Kraft, der Herrlichkeit« (1. Kor. 15, 42 f). Dieses »ewige Leben« als Spiegelbild des Christuslebens ist nicht Monotonie (Eintönigkeit), sondern vielgestaltige Fülle und Reichtum in Kraft höchster Aktivität und zugleich in tiefster Ruhe und Frieden, in strahlender Schönheit und Seligkeit. Dieses Finale der Welterfüllung in einer vom Fluch der Endlichkeit »erlösten« Leiblichkeit repräsentiert das paulinische Zeugnis: »Nun aber spiegelt sich in uns allen des Herrn Klarheit mit aufgedecktem Angesicht, und wir werden verklärt in dasselbe Bild von einer Klarheit zur anderen als vom Herrn, der der Geist ist« (2. Kor. 3, 18). Das aber ist die Verwirklichung der alles durchscheinenden Gottesunmittelbarkeit, der Schöpfertransparenz: »Daß Gott sei alles in allem« (1. Kor. 15, 28).

Zusammenfassung

Der Gang dieser Untersuchung hat im Gespräch mit den Stimmen der Zeit die Kernstücke der christlichen Lehre geltend gemacht. Dabei ist deutlich geworden, wie sich eine biblische Grunderkenntnis neben der anderen mosaikartig zu einer Ganzheitsschau biblischen Offenbarungsglaubens zusammenfügt. Die Fundamente des Glaubens erweisen sich gerade heute als tragfähig für jede menschliche Existenz, die eines Haltes und einer Orientierung inmitten der Strömungen der Zeit bedarf.

Es muß daher der progressiven Sucht des Modernismus, die biblische Lehre durch Anpassung an die Zeitvorstellungen zu verändern, Widerstand geboten werden. Wissenschaftliche Erkenntnisse gegen Glaubensaussagen ausspielen zu wollen, hat sich längst als überholt und sachlich unmöglich erwiesen. Not tut heute die entschlossene Rückbesinnung auf die Fundamente des Glaubens. Das bedeutet nicht eine konservative Erstarrung, sondern vielmehr die Bewahrung der Substanz des Evangeliums, die wir dem heutigen Menschen schulden.

Die biblisch begründeten Glaubenserkenntnisse werden zu Wegweisern durch das Gestrüpp modernistischer Irrlehren und der Verführungen durch Ideologien. Sie öffnen zugleich auch den Blick für den kommenden Weg der Christenheit, dem apokalyptische Gefahrenzonen nicht erspart bleiben. Für die christliche Gemeinde gibt es nur einen einzigen Kompaß, der sicher und unbeirrbar ihren Kurs durch die Zukunft zu steuern vermag: Jesus Christus, das Heil für jeden Einzelnen, das Heil für die Welt.

Literaturhinweise

Paul Althaus, *Die letzten Dinge*, 1949; Gerhard Bergmann, *... und es gibt doch ein Jenseits*, 1971; Karl Heim, *Jesus der Weltvollender*, 1974; Georg Huntemann, *Die Bibel über die Zukunft der Welt. Was kommen wird*, 1974[2]; Walter Künneth, *Theologie der Auferstehung*, 1968[5], S. 235 ff.

Personenregister

Sachregister